SAMMLUNG
METZLER

D0661283

REALIEN ZUR LITERATUR
ABT. D.:
LITERATURGESCHICHTE

CIP-Kurztitelaufnahme der Deutschen Bibliothek

Schulz, Genia:
Heiner Müller / Genia Schulz. [Mit Beitr. v. Hans-Thies Lehmann] –
Stuttgart: Metzler, 1980.
  (Sammlung Metzler; M 197: Abt. D, Literatur-
  geschichte)
  ISBN 3-476-10197-5

ISBN 3 476 10197

M 197

© J. B. Metzlersche Verlagsbuchhandlung und Carl Ernst Poeschel Verlag GmbH
in Stuttgart 1980 · Druck: Gulde-Druck, Tübingen

GENIA SCHULZ

Heiner Müller

MCMLXXX
J. B. METZLERSCHE VERLAGSBUCHHANDLUNG
STUTTGART

Inhalt

Diese erste zusammenfassende Darstellung von Heiner Müllers Werk stellt den Autor als Texproduzenten vor. Die Methode der Darstellung folgt deshalb philologischen und interpretatorischen Überlegungen im Kontext politischer Fragen, nicht aber theaterwissenschaftlichen / praktischen Erwägungen. Das prägt auch die bibliographische Auswahl, die sich einerseits um eine möglichst breite Aufnahme der Texte zu Müller bemühte, andererseits die Tatsache berücksichtigen mußte, daß es bislang keine repräsentative Forschung gibt, sondern nur versprengte Einzelergebnisse. So wurde hier nach der Überlegung verfahren, ob eine Rezension von einem neuen Gedanken zu Müller getragen oder rezeptionsgeschichtlich typisch war. Die oft sehr materialreich zusammengestellten Programmhefte zu Inszenierungen sind ihrer schwierigen Zugänglichkeit wegen nur insoweit aufgenommen worden, als sie einen Vorabdruck von Müllers Texten enthielten. Aus Gründen des Umfangs des vorliegenden Bandes muß ein Kapitel über Müllers »Gelegenheitsarbeiten« (wie z. B. »Weiberkomödie«, »Drachenoper«, »Glücksgott«, »Prometheus«) entfallen, um die Ausführlichkeit der Darstellung jener Werke zu ermöglichen, die die Verf. für Müllers entscheidende hält.

Das Buch ist in Zusammenarbeit mit Hans-Thies Lehmann entstanden, dem ich für seine Hilfe danke. Er verfaßte die Kapitel über »Ödipus Tyrann«, »Der Horatier« und »Macbeth«. Das Kapitel über die »Hamletmaschine« schrieben wir gemeinsam für die Zeitschrift »Theater Heute«. Es liegt hier in einer überarbeiteten Fassung vor.

geb. 1929 als Sohn eines Angestellten aus Eppendorf in Sachsen
Oberschule
Reichsarbeitsdienst, Volkssturm (16jährig)
Angestellter beim Landratsamt in Waren/Mecklenburg
Nach 1945: Abitur und Arbeit in einer Bücherei, Journalistische
Tätigkeit
1954/55 wissenschaftlicher Mitarbeiter beim Deutschen Schriftstel-
lerverband, danach Redakteur der Monatszeitschrift »Junge
Kunst«
1958/59 Mitarbeiter beim Maxim Gorki Theater Berlin
1959 Heinrich-Mann-Preis (zusammen mit Inge Müller), freier
Schriftsteller
1966 Freitod seiner ersten Frau Inge Müller
seit 1974 Dramaturg
1975: Lessing-Preis
1975 erste Amerikareise
1978 zweite Amerikareise

1

Der vorliegende Band gibt neben technischen und interpretatorischen Hilfen eine Darstellung von Müllers Gesamtwerk, die das
zunächst heterogen erscheinende Werk nach verschiedenen Prinzipien zu ordnen sucht. Diese Ordnung ist eine Konstruktion des
Interpreten, nicht »organisch« dem Werk abgelesen. Abhängig von
der besonderen Lektüre des Interpreten bleibt auch der Versuch,
eine Chronik zu erstellen, da die Texte oft in den 50er Jahren
geschrieben, erst in den 70ern veröffentlicht wurden, so daß man
sie allein aufgrund äußerer Daten nicht einer bestimmten Entstehungszeit zuschreiben kann.

Es werden verschiedene thematische Komplexe herausgestellt,
wobei jedoch an der Erkenntnis festzuhalten ist, daß es sich um ein
homogenes, immer wieder um die gleichen Fragen kreisendes
Werk handelt. Seine politische und philosophische »Problematik«
löst sich nicht in den Themen auf, die Probleme lassen sich nicht
eindeutig den verschiedenen Gattungen zuordnen, unter denen
zweifellos das Drama Müllers Domäne bildet – aber was wird aus
dieser Gattung in den bald 30 Jahren seiner Produktion? Nur wenn
man Müllers Werke lediglich als »Ausdruck« seiner Gesellschaft,
der DDR, verstünde (der er gleichwohl mit allen Fasern verknüpft
ist), könnte es genügen, die Themen herauszuarbeiten, die immer
wieder bei ihm, aber eben auch bei anderen Autoren der DDR,
auftauchen. Müllers Texte stellen jedoch als literarische Praxis eine
sehr spezifische, einmalige Verarbeitung und Interpretation dieser
Themen dar, daher ist eine *auslegende Lektüre der einzelnen Texte*
geboten, die zweierlei berücksichtigt: die jeweilige Verknotung der
Themen und Probleme in *einem* Text – also dessen individuelle
Besonderheit – und die Bezüge auf zeitgeschichtliche Ereignisse,
die den Texten ihren historischen Ort in der 30jährigen Geschichte
(nicht nur) des DDR-Staats zuweisen.

2

Die DDR, das komplexe theoretische und historische Problemfeld, das sie darstellt, ist Müllers Thema. Sie ist der Ort, von dem
aus er die deutsche Geschichte, die Geschichte der deutschen
Arbeiterbewegung sieht, die seit 1918 schon so gespalten war wie
die Nation seit 1948/49, und von dem aus er die Geschichte der
kommunistischen Bewegung betrachtet; sie ist aber auch der Ort,

an dem Müller sein eigenes Schreiben reflektiert: prekär im doppelten Kontext der Kultur(politik) der SED/DDR und zugleich der internationalen avantgardistischen Kunst. Zwei anscheinend unvereinbare Positionen, wo es auf der einen Seite ums „Erbe" geht, auf der anderen gerade dieses Erbe ausgeschlagen wird – in der Tradition der poêtes maudits der subversiven Literaturproduktion, für die Antonin Artaud und Lautréamont Müllers privilegierte Kronzeugen sind. Diese Verbindung konfrontiert in seinem Werk zugleich verschiedene Geschichtsauslegungen, konfrontiert den Marxismus als Staatsphilosophie und Herrschaftswissen dem Marxismus als kritischer, subversiver Theorie, konfrontiert Gewißheit dem Zweifel, den festen Glauben an den Fortschritt der Geschichte der hartnäckigen Frage nach den Kosten, die hoch sind, vielleicht zu hoch.

Müller ist ein nur mit Vorbehalten und oft genug aufgrund von Miß- oder Unverständnis geschätzter Autor in seinem Staat, denn sein Werk stellt eine Herausforderung an die offiziell gelehrte Geschichtsauffassung dar, gerade weil es selber mit dem Marxismus argumentiert. Weder entspricht es dem Gebot der »Volkstümlichkeit« und »Verständlichkeit« noch der Idee einer Pädagogik durch Kunst. Schließlich fordert Müller in zentralen Punkten das Selbstverständnis dieses Staates selber heraus, als dessen Bürger er sich gleichwohl begreift.

Gestattet man sich einmal, Müllers Prosatext »Der Vater« (1958) auch als biographische Skizze zu lesen, so wird die Logik in der Position des 1929 geborenen Autors verständlicher. 1933, als Vierjähriger muß er die Verhaftung seines sozialdemokratischen Vaters erleben. Er genießt eine antifaschistische, aber am passiven Überleben orientierte, keine kämpferische Erziehung. Hitlerjugend und 1945 als 16jähriger die Einziehung zum »Volkssturm« und »Reichsarbeitsdienst« in Mecklenburg machen den Faschismus als Lebens- und Sterbensform zur nachhaltigen Erfahrung. Als Müllers Vater, sozialdemokratischer Funktionär in der SBZ, dann Mitglied der SED, seinen politischen Handlungsspielraum nicht mehr akzeptieren will und 1951 in den Westen geht, ist das für den 22jährigen auch eine Chance, den Vater zu »vertreten«, seine Position imaginär zu übernehmen. Der Funktionärsblick auf die Realität ist immer eine Seite an Müllers Texten geblieben – seine unmittelbare Gleichzeitigkeit aber mit einer Art dauernder Selbstblendung, einem Blick »von der falschen Seite«, einem »Dem-Gegner-ins-Auge-Blicken« und mit dessen Augen sehen, diese Spaltung des Blicks macht das Werk einzigartig. Müllers Bemerkung, er hätte Lehrer an der Parteihochschule werden wollen, wäre er nicht Schriftsteller geworden, bringt diesen Sachverhalt auf die Pointe: eben an der Parteihochschule und eigentlich nur dort wäre z. B. »Mauser«, Müllers »Maßnahme«, zu spielen, ein Text, über den Kreislauf des Tötens und die Frage nach der Gewißheit eines revolutionären Sinns, über das Morden als »Arbeit«. Und natürlich sträubt sich der offizielle DDR-Staat, schon gar die »Parteihochschule«, gegen diese radikale »Schulung«, die ein eigenes Verständnis des marxistisch-leninistischen Denkens bekundet, das eben jene Instanzen nicht dulden, an die Müllers Werk sich eigentlich richtet. Da aber auch das DDR-Publikum selbst sich mit diesem »schwierigen« Autor schwer tut, kommt Müller der paradoxe Status eines integrierten Außenseiters in seinem Staat zu.

3

Die Rezeption im Westen hat die Herausforderung ebenfalls nur selten ernst genommen. Das Marxistische in Müllers Werk wurde kaum als das Fundament verstanden, ohne das Müllers Texte nicht zu begreifen sind. Er ist – trotz der mittlerweile häufigen Inszenierungen (zumindest in der BRD) und trotz selektiver Werkausgaben in Ost und West – ein erratischer Block in der deutschsprachigen Kunstlandschaft geblieben. Der Versuch der Regisseure wie Germanisten hier und dort, Müller in den Griff zu bekommen dadurch, daß an seinen Stücken betont wurde, was mit Autoren wie Hacks, Lange oder Baierl vergleichbar scheint, ist fehlgeschlagen. Zunehmend tritt in den Blick, daß Stücke wie »Hamletmaschine«, »Germania Tod in Berlin«, »Mauser« und »Leben Gundlings Friedrich von Preußen Lessings Schlaf Traum Schrei« mit den Kategorien nicht erfaßt werden können, die bei den anderen Autoren greifen. Diese Texte zeigen aber auch, was schon an den ›frühen‹ Stücken über den DDR-Alltag (»Lohndrücker«, »Die Korrektur«, »Die Bauern«, »Der Bau«) den unverwechselbaren Gestus der Müllerschen Produktion ausmacht: extreme Zuspitzungen und Verknotungen der Probleme; bezeichnende Lücken, wo die Benennung des »Positiven« zu erwarten ist; Zweideutigkeiten, die die Position des Schreibenden selbst immer wieder ins Zwielicht rücken. Insofern er als Künstler im sozialistischen Staat fordernd die Veränderung der gesellschaftlichen Verkehrsformen, das »le monde va changer de base« einklagt, konnte er noch in den 60er Jahren Peter Hacks vergleichbar scheinen, mit dem ihn je die Kritiker in der DDR und BRD oft in einem Atemzug nannten.

Aber der Unterschied, auf den die SED, die beide Dichter damals heftig kritisierte, keinen Wert legen konnte, ist tief: Hacks' sozialistischer Klassizismus ist auf der politischen Ebene voluntaristisch: Er konfrontierte die graue Alltagsrealität in der DDR dem kommunistischen Ideal, das die Partei verwirklichen soll. So groß die Kluft zwischen beiden manchmal auch sein mag – der Held der Geschichte bleibt am Ende die Partei. Müllers Frage dagegen lautet: Kann sie das Ideal überhaupt als strahlendes verwirklichen? Man kann sagen, daß Hacks nicht zufällig Komödiant bleibt, auch wo er ernst scheint, Müller dagegen Tragiker, auch wo er witzig ist. Denn der Komödiant spielt im Vordergrund den Gegensatz von Sein und Schein aus. Er konfrontiert das Ideal mit seiner Wirklichkeit. Daß das Vernünftige wirklich werde, klagt er ein, nicht wesentlich anders als schon Hegel oder Schiller. Müller gräbt als »Maulwurf sous la terre« den *inneren* Spaltungen im Ideal selber nach. Schärfer stellt er die Frage, ob die Erscheinungsform des Ideals vielleicht gar nicht bloße Form ist, vielmehr auch konstitutiv für das Wesen der Sache.

Wann, wo, wie wirkt die historische Realisierung auf das »eigentlich« Gewollte zurück und formt es, unwiderruflich, um? So fragt das Werk Müllers und behält darin seiner »Schwärze« zum Trotz, einen »bejahenden« Grundzug; denn Müller sucht nirgends den Ausweg in die Utopie, sondern versenkt sich in die einzig zu habende Wirklichkeit der Geschichte – mitten im Schmerz der revolutionären Enttäuschungen gleichsam ein dionysisches Jasagen zur »unreinen« Wirklichkeit. Nur ein Marxist kann so erbarmungslos auf den Schlamm der Geschichte verweisen, in den die kommunistische Bewegung – als Staatspartei und selbst im Untergrund – realpolitisch verwickelt ist. Es geht nicht um Wollen oder Nicht-Wollen der Menschen und der Partei, es geht darum, den Kommunismus, »das Endbild, das immer erfrischte / Weil mit Blut gewaschen wieder und wieder« (»Bilder« 1955), als Kampf zu sehen: auch das Leiden, als List, als Folter, als Tod. Müllers wohl bedeutendstes Drama über den Kommunismus als Tragödie, die er nicht sein darf, »Philoktet«, zeichnet das düstere Bild der Welt, wie es dem Marxisten (und vielleicht nur ihm) zu zeichnen zusteht.

Ernst Bloch spricht im »Prinzig Hoffnung« von einem Wärme- und einem Kältestrom im Marxismus – doch die *Realität* des Marxismus ist bislang der Kältestrom geblieben. Müller hat diese Identität betont in seinem Werk und darin liegt seine Unversöhnlichkeit gegenüber der marxistischen Kulturpolitik, die gerade der Kunst die Aufgabe zugesprochen hat, den Wärmestrom vorzuführen: das leuchtende Ideal, den niedrigen Materialismus, die Genüsse des Lebens, die Fortschrittsgläubigkeit, das Vertrauen in die Geschichte. Kaum einer hat in seinen Stücken dieser Forderung so genügt wie Peter Hacks, kaum einer hat sich ihr so verweigert wie Heiner Müller mit seinem radikalen Ausfall an Freundlichkeit und Verbindlichkeit. Müllers Kunst über den Kommunismus zeigt kein mit dem Schlamm der realen Geschichte beworfenes Ideal einer befreiten Gesellschaft, sondern ist der Griff in den Schlamm nach diesem Ideal Kommunismus – und die offene, zeigende Hand mit der Geste: Das ist er, sehen wir ihn wie er ist. Wir haben nichts besseres.

4

In der Konfrontation der DDR-Geschichte, ihrer Geschichtsschreibung, ihrer erzählenden Literatur und der marxistischen Lehre mit Müllers Dramen ist sein »Begriff« von Geschichte auszumachen und zugleich seine zunehmende Zurückhaltung gegenüber einer Darstellung der DDR-Realität zu begründen. Der »Rückzug« (oder »Vorstoß«) zur Bearbeitung der Antike, ihrer Mythologie, ihrer Tragödien und zur Bearbeitung Shakespeares, scheint auch grundsätzliche Bedeutung zu haben: Gegen die DDR-Vorstellung, man habe einen gesicherten Blick auf die Geschichte und könne mit ihm auch das »Erbe« verbindlich wählen und deuten, setzt Müllers Werk seinen Staat als immer noch in »Vorgeschichte« verstrickt und von eben diesem Erbe *belastet* voraus. Dadurch erhalten die alten Stoffe um Kampf, Wahrheit und Lüge, Krieg und Tod eine unerwünschte Aktualität. Geschichte, Kulturgeschichte sind noch nicht reinlich sortiert, sondern erscheinen als gigantisches, bedrückend gegenwärtiges Panoptikum. Bearbeitet Müller »Vorgeschichte« im marxistischen Sinn, dann stets mit Blick auf ihr Weiterwirken in der sogenannten Geschichte. Gerade, daß er der DDR nicht die »ganz andere« Geschichtsqualität zuerkennt, die sie unter Berufung auf die Klassiker zu sein beansprucht, ist dort immer als »Unverständnis« moniert worden. Grobe Polemik, scharfe Parteikritik, systematische Fehlinterpretation oder/ und mangelnde Aufführung seines Werks sind bis zum heutigen Tag Kennzeichen der DDR-Rezeption geblieben.

Deutlich wird das Problematische seiner Position, wenn man Müllers Verhältnis zu Brecht ins Auge faßt. Dieser hatte in der »Maßnahme« das Problem der revolutionären Gewalt zwar aufgeworfen – mit solcher Radikalität, daß gerade die Kommunisten das Stück zum Zerrspiegel erklärten, in dem sie sich nicht wiederzuerkennen wünschten. Doch der Schrecken wurde von Brecht zugleich gebannt, indem er in der und durch die auch gegen sich selbst gewalttätige Revolution die Logik einer geschichtlichen Ver-

5

nunft zur Darstellung brachte. Müller hat das kommunistische Liquidationsstück 40 Jahre später an unerbittlicher Radikalität noch überboten. »Erschrecken vor der Geschichte« war ein Heft der »Alternative« treffend betitelt, das sich mit Müllers »Mauser« (1970) beschäftigte, einem Stück über den Berufshenker der russischen Revolution, der zum »Weitermachen« gedrängt wird, als er den Auftrag der Partei, die Feinde der Revolution zu töten, abgeben will. Als er dann jedoch aus der furchtbaren Routine Lust für sich schlägt, mordet, statt mit klarem Kopf zu töten, wird er selbst zum Feind der Revolution erklärt, muß am Ende sein eigenes Erschießungskommando sprechen.

Die Geschichte gibt keinen Sinn preis und die Menschen, die sie machen wollen, haben (noch) nicht die Kraft, ihn zu formulieren, zu produzieren. Für Müller beruht das Lehrstück Brechts, das den wichtigsten eigenständigen Beitrag zur marxistischen Dramatik darstellt, auf einem Bezugspunkt außerhalb der historischen Realität: der kommunistischen Zukunftsperspektive – und einer für Brecht noch unproblematischen Referenz auf die Lehre der Klassiker Marx und Lenin. Müller selbst steht in der Übergangsepoche, die sein Staat repräsentiert, erlebt das Schisma des Kommunismus und den Zweifel an der offiziellen Geschichte und Geschichtsschreibung der DDR, so daß er die genannten Orientierungspunkte Brechts nicht mehr zur Verfügung hat. Seine Weiterentwicklung des dialektischen Theaters streift dessen Optimismus ab, ohne auf »Endzeitstimmung« zu spekulieren. Mehr noch als bei Brecht geht es Müller um die *Differenz zwischen Vorgang (Geschichtsprozeß) und dem subjektiven Blick darauf*. Der Blick des Subjekts wird selbst *nicht* so weit historisiert und gegenüber der Geschichte relativiert wie in Brechts Lehrstücken. Müller geht es nicht um die Totalität des Vorgangs, sondern um einen fragmentarischen Ort, Blick, Punkt in diesem. Der gezielt fragmentarische Blick des einzelnen gegen die totalisierende Geschichtsdialektik durchbricht die Auslegung der historischen Dialektik als Komödie oder Tragödie: Die Unvereinbarkeit zwischen dem Marxismus mit seinem Geschichtsoptimismus und der Welt der Tragödie, die den schicksalsgläubigen Ahnen überlassen wird, ist für Müller nicht verbindlich. Müllers Stücke werden von der eigensinnigen Rolle des Subjektiven beherrscht, das mit Angst, Lust und Ekel dem gewalttätigen historischen Prozeß begegnet, ohne daß sich die Widersprüche der Übergangsepoche zwischen Geschichtsprozeß und Einzelnem in eine beruhigend geordnete Dialektik fügen. Stattdessen das Plädoyer fürs Unreife, Unausgedachte, Ungerechtfertigte mitten in der Darstellung eines maschinellen Prozesses: der

Geschichte. Wie Brecht widerspricht Müllers Werk einer ›Spiritualisierung‹, einer Übersetzung des konkret Körperlichen in ein abstraktes, konstruktives Moment des ›Aufbaus‹. Stattdessen kollidieren immer wieder der einzelne Körper als ›im Dienst‹ beschädigter, gefährdeter oder vernichteter – und das richtige ›heile‹ Bewußtsein über den notwendigen Gang der Geschichte. Es geht Müller um die Erkenntnis, daß es gerade die Leidenschaft, das Gefühl, der Körper ist, die die Energie für die Revolution und den Aufbau liefern. Körperlichkeit wird bei Müller bis hin in seine trotz ihrer zugespitzten Dialektik körpernahe (obszöne, erotische, vitale und brutale) Sprache in ihrer komplizierten Vieldeutigkeit gesehen: als Hindernis der ratio, zugleich aber als stärkste Kraft des Aufbaus; als Hemmnis für die Emanzipation, aber zugleich als Produktion neuer menschlicher Beziehungen.

Louis Althusser hat in sein Buch »Pour Marx« (Paris ²1973) eine Studie über das Theater Bertolazzis und Brechts aufgenommen. An diesem Theater machte er die Beobachtung einer grundsätzlichen Unvermitteltheit zweier Zeiten: der Zeit des ehernen Geschichtsprozesses und der individuellen Lebenszeit, dem Melodram des Einzelnen[*]. Diese unversöhnte Spannung kennzeichnet das Werk Heiner Müllers; »Philoktet« und »Mauser« sind die extremen Pole, das Thema ist in allen Stücken Müllers anwesend. Nur unter diesem Gesichtspunkt werden eine Reihe ganz oder partiell ›negativer‹ Figuren seines Werkes begreiflich. Tschumalow (in »Zement«) will sich seiner Frau bemächtigen, Gewalt über sie haben – und versteht ihre Emanzipation nicht. Doch gerade sein hartnäckiges Unverständnis beinhaltet zugleich jene Kraft im Subjekt, die es zum revolutionären Kämpfer befähigt. Philoktets Starrsinn markiert zugleich den notwendigen, einzigen Widerstandspunkt gegen die Welt des nur rationalen Machtkalküls: das auf sich beharrende Subjekt, das der historische Prozeß ausspie und das sich nun nicht mehr funktionalisieren läßt. Und der ›Nihilist‹ Fondrak in den »Bauern« verkörpert zugleich eine unverzichtbare, anarchische Kraft, die die Revolution benötigt. In allen Fällen scheiden in Müllers Stücken solche Figuren (sich) aus, werden an den Rand gestellt, vernichtet. Doch ihre Erscheinung mahnt zugleich an die Position radikaler, auch zerstörerischer Subjektivität, ohne welche die Emanzipation keine neue Qualität zu produzieren vermag.

---

[*] Vgl. Alternative 97 (1974), »Bertolazzi und Brecht. Bemerkungen über materialistisches Theater«, sowie dazu: Hans-Thies Lehmann, Beiträge zu einer materialistischen Theorie der Literatur, Ullstein 1977, S. 12 ff.

Müllers Werk sich nähern, heißt, sich auf eine ungewöhnliche Mischung von Theorien, Themen, Blickrichtungen, ›Traditionssträngen‹ einzulassen. Gerade wo er vom Marxismus sich immer wieder zu entfernen scheint, ihm widerspricht, muß man diesen gleichwohl als Bezugspunkt im Auge behalten, weil er – wenn auch nicht in gleichbleibender Intensität – das Werk strukturiert: als Denken über die Geschichte, *Nach* denken über sie.

Welchem Schicksal unterliegt nun der Orientierungspol Marxismus im Bau der einzelnen Texte? Man kann versuchen, eine Bresche zu schlagen, indem man eine ›helle‹, von der Erkenntnis dominierte Seite an Müllers Werk ortet und eine ›dunkle‹, von den Trieb-Kräften (in) der Geschichte faszinierte Seite. Man kann sich behelfen mit der Zuordnung großer Namen, die für Müllers Werk wichtig sind: Marx, Lenin und Brecht auf der einen, Hölderlin, Artaud, Lautréamont, die antike Tragödie und Shakespeare auf der anderen Seite. Aber diese Entmischung führt nicht weit, denn warum sind es am ›hellen‹ Brecht die frühen Dramen, das Fatzer-Fragment (das Müller 1978 für eine Inszenierung bearbeitete) und die Lehrstücke, die finstere »Maßnahme« insbesondere, was Müller aufgreift? Auch ob Marx als Gewährsmann für das ›Helle‹, den überlegenen Durchblick und freudigen Ausblick auf die Geschichte dient, darf bezweifelt werden. Eher dürfte Müller Maurice Merleau-Ponty zustimmen, daß der Marxismus »von unserer Lage ein pessimistisches Bild« zeichnet (Humanismus und Terror, Ffm. 1967, Bd. 2, S. 9), ist doch das Denken des französischen Philosophen seinem Werk in vielen Aspekten verwandt.

Der Umgang des Marxisten Müller mit der Geschichte ist dadurch gekennzeichnet, daß er hartnäckig das Böse, Grausame, Unerlöste an ihr betont, den Affekt, das Triebhafte, das Unbegriffene. Er sieht an der Geschichte, was sie den in ihr Handelnden als Fatum erscheinen läßt, dem die Menschen sich mehr oder minder geschickt anpassen, dem sie aber nicht entrinnen können, das sie auswirft oder verschlingt, wenn sie ihm trotzen. Er sucht gerade nicht das klassische Erbe auf, das die DDR entschlossen zu übernehmen wünscht: das Wahre, Gute und Schöne, sondern die immer wieder zu bearbeitende Realität des Wahren, Bösen, Schönen – »um das Schöne im Bösen zu retten, damit nicht das Böse das Schöne für immer besitze«, (Hans Jürgen Syberberg über seinen Film »Hitler – ein Film aus Deutschland« [1979]). Wirft man einen Blick auf die wechselnden Strukturen geschichtlicher/politischer Abläufe, wie Müller sie vorstellt, so zeigt sich: archaische Modelle wie der unaufhörliche Bruderzwist, die Selbstzerfleischung, das Paradox der Geburt von Neuem durch Tod und Sterben faszinieren ihn. Es sind *mythische* Modelle. Wie das Alte das Neue verschlingt, wie der Prozeß des Neuen seine eigenen Träger ruiniert: das ist Müllers Generalthema. »Something is rotten in this age of hope« (»Hamletmaschine«). Oder, wie Müller anläßlich der Zement-Inszenierung sagte: »Je mehr der Sozialismus den Gang der Geschichte bestimmt, desto notwendiger die Erinnerung, was er gekostet hat.« In den Mythenbearbeitungen gibt es immer wieder die Spannung zwischen Mythos und historischem Fortschritt. Es ist weniger Flucht aus der Bearbeitung der DDR-Realität im Gegenwartsstück, als eine Vertiefung der Müllerschen Skepsis gegenüber einer vorgeblich beherrschten Geschichte, wenn er auf mythische Modelle zurückgreift, von denen die offizielle Theorie besagt, daß sie keine ernsthafte Gültigkeit mehr besäßen. »Mauser« begreift das Problem der revolutionären Gewalt nicht in einem aufklärerisch optimistischen Epochendenken: historischer Fortschritt erscheint vielmehr an eine »mythische« Befangenheit der Handelnden gebunden. Müllers Werk wirft so das Problem auf, ob eine ›moderne Mythologie‹ aus der marxistischen Geschichtstheorie hervorgehen könnte. Einerseits läßt diese Thematik an die »Dialektik der Aufklärung« von Horkheimer/Adorno denken – und es wäre der Mühe wert, Müllers Werk und Adornos (auf Beckett gemünzte) »Ästhetische Theorie« einmal in Beziehung zu setzen. Deutlich ist aber auch der Unterschied: Gerade den Rückzug in die reine Theorie gestattet Müller sich nicht. Noch im Grauen bejaht er die umwälzende Bewegung, sieht jedoch die Aufgabe der Kunst in der Erinnerung an die Kosten, die dem Erkauften selbst nicht äußerlich bleiben, sondern es radikal umformen. Die Einheit von Freude und Schmerz im Prozeß der Verwandlung zeigt sein Schreiben. So sieht er das Besondere seiner Theaterpraxis gegenüber dem Kino, das den Tod nur registriert, in der Reflexion auf die ambivalente Produktivität des Todes: »Wenn das Kino dem Tod bei der Arbeit zusieht (Godard), handelt Theater von den Schrecken/Freuden der Verwandlung in der Einheit von Geburt und Tod. Das macht seine Notwendigkeit aus.« (Brief an Linzer, 1975, TA S. 126)*

Daß hier der Tod »bei der Arbeit« erscheint, ist kein Zufall. Denn im Gegensatz zur Tendenz des offiziellen Marxismus der DDR, einem Fetischismus der freudigen Arbeit zu huldigen, denunziert Müller in seinen Stücken dieses Pathos der Arbeit (»Der

---

* Zu den Siglen s. S. 183.

Bau«, »Zement«). Der Begriff der Arbeit ist für Müllers Werk konstitutiv. Er meint nur unter anderem das Produzieren von Gütern, viel nachhaltiger ist er auf das *Töten* verwandt: Töten, Lieben, Schreiben sind destruktive, unnütze, verschwenderische ›Arbeiten‹, die Müller interessieren – bis hin zu den letzten Stücken »Leben Gundlings Friedrich von Preußen Lessings Schlaf Traum Schrei« und »Hamletmaschine«, in der Produktion unmittelbar in Destruktion (des Sinns, der Geschichte, der Fabel) übergeht. Und an dieser Arbeit interessiert ihn das Paradox, daß sie nur als Zerstörung funktioniert. So wird zu fragen sein, inwiefern Aggression und Destruktion alle produktiven Lebensverhältnisse bestimmen, so daß Müller einmal den »Mord am Neuen«, das Opfer der Zukunft, als Bedingung des Lebens nennen kann.

Ein anderer Aspekt dieser produktiven Aggression tritt dort hervor, wo bei Müller die Frau, vor allem das Verhältnis der Liebenden zum Mann, aber auch der Mutter zum Leben thematisch wird. Von der »Liebesgeschichte« (1953) über die Schlee im »Bau«, Dascha in »Zement«, die Hexen in »Macbeth« (1971), bis zu »Medeaspiel« (1974), »Todesanzeige«/»Wüsten der Liebe« (1975) – von der Passagen im Lessingteil von »Leben Gundlings« (1977) wiederauftauchen – Ophelia/Elektra in der »Hamletmaschine« und ErsteLiebe im »Auftrag«, gibt es eine quälerische, immer nachdrücklicher werdende Beschäftigung mit der Frau als Rächerin ihrer selbst, der Unterdrückten. Maldoror, der Verkünder des ekstatischen Bösen in Lautréamonts »Gesängen des Maldoror« ist bei Müller eine Frau:

»Hier spricht Elektra. Im Herzen der Finsternis. Unter der Sonne der Folter. An die Metropolen der Welt. Im Namen der Opfer [...] Nieder mit dem Glück der Unterwerfung. Es lebe der Haß, die Verachtung, der Aufstand, der Tod.« (M, S. 97)

Die Schuld der Männer gegen die Frauen kann nicht »abgegolten« werden. In allen diesen Texten ist das Verhältnis der Geschlechter von einer unüberwindlichen, untröstlichen Fremdheit bestimmt. Und wieder greift Müller auf mythische oder quasimythische Bilder zurück, wenn es um die Frau, ihre Emanzipation, ihre Veränderung geht. Die ›neue‹ Frau der Revolution, Dascha (in »Zement«) erweist sich als Medea, Elektra/Ophelia, die Hexen fungieren als Urbilder einer tödlichen, zerstörerischen Weiblichkeit.

6

Nach dieser Charakteristik des *Blicks,* der in Müllers Werk auf die Welt fällt, leuchtet ein, daß die Suche nach den Stoffen, die es organisiert, vor allem auf solche Themen stößt, die es gestatten, zerreißende Konflikte, tiefe innere Spaltung und unlösbar erscheinende Verstrickungen zur Darstellung zu bringen. Versucht man eine Liste der Stoffgebiete herzustellen, so lassen sich drei Komplexe herausschälen: Deutschland; Revolution, Stalinismus und die »Kosten« der Revolution; der sozialistische Aufbau – Themen, die sich als ebensoviele Aspekte des Staats DDR entziffern lassen und deren Konstellation auf den spezifischen, historischen Moment verweist, dem Müllers Werk zugehört.

a) Ein Grundthema Müllers – und vielleicht in einem bestimmten Sinn *das* Thema – war von Beginn an Deutschland, und zwar *Germania,* das Germanische, Teutonische, die schwarze Seite darin: Kriegslust, Brutalität, rohe Gewalt und – auch als politischer Name dieser Wirklichkeit – der Nationalsozialismus. Müller zeigt Deutschland als unglückliche Nation, die die Neigung zur Spaltung, zur Selbstzerstörung als »germanisches Erbe« gleichsam von Hadubrand und Hildebrand, Arminius und Flavus her mitbekam. Es mag noch eine andere Seite an dieser »Tradition« geben, die Müller von den Nibelungen über den preußischen Absolutismus bis hin zum Faschismus fasziniert: eine sonderbare, *zu* ausgeprägte *Realitätstüchtigkeit* in der Lebensverachtung und gewalttätigen Rohheit des ›deutschen Wesens‹, mit der ein immer wieder durchbrechender Hang, mörderisch und am Ende *selbstmörderisch* Geschichte zu machen, einhergeht. »Die Schlacht. Szenen aus Deutschland« (1951 geschrieben, 1974 überarbeitet und veröffentlicht) ist der Auftakt der Versuchsreihe über die deutsche Geschichte als Schlachthaus. »Germania Tod in Berlin« (1956/ 1971) sieht auch die DDR aus der Perspektive des 17. Juni mit dem Erbe der Selbstzerfleischung belastet: Tod Germanias in Berlin, der gespaltenen Hauptstadt der Nation.

b) Das Gegenstück zu dieser schwarzen Sicht auf die deutsche Geschichte ist ihre Verallgemeinerung und zugleich Vertiefung: »Philoktet« (1958/64), »Mauser« (1971) und »Zement« (1972) haben die *Revolution* zum Thema. In den Lehrstücken/Tragödien »Philoktet« und »Mauser« sind die Erfahrungen des *Stalinismus* auf einer philosophischen und sprachlichen Höhe verarbeitet, der nur weniges in der marxistischen Diskussion an die Seite zu stellen ist – wie etwa die Studie »Humanismus und Terror« von Maurice Merleau-Ponty.

»Zement«, nach Fjodor Gladkows gleichnamigem sowjetischen Revolutionsroman von 1925, gibt diesen Einsichten über die Geschichte wieder die Gestalt einer »Geschichte«, die jedoch in allen Teilen in mythologische Bezüge gebracht wird. Im Alltag der Sowjetunion der frühen 20er Jahre, geschieht ein Stück Emanzipation des Menschen in seiner Arbeit und zugleich die Emanzipation der Frau im Prozeß der Revolution. In Vergewaltigung, Annahme des Todes und Austeilen eigener Gewalt erweist sich die neue Frau als Medea. Wie Müller in der Anmerkung zu »Mauser« formuliert hat: »Die erste Gestalt der Hoffnung ist die Furcht/die erste Erscheinung des Neuen der Schrecken«.

Die Form von »Zement« stellt einen Kompromiß dar, und dieser Umstand trug sicher dazu bei, daß es das in der DDR am ausführlichsten besprochene Stück Müllers wurde. Hier wird noch einmal, in ästhetisch versöhnlicher Anschaulichkeit, eine Fabel um sozialistisch-realistische Individuen geboten, während Müller zu dieser Zeit mit zunehmender Radikalität den Rekurs auf Subjekte, Fabeln, dramaturgisch stimmige Abläufe ablehnt und sich immer mehr von den Gattungen Drama, Lyrik, Prosa entfernt, um sich einer Gattung »Text« zu nähern, wie sie von Lautréamont, Rimbaud und Joyce bis Artaud und Beckett die literarische Avantgarde kennzeichnet. Doch auch in »Zement« zeigt der zweite, genauere Blick unter der Oberfläche des sozialistisch-realistischen Aufbau-Dramas andere Züge. Was »Zement« mit »Mauser« verbindet, ist nicht nur das Sujet der Revolutionszeit und des russischen Bürgerkriegs, in der ›das Neue‹ sich mit Schrecken durchsetzen muß und dabei dem ›Alten‹ verzweifelt ähnlich sieht. »Zement« verweist als Metapher zwar auf den Stoff des Bauens und Aufbauens, aber er läßt vor allem auch an eine *Verhärtung des Menschen* denken, die Irreversibilität eines Prozesses, den nur eine Explosion wieder rückgängig machen könnte. Eben dieses doppelbödige, auch anzügliche Verhältnis: etwas hart zu machen, damit es benutzt werden kann im Kampf wie eine Waffe (Mauser), bedeutet auch, daß es dann so hart bleibt wie es gemacht wurde. Philoktet, der sich weigert, wieder in ›Dienst‹ genommen zu werden, der sich verhärtet hat gegen die Menschen, wird selbst zu Stein und Tier, kehrt in den Naturprozeß zurück. Wer Geschichte macht – und jede kommunistische Partei an der Macht tut dies – unterliegt selbst dem, was er produziert: wer tötet, stirbt ab, wer hart durchgreift, wird hart. Geschichte ist in ihrer Wirkung auf die in ihr Handelnden nicht reversibel.

c) Daher muß, wer auf den Eingriff, das Geschichtemachen setzt, die Frage nach den Kosten der Revolution zulassen. Die

»Versuchsreihe« »Philoktet«–»Horatier«–»Mauser« wie auch die Stücke um den Aufbau des Sozialismus in der DDR, stellen diese Frage, die zugleich eine Frage nach den Kosten der Produktion, der Arbeit ist. Aufbau, Arbeit ist stets auch Tod und Töten, das Zerstören von Zuständen. Der Tod als die radikalste Weise, sich zu verändern – Brecht hat in seinen Lehrstücken gerade diese Metapher gewählt, in der Sterbenkönnen auch Sich-Verändern-Können, =*lernen* meint. »Horatier«, das Mittelstück der Reihe über das ›Lehrstück Stalinismus‹, »Herakles 5«, das Satyrspiel über den gigantischen Arbeiter im Augiasstall, der die Geschichte von allem Dreck und Gestank befreien soll und den unter dieser Arbeit der Wunsch befällt, den Kulturprozeß, die Säuberung der Geschichte von Gewalt wieder rückgängig zu machen – sie alle fragen nach den Kosten, den Abfallprodukten der Geschichte, wenn auch im Satyrspiel scheinbar unbeschwert von den quälenden Zweifeln nach dem Sinn der übermenschlichen Anstrengung in der Jauchegrube. »Prometheus« nach Aischylos (1967) artikuliert die Auflehnung der Produktion, gerade auch der Kunstproduktion gegen staatliche Vorschrift. Die Bearbeitung des Brechtschen Fragments vom »Glücksgott« fragt nach der Lebenskunst in einer durchrevolutionierten Gesellschaft der Askese: das Glücksverlangen des Menschen war und ist Triebkraft jeder Revolution; bleibt es im Prozeß ihrer Verwirklichung auf der Strecke, wird die Revolution sinnlos: der Preis zu hoch.

d) Der sozialistische Aufbau ist der Themenkomplex, mit dem Müller in die Öffentlichkeit der DDR getreten ist, mit dem er seit den 50er Jahren Interesse, Zustimmung und Ablehnung von höchster Parteiebene erfuhr. Es handelt sich um die Stücke »Der Lohndrücker« (1956), »Die Korrektur« (1. Fassung 1957, 2. Fassung 1958, beide zusammen mit Inge Müller); die Dramatisierung von John Reeds Reportage über die Oktoberrevolution zum 40. Jahrestag 1957 »10 Tage, die die Welt erschütterten« (zusammen mit Hagen Stahl); den »Klettwitzer Bericht« (1958); »Die Bauern« (1956 begonnen, 1961, ein Jahr nach der Kollektivierung, auf einer Studentenbühne aufgeführt und gleich darauf verboten. 1964 wurde der ursprüngliche Titel »Die Umsiedlerin oder das Leben auf dem Lande« durch den neuen ersetzt); »Der Bau«, 1964 nach Motiven des DDR-Bestsellers von Erik Neutsch, »Spur der Steine«, nach angesagten Proben wieder abgesetzt und auf dem 11. Plenum des ZK der SED 1965 heftiger Kritik aufgesetzt, ein Stück über die »Großbaustelle DDR« 1961, zur Zeit des Mauerbaus also; »Weiberkomödie« (1969) nach Inge Müllers Hörspiel »Die Weiberbrigade« (1961).

Die scheinbar von Alltagsgeschichten dominierten Stücke werden zu großen Epochengemälden: ganze Bewußtseinssysteme sprechen, wenn die Menschen in ihrer Lebens- und Arbeitssituation agieren. In diesen Stücken wird als Problem vorgeführt, was in der Propaganda Lösung ist: Die Entstehung des neuen Menschen, die »Sozialistische Menschengemeinschaft«. Im »Lohndrücker« ist es die Reparatur an einem brennenden Ringofen, die die politische Situation der 40er, aber auch noch der 50er Jahre umreißt: der Aktivist Balke repariert den Ofen in einer Atmossphäre der Feindseligkeit und mangelnden Solidarität mißtrauischer Arbeiter unter unmenschlicher Anstrengung, weil die Kaltstellung mit einem Produktionsausfall verbunden wäre. Ähnlich wurde in der DDR das Neue mit dem zerstörten, aber nicht kaltzustellenden Alten aufgebaut. Menschen, die vorher dem Faschismus gedient hatten, wurden als Ruinen des alten Systems ›ausgebessert‹, ohne daß man ihre Produktivkraft, ihre Lebendigkeit und Lernfähigkeit zerstören durfte. Auch die Titel der Dramen über die Bodenreform, »Die Umsiedlerin . . .« und »Traktor« lassen sich allegorisch deuten. Umsiedlerin heißen im Stück zwei Frauengestalten, von denen die eine faktische Umsiedlerin aus den deutschen Ostgebieten ist, die andere, als alternde Frau des Parteisekretärs, sich gezwungen sieht, vor einer jüngeren Nachfolgerin aus der Ehe in die Selbständigkeit ›umzusiedeln‹. Umsiedlerin (transitiv verstanden) ist aber zugleich die Partei, die die Menschen von der einen Epoche in die andere führt, selbst wenn viele sich nur widerwillig fügen. »Traktor« – entstanden 1956 und 1961, also zur gleichen Zeit wie »Umsiedlerin«/»Die Bauern«, und nach Motiven aus A. Seghers »Friedensgeschichten« (1950), 1974 überarbeitet – berichtet aus der Zeit nach 1945, als Traktoristen bei der Fahrt über verminte Felder heroisch ihr Leben riskierten, um die Aussaat zu ermöglichen. Ein Traktorist, der sich heil aus dem Krieg gerettet hat, verliert bei dieser Aktion ein Bein, erweist sich aber als ein ›neuer Mensch‹ der keiner sein will, sondern das verlorene Bein einklagt. Der neue Mensch entsteht in und trotz seiner Selbstverleugnung: der Traktorist, der Lohndrücker Balke, der Parteisekretär Bremer in »Korrektur«, die Umsiedlerin Flinte 1, der anarchische Arbeiter Barka und der Parteisekretär Donat im »Bau«, der sein ungeborenes Kind verleugnet, um die Bauprojekte zu verwirklichen. Keiner von ihnen ist ein »Held«, jeder mit Schuld, Versagen, Schwäche belastet. Und doch erscheinen sie als Produzenten einer neuen Produktion, Initiatoren eines neuen – wenn auch noch lange nicht »schönen« – Lebens.

In der Konfiguration der Alltagsanalyse interessiert Müller die

Selbstverleugnung, zu der die Neuerer gezwungen sind. Denn sie ist wiederum der Preis des Fortschritts, des Übergangs: das Bein, die gelöste Ehe, die vergebliche Liebe, die verlorene ›alte‹ Menschlichkeit. Die Psychologie der Menschen ist bei Müller nur die Oberfläche, die Form, in der sich die geschichtlichen Kämpfe austragen. Geschichte löst sich nie im Alltag auf – sie konstituiert sich in ihm. Immer trägt die Übergangsgesellschaft als *Epochenkollision* ihre großen Kämpfe in den kleinen Bezirken des individuellen Lebens aus. »Die Bauern« und »Der Bau« versuchen, in Tableaus und zugespitzten Dialogen, ein Panorama der DDR-Gesellschaft zu erstellen, ohne deren Widersprüche in Chronologie aufzulösen, wie es die harmonisierende Ästhetik des sozialistischen Realismus im Gefolge der staatlichen Geschichtsbetrachtung und Kunstdoktrin oft genug tut.

7

Müller ist der sprachmächtigste und politisch wie theoretisch strengste und anspruchsvollste Dramatiker im deutschsprachigen Raum. Avantgardistische Kunstpraxis und vom Marxismus geprägte Theorie treten in seiner Textpraxis zu einer ungewohnten Einheit zusammen, die auch den Grund für die charakteristische Sprache Müllers abgeben mag: ein Kampf um Worte, Wendungen, Fügungen, kennzeichnet sie gerade im Kontrast zur Leichtigkeit der Brechtschen Diktion. Müller – dessen Syntax an Hölderlins Übersetzungen der Antike geschult sind – ist ein Künstler der grotesken Sentenz, der gefügten Ambiguität, die einem festgezurrten Knoten gleicht, den der Leser gleichzeitig zerschlagen *und* sorgfältig auflösen muß. Zudem schließt Müllers Schreiben eine Koexistenz so divergierender Elemente ein, wie sie die Namen Marx, Nietzsche, Artaud, Stalin, Brecht, Foucault, Guattari, Deleuze und Freud andeuten. Eine bruchlose Einheit gibt es hier nicht, sondern bewußte Vielheit, Vieldeutigkeit.

Zunächst steht – obwohl der Materialist und Bühnenautor Müller diese Behauptung von sich weisen dürfte – sein Werk nicht anders als das Brechts in der Tradition des *Ideendramas*. Trotz der Einschränkung, daß diese Feststellung auf den frühen Müller mehr als auf den Verfasser von »Gundling«, »Hamletmaschine« oder »Der Auftrag« zutrifft, handelt es sich auch bei den Produktionen der 70er Jahre noch um ›Denkspiele‹, nicht nur um surrealistische oder absurde Collagen.

Müller ist mehr Bearbeiter als Erfinder, eher Geschichtsdenker als Geschichtenerzähler. Immer stärker hat er im Verlauf der Zeit den Zitatcharakter aller Literatur betont, bis hin zum Postulat der Liquidation des Autors, die freilich keine wohlfeile Parole darstellt, sondern neue Probleme aufdeckt: »die Katastrophe der Anonymität«, heißt es bei Müller einmal von Lautréamont.

Müllers Entwicklung weg vom Realismus steht in Zusammenhang mit der ästhetisch-theoretischen Frage nach dem Status des Bewußtseins. Zunehmend mißtraut der Autor Müller einer Dialektik von Auf- und Abbau und der selbstgewissen Geste, mit der orthodoxe marxistische Theorie über die Logik historischer Prozesse zu verfügen meint. Körperlust und Trieb auf der einen, die Zwangsmaschinerie des sozialen Prozesses auf der anderen Seite haben zur Folge, daß den Lücken und Verdunklungen des subjektiven Bewußtseins nicht am Ende ›Aufhebung‹ winkt.

Analog zu bestimmten Bestrebungen der zeitgenössischen ›westlichen‹ Philosophie arbeiten Müllers Texte an der Einsicht, daß alles begreifende Denken ein Brechen und Sich-Entgleiten des Bewußtseins impliziert. So gerät ihm Sprache, Szene, dramaturgische Verknotung nicht (oder doch nur selten) zur bloßen Illustration und Allegorie von in der Theorie gewonnenen Befunden. Seine Texte theoretisch ernstnehmen, heißt daher nicht, in ihnen die Verdopplung von Erkenntnissen über Geschichte, Politik oder Triebstrukturen aufzusuchen. Es bedeutet vielmehr, aufzuzeigen, wie diese Texte den Begriff unterhöhlen; nachzeichnen, wie sie neue Denk- und Vorstellungsfelder erschließen, indem sie an den Blindheiten, Paradoxien und inneren Grenzen des alten Feldes (Marxismus, Geschichtstheorie, politische Philosophie) arbeiten. So entsteht ein noch möglicher Typus von Ideendrama – in dem der Status ›der‹ Dialektik mehr als prekär ist – ein Ideendrama, das seit Brecht ernsthaft nur noch auf dem Feld des marxistischen Denkens möglich ist. Die ›Konkurrenz‹ des Existentialismus konnte sich nur da behaupten, wo sie sich dem Marxismus unterwarf. Gleichwohl ist unbestreitbar, daß es neben anderen Einflüssen einen existentialistischen Zug in Müllers Werk gibt. Und wenn das Denken eines Merleau-Ponty den Autor interessieren kann, so aus diesem Grund. Fruchtbar wäre daher eine philosophische Lektüre von Müllers Werk, die von der Problematik des Grenzfelds Marxismus/Existentialismus und von der Frage nach dem Status des Subjekts in beiden Denkfeldern ausginge.

Weite Bereiche von Müllers Werk erschließen sich erst, wenn der innere Zusammenhang erkannt ist zwischen der theoretischen Destruktion der allmächtigen ›Subjekte‹ – heißen sie nun Partei, Menschheit, Geschichte oder Selbstbewußtsein, personale Identität – und der Zersetzung sprachlicher und ästhetischer Ordnungen

(Chronologie, Fabel, Einheit der Person). Mit verschiedenen Formen des westlichen Theaters der Gegenwart vom »Theater der Grausamkeit« bis zu Robert Wilson verbindet Müller das Vertrauen in einen scheinbar oft nur subjektiven Automatismus der Phantasieproduktion. Er versucht, den unbewußten Regungen, der Logik der Träume und Alpträume ihr Recht zu lassen und riskiert die Gefahr des nur noch Subjektiven, für andere nicht nachvollziehbaren Privaten eher, als die Leere der ›objektiven‹, realistischen Schemata. Seine ›Texte‹ folgen einer vieldeutigen, bisweilen auch nicht mehr deutbaren Logik, die nicht die der zentrierenden Instanz ›Erzähler‹ ist.*

»Abschaffung des Autors« als Programm der eigenen Kunstproduktion hat Müller zunehmend zum Thema nicht nur seiner theoretischen Äußerungen, sondern auch seines Werks gemacht, ist doch der Autor die erhabenste traditionelle Inkarnation des Subjekts. Bei Müller bedeutet diese Abschaffung nicht etwa Unverbindlichkeit, sondern erhöhte Verantwortlichkeit: Wie für die Sprache übernimmt der Schreibende auch die Verantwortung für die Geschichte des Kommunismus, hält sich nicht heraus, sondern versteht sein Schreiben stets als Politik, die zugleich den Forderungen avancierter Kunstpraxis unterliegt: »Meine Mutter ein Blauwal mein Name Lautréamont/Gestorben in Paris 1871 unbekannt.« Es kann nicht verwundern, daß solche Brechungen Müllers Werk mit dem Aufklärungsdenken als Herrschaftswissen der DDR unvereinbar machen, das ideologisch auf die Verantwortlichkeit des einzelnen pocht wie nur die frühe bürgerliche Gesellschaft.

Unvermeidlich hat seine literarische Praxis sich eine Reihe von Vorwürfen zugezogen, mit denen die Analyse der Texte sich auseinandersetzen muß. Einer davon ist die Behauptung, Müller fröne einem modischen Geschichtspessimismus. Sie tauchte z. B. in dem »albernen Streit um Macbeth« (Müller) auf. Die Bearbeitung von Shakespeares »Macbeth« (1971), die in der DDR großes Aufsehen erregte und heftige Diskussionen nach sich zog, zeigt Müllers Ansicht über die Geschichte im Gewand einer fernen Zeit, aber die Herausforderung an den parteilichen Optimismus wurde sehr wohl verstanden (Macbeth: »Die Welt hat keinen Ausgang als zum Schinder / Mit Messern in das Messer ist die Laufbahn«). Die Welt erscheint als gnadenloser Kampf aufs Messer, der alle Beteiligten prägt: Alle, auch das ausgebeutete, gequälte Volk, sind nicht bloß Opfertiere, sondern zugleich auch »Fleischer«. Die Lust an

---

* Vgl. zum Konzept einer Zeichenpraxis ›Text‹ u. a. Julia Kristeva »Die Revolution der poetischen Sprache« Ffm. 1978.

17

der Macht und die Lust an der Rache – auch das sind Kräfte, aus denen der ›Fortschritt‹ der Geschichte sich speist.

»Leben Gundlings Friedrich von Preußen Lessings Schlaf Traum Schrei«, »Hamletmaschine« und »Der Auftrag«, die zwischen 1977 und 1979 veröffentlicht wurden, bilden den vorläufigen Schlußpunkt in dieser Textreihe. »Gundling« trug Müller den Vorwurf ein, sich nurmehr in »monströsen Geschmacklosigkeiten« (Radio DDR) zu ergehen. Der andere Vorwurf (im Westen auch als Lob gewendet), bestimmte Texte Müllers als absurdes Theater zu qualifizieren, als surreale Collagen, die keine innere Stringenz aufweisen, bleibt ebenfalls äußerlich. Das scheinbar absurde Paradox ist bei Müller zumeist die Gestalt kompromißloser Analyse, kein beliebiges surrealistisches Hantieren mit Unvereinbarkeiten. Bedeutsam ist in diesem Zusammenhang der Vergleich zwischen Müller und Beckett. Ohne ausstehenden Untersuchungen vorzugreifen, läßt sich sagen: Müller hat einen Beckettschen Blick, *der sich selbst noch einmal sieht*. Das »Erschrecken vor der Geschichte« bricht sich in seinen Texten noch einmal, es stellt für den Marxisten eine größere Herausforderung dar, als für andere – zumal für den Schriftsteller der »Übergangsgesellschaft«, der mit der Verantwortung beladen ist, seinen eigenen ideologischen Ort –, jenseits der unmittelbaren Gewalt (der Produktion wie der Politik) immer neu zu reflektieren. Diese Spaltung unterscheidet den kommunistischen Autor von Beckett; andererseits wehrt sich Müller dagegen, Vorreiter des gesellschaftlichen Bewußtseins zu sein, wie es die herrschende Kunstauffassung der DDR von ihm fordert. Kunst hat keine direkte Hilfsfunktion für Politik oder Propaganda zu übernehmen. Kunst ist nicht Politik, sondern bearbeitet die Traumata, die diese erzeugt hat und die Wunden, die sie den Menschen schlug. Sie kann im gelungensten Fall die Funktion einer Selbstanalyse der Massen übernehmen, wenn sie sich jene Fragen vornimmt, die das offizielle Bewußtsein zwar verdrängt, aber nicht bewältigt hat. Dazu gehört in Deutschland der Faschismus, die Niederlage, die Spaltung der Nation, in der DDR zusätzlich die Last des Stalinismus, die ewige Schwäche der starken deutschen Arbeiterbewegung.

Auch die Bezugnahme Müllers auf Mythen ist nicht lediglich als Darstellungsfolie, Exempel, Allegorie gesellschaftlicher Verhältnisse zu sehen, sondern er scheint oft die Mythen und klassischen Helden gerade so auszuwählen, daß in ihnen die eigene Situation des Schreibenden erkennbar ist: neben Prometheus, Ödipus, Hamlet besonders Herakles, etwa in Herakles 2 oder die Hydra«. Zwischen den geschichtlichen Heroen, dem politischen Revolutionär und dem Schriftsteller stellt Müller immer wieder eine Verknüpfung her, Verweise auf die Lage des Dramatikers, der sich in einen ideologischen Kampf historischen Ausmaßes verstrickt sieht, aber an seiner Last wie die Helden Herakles und Hamlet (zu) schwer zu tragen hat. Immer wieder geht es neben dem Aufbau, der Revolution und der Praxis kommunistischer Politik, neben der Rache der Frau und der Schuld der Männer, um den eigenen Ort des Schreibens, die Selbstreflexion eines Autors, der in gewisser Weise keiner sein möchte und es doch sein muß, weil noch niemand ihm seine Last abnehmen kann, das zu sagen, was auf dem Feld der Wissenschaft der Politik und der Praxis unter Sprachverbot fällt, folglich destruktiv und subversiv ist. Und diese Last gibt er – nach Brechts Formel: »Lösung von Schwierigkeiten durch Häufung derselben« – an sein Publikum weiter. 1975 sagte Müller in einem Gespräch:

»Ich habe, wenn ich schreibe, immer nur das Bedürfnis, den Leuten so viel aufzupacken, daß sie nicht wissen, was sie zuerst tragen sollen, und ich glaube, das ist auch die einzige Möglichkeit [...] Man muß jetzt möglichst viele Punkte gleichzeitig bringen, so daß die Leute in einen Wahlzwang kommen. D. h. sie können vielleicht gar nicht mehr wählen, aber sie müssen schnell entscheiden, was sie sich zuerst aufpacken.« (»Der Dramatiker und die Geschichte seiner Zeit«, TH, Sonderheft 1975, S. 121)

Diese Vielheit in Müllers Texten verbindet sich zunehmend mit einer oft hermetischen Vieldeutigkeit. Der Text bietet sich der Rezeption nicht mehr zu einer gedanklich interpretierenden Verdopplung an. Er hat »viele Eingänge« (Deleuze) und gibt sich als Labyrinth, als »Rhizom«*, als »Bau« also, in dem der Leser sich selbst und seine Probleme investieren muß. Dann und nur dann arbeitet die Textmaschine (vgl. »Hamletmaschine«) für ihn, wenn er aktiv eine (von verschiedenen möglichen) ›Lesemaschinen‹ ankoppelt. Zugleich muß er den Anspruch auf das Verstehen des ›Ganzen‹ fallen lassen. Der Text sucht ihn in die Lage des Tiers in Kafkas »Bau« zu versetzen, das in keinem Augenblick das Ganze seiner Behausung (des Textes) überschaut. Gerade dieses unvollständige Verstehen ist notwendig, um die Illusion des Bewußtseins zu bekämpfen, über einen gesicherten Blick aufs Ganze (der Realität, der Geschichte, seiner selbst) zu verfügen. Der Leser muß diese Zumutung akzeptieren, wenn er ins Werk Einlaß finden will. Will er es in allen Teilen verstehen, wird ihm auch praktisch viel »aufgepackt«: Kenntnis der Geschichte Deutschlands, besonders der DDR; Kenntnis der kommunistischen Bewegung und der

---

* Vgl. G. Deleuze, F. Guattari »Rhizom«, Berlin 1977.

marxistischen Diskussion über die Probleme des Leninismus-Stalinismus; nicht zuletzt Kenntnis der Wege, Umwege und Schleichpfade der SED-Kulturpolitik, um Korrekturen, Neufassungen, Nicht- und Neuinszenierungen, Veröffentlichungslücken und polemische Debatten zu verstehen. Hinzu kommen Antike und Mythologie, Hölderlin, dessen Antikenübersetzungen Müllers Sprache beeinflußt haben, Brecht, besonders der Autor der »Lehrstücke«, die sowjetische Revolutionsliteratur und die französische Avantgarde. Müller selbst hat 1978 einen Kanon dessen zusammengestellt, was den Stand der für ihn entscheidenden Literatur markiert:

»Rimbaud und sein Ausbruch nach Afrika, aus der Literatur in die Wüste. Lautréamont, die anonyme Katastrophe. Kafka, der fürs Feuer schrieb, weil er seine Seele nicht behalten wollte wie Marlowes Faust: die Asche wurde ihm verweigert. Joyce, eine Stimme jenseits der Literatur. Majakowski und sein Sturzflug *aus den Himmeln der Dichtung* in die Arena der Klassenkämpfe, sein Poem *150 Millionen* trägt den Namen des Autors: *150 Millionen.* Der Selbstmord war seine Antwort auf das Ausbleiben der Signatur. Artaud, die Sprache der Qual unter der Sonne der Folter, der einzigen, die alle Kontinente dieses Planeten gleichzeitig bescheint. Brecht der das Neue Tier gesehn hat, das den Menschen ablösen wird. Beckett, ein lebenslanger Versuch, die eigene Stimme zum Schweigen zu bringen.« (TH, H. 3, 1979, S. 1)

Die »Lust am Text« (Roland Barthes), die Müllers Texte bereiten, liegt in der ungewohnten Verbindung von avantgardistischer Textpraxis und marxistischem Denken, dem einmaligen Versuch, gerade als Marxist sich in dunklen Texten einzuwühlen, auch in den dunklen Text der Geschichte – zu einem guten Teil die Geschichte des Wahnsinns (M. Foucault) – oder auch in den ›wahnsinnigen‹ Geschichtsprozeß selber. Nicht zufällig tauchen im »Leben Gundlings . . .« Daniel Paul Schrebers »Denkwürdigkeiten eines Nervenkranken« auf, nicht zufällig werden bei Müller gerade auch die Ver-rückten, Kranken, Selbstmörder und ihre »Sprache der Qual« hörbar, eine Sprache, die jedesmal auch eine Sprache der Lust gewesen sein muß. Gerade die Durchdringungskraft des marxistischen Denkens, seine Unnaivität dem Geschichtsprozeß gegenüber, sein grundsätzliches Mißtrauen, lassen das Verständnis für den Kanon der dunklen, ja eigentlich *bösen* Texte in einem anderen Licht als dem der nur literarischen Innovation oder der bloßen ›Lust am Schwarzen‹ erscheinen. Müllers Lektüren haben einen neuen Text produziert: böse marxistische Kunst.

Keineswegs ist dabei ausgemacht, ob der Marxismus diese ›liaison dangereuse‹ heil übersteht, denn immer weniger schließen die

20

aus dem revolutionären Marxismus und Kommunismus herrühren-
den Motive in Müllers letzten Texten sich noch zu einem Gesamt-
bild zusammen, das mit dem Begriff ›Marxismus‹ zureichend erfaßt
wäre. Die ›textuellen‹ Dekonstruktionen zeugen von einem *anderen* Denken, das in den früheren Dramen noch latent geblieben
war. Dieses Denken ist revolutionär, aber nicht mehr marxistisch;
revolutionäre und marxistische Theorie treten in bestimmten Berei-
chen auseinander. Dieses Denken ist nicht mehr auf ein einziges
organisierendes Zentrum hin gerichtet. Die Etikettierungen Absur-
dität oder Pessimismus treffen diesen Gehalt von Müllers Arbeiten
theoretisch nicht, so wie Collage oder Hermetismus ihn ästhetisch
verfehlen. Jenseits dieser Kategorien trägt Müllers Schreiben – und
darin ist es ein bedeutsames Symptom des Gegenwartsbewußtseins
diesseits und jenseits der Ost-West-Grenze – die objektive Problematik aus, daß der Punkt überschritten ist, an dem der ›gute Kern‹
des Marxismus als die von allen ›Deformationen‹ nicht betroffene
Lehre der Emanzipation gelten konnte. Zu den tastenden Schritten
in Richtung auf eine neue Formulierung dessen, was soziale Emanzipation und Revolution heute (noch/wieder) heißen kann, tragen
die ›konstruktiv defätistischen‹ Zerrüttungen dieses Werks bei.

Die beiden letzten Theaterstücke stehen im Zeichen des
Abschieds, der Absage. »Something is rotten in this age of hope«,
heißt es in der »Hamletmaschine«; »Der Auftrag« trägt den Untertitel »Erinnerung an eine Revolution«, so als wäre in diesen For-
meln alles gesagt, nicht zuletzt über das Zeitalter der marxistischen
Hoffnung, in das die DDR mit dem Aufbau des Sozialismus
eintreten wollte. Für Müller ist literarische Praxis als Inbegriff auch
subjektiver Selbstverständigung nicht mehr so denkbar, daß
Geschichte als ›Drama‹, die Haltung zu ihr das Einnehmen einer
›Position‹ wäre:

»Mein Platz, wenn mein Drama noch stattfinden würde, wäre auf beiden
Seiten der Front, zwischen den Fronten, darüber. Ich stehe im Schweißge-
ruch der Menge und werfe Steine auf Polizisten Soldaten Panzer Panzerglas. Ich blicke durch die Flügeltür aus Panzerglas auf die andrängende
Menge und rieche meinen Angstschweiß.« (M, S. 94)

Müllers neue Stücke bringen diese Position auch formal zum
Ausdruck; es sind fast hermetische Texte der *Sinndestruktion*,
Alpträume eines marxistischen Intellektuellen über die Geschichte
immer wieder zerstörter Hoffnungen. Mythologie, die Wahnsinnigen Shakespeares, die Geschichte der mißratenen, verratenen euro-
päischen Revolutionen, der Tod der Frau, der Mord der Frau: eine
Hamletmaschine, Zaudermaschine, Grübelmaschine, Schreibma-

schine ohne Auftrag – das sind die vorläufigen Schlußpunkte. Müllers Schreiben ist eine ›Störung‹ im kulturellen und politischen Denken der DDR-Gesellschaft. Und in der ›Störung‹ sieht Müller die politische Funktion der Kunst in einer Gesellschaft, die durch ein geschlossenes Wissen formiert wird, und deren verdinglichte Sprache sich von der unerwarteten, ›wilden‹ Sprache unangepaßter Literatur rasch bedroht fühlt. Denn hinter der Verehrung für das gebändigte, vernünftige Wort steht jene *Angst,* von der Michel Foucault spricht:

»[...] eine tiefe Logophobie, eine stumme Angst vor jenen Ereignissen, vor jener Masse von gesagten Dingen, vor dem Auftauchen all jener Aussagen, vor allem, was es da Gewalttätiges, Plötzliches, Kämpferisches, Ordnungsloses und Gefährliches gibt, vor jenem großen unaufhörlichen und ordnungslosen Rauschen des Diskurses.« (»Die Ordnung des Diskurses«, Ullstein 1977, S. 35)

Es sind die Verwerfungen: Brüche, Lücken der Realität, die der Autor Müller sieht, beschreibt, vertieft. Die brüchige Landschaft des Bewußtseins, vom »Autofriedhof in Dakota« (»Leben Gundlings«) bis zur staubigen Landstraße in Peru (»Der Auftrag«), läßt die Verkündung einer Lehre nicht mehr zu.

Vom Januar 1977 datiert ein Brief an Reiner Steinweg, in dem Müller sich programmatisch von der Beschäftigung mit dem Lehrstück, dem seine früheren Texte zugeordnet werden, verabschiedet:

»Die christliche Endzeit der Maßnahme ist abgelaufen, die Geschichte hat den Prozeß auf die Straße vertagt, auch die gelernten Chöre singen nicht mehr, der Humanismus kommt nur noch als Terrorismus vor, der Molotow Cocktail ist das letzte bürgerliche Bildungserlebnis. Was bleibt: einsame Texte, die auf Geschichte warten. Und das löchrige Gedächtnis, die brüchige Weisheit der Massen, vom Vergessen gleich bedroht. Auf einem Gelände, in dem die Lehre so tief vergraben und das außerdem vermint ist, muß man eigentlich den Kopf in den Sand (Schlamm Stein) stecken, um weiterzusehen. Die Maulwürfe oder der konstruktive Defaitismus.« (M, S. 85)

DIE STÜCKE

DER LOHNDRÜCKER

Als 1957 in der »Neuen Deutschen Literatur« (Heft 5) der »Lohndrücker« erschien, mußte das Thema, die Pioniertat des ersten Helden der Arbeit in der DDR, den Lesern vertraut erscheinen, denn die Geschichte des Hans Garbe war nicht nur in der Presse und Propaganda 1949/50 immer wieder aufgegriffen worden, auch einer der ersten sozialistischen Brigaderomane, Hermann Claudius' »Menschen an unserer Seite« (1951), hatte in der Gestalt des Hans Aehre die Heldentat gewürdigt, und Bertolt Brecht hatte nach Gesprächen mit Garbe dessen Leben bis hin zu den Ereignissen des 17. Juni 1953 in einem Lehrstück über die DDR schildern wollen unter dem Titel »Büsching«, nach einer Gestalt aus den Fatzer-Fragmenten der 20er Jahre[*]. Hans Garbe hatte 1948/49 in einer spektakulären Arbeitsleistung einen geheizten Ringofen in den volkseigenen Siemens-Plania Werken in Berlin repariert. Damit hatte er dem Staat den Produktionsausfall eingespart, der mit der sonst üblichen Kaltstellung des Ofens verbunden gewesen wäre. Er hatte zudem die Planerfüllung gewährleistet, weil er den Ofen in einer ungewöhnlich kurzen Zeit wieder in Gang gesetzt hatte. Durch das überdurchschnittliche Arbeitstempo brach er, zusammen mit seiner Brigade, die bis dahin übliche Zeitnorm. Der Brigade brachte diese Leistung zwar eine hohe Prämie ein, aber andere Kollegen befürchteten, es könnte daraus eine generelle Erhöhung der Norm resultieren. Interessant ist nun, daß dieser erste Held der Arbeit am 17. Juni 1953 sich an dem Streik gegen die Erhöhung der Arbeitsnormen beteiligte – mit seinen Orden auf der Brust eine Provokation für beide Seiten, verkörperte doch der Ordenträger für viele Arbeiter eben die verhaßte Normerhöhung, während der Staat dem Arbeiter als einem verdienten Helden der Produktionsschlacht die moralische Berechtigung zum Streik nicht absprechen konnte.

Der politische Hintergrund von Garbes Aktion 1948/49 (und Müllers »Lohndrücker«) ist der Beginn des Kalten Krieges, die unterschiedliche ökonomische Ausrichtung der beiden Teile Deutschlands durch die Annahme des Marshallplans im Westen

---

[*] Vgl. zur Garbe-Gestalt die materialreiche Untersuchung von Stephan Bock, Literatur Gesellschaft Nation. Zur frühen DDR-Literatur 1945–50, Stuttgart 1980.

und der Einbindung der SBZ in den Ostblock, die Übernahme des Modells der »Volksdemokratie« und der Beginn des Aufbaus des Sozialismus – offiziell noch unter der Flagge der »Antifaschistisch-demokratischen Grundordnung«. Es geht um die Konstitution einer neuen Gesellschaftsordnung, eines neuen Staates und eines neuen Bewußtseins von der eigenen Kraft der Arbeiter. Müllers Blick von 1956 auf diese Zeit des Anfangs aber fragt nach dem *Wie* dieser Konstitution.

Müllers Held der Produktionsschlacht wird nicht von der staatstreuen Seite gesehen, sondern ›plebejisch‹, als wäre er ein Akkordbrecher in einem kapitalistischen Betrieb. Balkes Gegner unter den Arbeitern, und es sind nicht nur ehemalige Nationalsozialisten, sehen in ihm einen Arbeiterverräter, der aus Ehrgeiz und Eigennutz die schier unlösbare Pionieraufgabe erfüllt, während die Öffentlichkeit ihn als Held feiert. So wird Balkes Arbeit von wütenden Kollegen sabotiert: einige ziehen sich nur zurück, andere schlagen ihn nieder, einer zerstört das Material, um den Bau des Ofens endgültig zu verhindern. Einige handeln aus politischen Motiven: sie wollen das System schädigen, sind gegen den »Russenstaat« oder unheilbare Nazis; andere stößt die Normentreiberei ab: Balkes Leistung unterhöhlt die Tradition der Arbeitersolidarität.

Dieses im Sinne des staatlichen Aufbaus objektiv reaktionäre Verhalten löst Müllers Dramaturgie in eine Vielzahl von Motiven auf, unter denen es durchaus ›richtige‹, klassenbewußte gibt. Psychologische Plausibilität scheint Einfühlung in die Probleme der einzelnen nahezulegen. Doch in Wahrheit findet ein Prozeß radikaler Entpsychologisierung von Positionen statt. Mit der Bedeutungslosigkeit von individueller Psychologie wird man unerbittlich auf das Feld der politischen Analyse verwiesen. Der *Pluralisierung* von Gründen für die individuellen Verhaltensweisen steht die *Einhelligkeit* ihrer objektiven politischen Bedeutung gegenüber. Während im reaktionären Verhalten von Balkes Gegnern positive Triebkräfte wirken, entdeckt man umgekehrt beim Helden Balke, daß auch für seine sozialistische Hochleistung die Gründe keineswegs eindeutig sind. Der Wunsch nach hohem Lohn und Lob, die Lust an korrekter Arbeit, die Pionierstellung sind dem Bewußtsein, daß nur so ein schneller Aufbau möglich ist, gleichgestellt. So sind die ›sozialistischen‹ Motive diesseits wie jenseits der politischen Schlachtlinie zu erkennen, sind ›reaktionäre‹ Antriebe ebenfalls auf *beiden* Seiten wirksam.

Nicht anders als in der Hegelschen Dialektik die Sittlichkeit tritt das Richtige, der Sozialismus, in eine subjektive und eine objektive

Seite auseinander. Müller interessiert der tragische Aspekt dieser Aufspaltung. Er verfolgt die Dialektik von objektiver und subjektiver Gestalt der Arbeiterinteressen bis in jene Bereiche, wo Fortschritt und Reaktion in der Erfahrung des einzelnen zu verschwimmen scheinen. Die neue Kraft der Arbeiter entfaltet sogleich die Dialektik, sich *gegen* den Staat zu kehren, der sich als das Allgemeine über ihren besonderen Interessen darstellt. Notwendig kehrt sich das neue Bewußtsein der Freiheit und Autonomie gegen den staatlichen Zwang. Und Müller lehrt, daß auch in den objektiv antisozialistischen Zügen des Arbeiterbewußtseins entscheidende Elemente des Klassenbewußtseins wirksam sind – selbst in den direkt konterrevolutionären Arbeitern, wie die Entwicklung des Arbeiters Karras im Stück zeigt. Umgekehrt muß sich gerade der revolutionäre Staat in einzelnen Maßnahmen ›konterrevolutionär‹ verhalten (vgl. das Schicksal des Arbeiters Lerka). Ein subjektiv verständliches Fehlverhalten Lerkas bestraft der Staat als Sachwalter des objektiv verletzten Allgemeininteresses hart. Dem *einzelnen* Arbeiter tritt der Staat als Arbeiterfeind gegenüber, während er *die Arbeit* schützt.

Die Zuspitzung der subjektiven, psychologischen Problematik schafft Müller durch die Einführung einer zunächst äußerst konstruiert wirkenden Konstellation, deren allegorische Bedeutung aber tief in die Dialektik des ›neuen Menschen‹ führt, der subjektiv die neue Gesellschaftlichkeit als Entwürdigung, die neue Freiheit als bloße Wiederholung der alten Zwänge erfährt. Umgeben von Feindseligkeit, die er schon bei früheren Erfindungen zur leichteren und schnelleren Arbeit zu spüren bekam, zumal er sich von den Prämien einen höheren Lebensstandard leisten konnte, erhält Balke Unterstützung vom neuen Parteisekretär Schorn, der in der Kriegszeit Balkes Arbeitskollege war bis zu dem Tag, da Balke den Kommunisten angezeigt und damit ins KZ gebracht hat, weil dieser die Rüstungsproduktion sabotierte. Nun muß Schorn mit seinem Denunzianten notgedrungen zusammenarbeiten, weil er mit seiner beispielhaften Arbeit den Staat unterstützt, den Schorn repräsentiert:

Szene 7:
(Straße./Abend.)
Schorn: Wir haben zusammen in der Rüstung gearbeitet, Balke. Vierundvierzig haben sie mich eingesperrt: Sabotage. Dich haben sie nicht eingesperrt. Du warst der Denunziant.
Balke: Was heißt da Denunziant. Ich war in der Prüfstation. Da hatten sie mich hingestellt, weil sie mich hereinlegen wollten, zwischen zwei Aufpasser. Bei den Handgranaten aus eurer Abteilung waren die Schlag-

stifte zu kurz. Ich ließ sie durchgehn oder legte sie zum Ausschuß, je nachdem, wo die Spitzel standen. Das riß aber nicht ab. Ich war auch dafür, daß man den Krieg abkürzt, aber mir hätten sie den Kopf abgekürzt, wenns ohne mich herauskam.

Schorn: (kalt) Vielleicht. (Schweigen) Was war das für ein Streit in der Kantine heute mittag?

Balke: Das ging gegen mich. Lohndrücker, Arbeiterverräter und dergleichen. (Pause.)

Schorn: Sag es mir, wenn sie dir Schwierigkeiten machen. (Pause.)

Balke: Was gewesen ist, kannst du das begraben?

Schorn: Nein.

(P 1, S. 27 f)

Doch Schorn wird Balke helfen, denn der Aufbau verlangt es. Er wird auf Rache, auf jede Genugtuung für das nicht Vergeßbare verzichten. Angesichts der »Prosa der Verhältnisse« (Hegel) kann Heroimus nicht mehr wie in den alten Tragödien in der Ausübung der Rache bestehen, ein Tatbestand, den Hegel schon für die Dramatik der modernen bürgerlichen Gesellschaft bemerkte. Die Ausübung des Rechts ist an den Staat gefallen; auch bei bestem Willen wäre der einzelne außerstande, es mit seinen Mitteln zu sichern.

Angesichts der staatlich-objektiven Gestalt des neuen Rechts, angesichts der Tatsache, daß die Individuen nurmehr das ›Beiläufige‹ sind, besteht individuelles Heldentum nicht mehr in der Rache, sondern im Verzicht auf sie. Schorn, der neue Mensch, erweist sich als fähig zu diesem Heroismus, aber zugleich wird auch deutlich: Der neue Mensch versteinert, er muß sich verleugnen, um den blinden Kreislauf zwanghafter gegenseitiger Zerfleischung zu durchbrechen.

In eine vielleicht noch groteskere Situation gerät Balke. Er, der nur, damit die Nazis ihm nicht »den Kopf abkürzten«, denunzierte, weiß, wer von den Arbeitern seine Reparatur sabotiert hat.

(Am Ofen. Balke. Schorn)

Balke: Steine im Gaskanal. Das heißt: drei Tage Aufenthalt. Der Plan fällt ins Wasser. (Pause.) Ich frage mich, wie lange steht der Ofen noch. Ich höre auf, ehe sie ihn in die Luft jagen. Sie haben gelacht über den blöden Aktivisten. Steine haben sie mir nachgeschmissen. Sie haben mich zusammengeschlagen auf der Straße. Ich werd ihnen was scheißen.

Schorn: Wem? (Schweigen.) Weißt du, wer die Steine in den Gaskanal geschmissen hat? (Schweigen.)

Balke: Was passiert, wenn ich den Namen sage?

Schorn: Du mußt wissen was du willst, Balke.

Balke: Ich bin kein Denunziant.

Schorn: Du mußt wissen, was du willst. Uns gehören die Fabriken und die

Macht im Staat. Wir verlieren sie, wenn wir sie nicht gebrauchen. (Schweigen.)
Balke: Der Brillenträger wars.
(P 1, S. 39 f)

Aus Angst um die eigene Haut hatte Balke einst den Kommunisten ins KZ gebracht. Jetzt fordert ihn eben dieser Kommunist wiederum zur Denunziation auf. Die subjektive Seite bleibt letztlich unbestimmbar. Müller verbietet jede Zuordnung einer guten oder schlechten Individualität zur objektiv guten oder schlechten Tat. Handelt Balke das eine Mal wirklich nur aus Angst um Kopf und Kragen – das andere Mal aus Einsicht in den geschichtlichen Fortschritt? Sühnt er mit der Erniedrigung der zweiten Denunziation vor Schorn, dem Kommunisten, die erste (für sich selbst und für den Faschismus)?

Gerade die formale Analogie ›denunziert‹ die gute Tat für die richtige Sache. Müllers Konstellationen destruieren jede Illusion darüber, mit wem der zukünftige Staat aufgebaut wird: Mit Menschen, die sich aus der Geschichte ›heraushalten‹ und nur ihr individuelles Leben leben wollen. So werden in »Lohndrücker« die Körper exponiert, vor denen das Bewußtsein sich zu bewähren hat: Körper, die zusammengeschlagen werden und selber schlagen, die unter kochender Hitze arbeiten, Körper, die aus den Quälereien der nationalsozialistischen Konzentrationslager kommen, und Körper, die in den Nachkriegsjahren oft das Notwendigste entbehren müssen. Für Müller gibt es keine Bewußtseinsgröße ›Held‹, für ihn gibt es nur Betroffene, die keine Sprachregelung mitmachen. Doch geht es weniger darum, diese Größe zu destruieren, als darum, sie zu untersuchen, ähnlich wie Brechts »Badener Lehrstück vom Einverständnis«, zu dem Ergebnis kommt: Der Mensch muß auf seine kleinste Größe reduziert werden, wenn er überleben will, der alte Mensch muß ›sterben‹ können, damit ein neuer entstehen kann.

Das aber ist der neue Mensch: Lohndrücker, Denunziant, Entwürdigter. Ohne Pathos und in aller Strenge reflektiert Müller auf das, was allzu oft mit falscher Leutseligkeit das ›Niedrige‹ heißt. Das neue Subjekt versteinert zum Objekt, Gegenstand, Mittel des Aufbaus, bloßem Waffenträger in der Schlacht: Balke bezieht sich etymologisch auf Schlachtreihe, Phalanx, und Balken sind aus härterem Stoff als eine »Garbe« oder »Aehre«. Auch der Name Schorn zitiert, durch die Assoziation an Schornstein, das Wort Stein herbei. Der Mensch wird als Element erkennbar, als Verbindungsstück, dessen fixe Identität hinter der Bedeutung seiner geschichtlichen Einsatzstelle zurücktritt. Als Querbalken zwischen

27

Jetzt und Zukunft gewinnt Balke ein entscheidendes Gewicht, ist er ›Träger‹ dieses Stücks und zugleich eine Grundfigur in Müllers Werk. Er propagiert nicht die selbstgenügsame Produktionstätigkeit, er führt auch den Lohn für die harte Arbeit vor: er kann sich Butter kaufen und eine neue Jacke.

Eine Verbindung zieht Balke jedoch auch in die Vergangenheit. Zweimal denunziert er: Einmal wird durch ihn ein Kommunist, sein Kollege Schorn, geschlagen, als Aktivist aber wird in Balke der Kommunist zusammengeschlagen, mit dem ihn seine Kollegen identifizieren, wenn er hilft, ›ihren‹ Staat aufzubauen. Balke verkörpert die Einheit der sonst feindlichen Brüder in Müllers Werk: das Paradox des revolutionären Arbeiterverräters. Nicht Balke als Subjekt korrigiert seine Haltungen, macht Fehler wieder gut, sondern die neuen gesellschaftlichen Realitäten zwingen ihn dazu – ob er will oder nicht. In kleinen Lernprozessen werden Identitäten zerbrochen, Menschen von der einen zur anderen politischen Front geschleudert, nur scheinbar einem reinen Bewußtsein gehorchend.

Symptomatisch dafür ist der Schluß des Stückes, der auf die Haltung des »neuen Publikums« verweist: Balke braucht einen neuen Brigadier, wenn er seinen selbstauferlegten Plan erfüllen will. Überraschend bietet sich Karras an, der noch kurz zuvor den »Lohndrücker« niedergeschlagen hat. Balke lehnt ab: »Mit Karras kann ich nicht arbeiten«. Die Schlußszene lautet:

15
(Fabriktor. Morgen. Karras kommt, hinter ihm Balke.)
Balke: Ich brauch dich, Karras. Ich frag dich nicht aus Freundschaft. Du mußt mir helfen.
Karras (bleibt stehn): Ich dachte, du willst den Sozialismus allein machen. Wann fangen wir an?
Balke: Am besten gleich. Wir haben nicht viel Zeit.

Auch Balke hat Schorns Verhalten übernehmen müssen. Nach der eigenen Lebenszeit, dem Ich, wird im Prozeß des Aufbaus niemand gefragt. Hart wird der Mensch als Mittel eingesetzt, das diesem Prozeß dient – und das doch ein Bewußtsein von ihm und seinem Ort darin haben muß. Ob der Zweck wiederum der Mensch ist – und vor allem: wie er dann aussieht – das bleibt die dauernde Frage Müllers. Sie wird es ihm zunehmend unmöglich machen, die Konflikte der sozialen Maschinerie noch im Spiel einer Hegelschen oder anderen historischen Dialektik darzustellen.

»Die Korrektur« liegt in zwei Fassungen vor. 1957 schrieben Inge und Heiner Müller das Hörspiel »Die Korrektur. Ein Bericht vom Aufbau des Kombinats ›Schwarze Pumpe‹«, nachdem sie einige Zeit auf der Großbaustelle zugebracht hatten. Ihre Beobachtungen dienten der Konfliktauswahl für das Stück, das anschließend den Betriebsangehörigen vorgeführt und mit ihnen diskutiert wurde.

Es geht in der »Korrektur« (1. Fassung) um den Parteifunktionär Bremer, seit 1918 Parteimitglied und bis 1945 im KZ, der seinen Posten in der Partei verlor und in die Produktion abkommandiert wurde. Nun arbeitet er als Brigadier auf der Großbaustelle, wo ein Kombinat entsteht. Warum wurde er degradiert? Er hat »einem Nazi in die Fresse geschlagen, der bei der Nationalen Front einen Posten hat« – eine Haltung, die im Sprachgebrauch der SED »sektiererisch« war. (Dieser Sammelbegriff denunzierte alle von der Parteilinie, speziell der anfangs unter den Kommunisten umstrittenen antifaschistischen Bündnispolitik, abweichenden Auffassungen.) Bremers Fehler ist die mangelnde Einsicht, daß der Sozialismus nicht nur mit Sozialisten aufgebaut wird – ein Thema, daß schon im »Lohndrücker« eine maßgebliche Konfliktebene darstellte.

Auf der Großbaustelle (Allegorie auf den Aufbau der DDR) bekommt Bremer die Leitung einer eigennützigen Brigade zugewiesen. Er weigert sich, die betrügerische »Normenschaukel« zu unterstützen, nämlich höhere Normen in die Lohnlisten einzutragen als in Wirklichkeit erfüllt wurden. Doch in den Augen der Brigade gleicht diese »Korrektur« nur auf dem Papier (Plan) aus, was die Arbeiter aufgrund schlechter staatlicher Planung an Wartezeiten unproduktiv verbringen müssen. Bremer weigert sich standhaft, den eigennützigen Betrug am sozialistischen Staat zu dulden, aber ironischerweise findet gerade seine Brigade, angeführt von einem anti-kommunistischen Arbeiter, einen Weg, sich durch schlechte Arbeit hinter seinem Rücken kurzfristig Vorteile zu verschaffen. Sie bauen schlechte Fundamente – die allegorische Gleichung mit dem »Fundament« des neuen Staats, der neuen Ökonomie, liegt auf der Hand (vgl. »Der Bau«, 1. Szene). Der Betrug, strafrechtlich ein Fall von Sabotage, fliegt auf: ein Fundament bricht zusammen. Die Brigade wollte Zeit sparen – nicht, um den Aufbau voranzutreiben, sondern um den eigenen, nur nach der Quantität bemessenen Lohn auf Kosten der Produktion für alle zu erhöhen.

Bremer, der sich weder durch Bier bestechen, noch durch Prügel umstimmen ließ, ist gleichwohl als Brigadier für den Fall verantwortlich, bleibt jedoch nach seiner Selbstkritik Brigadier. In Müllers Stück wird aber dieses Problem, daß die Arbeiter im Arbeiterstaat und volkseigenen Betrieb das Fundament aus Eigennutz (und auch aus Verdruß über die Mängel des Plans – »die Spezialloren fehlen« –) sabotieren, von einem anderen dominiert: In Bremer ist ein ehemaliger KZ-Häftling und Parteimitglied seit 1918 von der eigenen Partei strafversetzt worden, und da, wo er sich zu bewähren hat, in der »Produktion«, wird er von Arbeitern niedergeschlagen, die er nicht vom Sinn des sozialistischen Aufbaus überzeugen kann; von ihnen wird er (und der Staat) betrogen, weil er den Betrug (am Plan, am Staat) nicht duldet. In ihm wird der Kommunist niedergeschlagen – aber der Kommunist, der sich nicht wehren kann, weil seine Haltung sich unmittelbar *gegen* die Arbeiter zu richten scheint – eine Parallele zum isolierten Helden Balke. Und wieder macht Bremer einen ›sektiererischen‹ Fehler. Nichtsahnend verdächtigt er den Ingenieur, mit einer falschen Zeichnung den Zusammenbruch des Fundaments verschuldet zu haben, verdächtigt den Vertreter der technischen Intelligenz, die schon der Rüstungsindustrie des Hitlerstaats zur Verfügung stand, aus einer nur allzu begreiflichen Voreingenommenheit (»Ich weiß noch, wo der Feind steht.«). Nun soll er sich auf Weisung der Partei entschuldigen, denn einerseits ist er selber als Brigadier der Verantwortliche, andererseits darf die Intelligenz als wichtigster Bündnispartner beim Aufbau nicht ›verleumdet‹ werden. Bremer muß sich demütigen und gerade beim Vertreter jenes Opportunismus entschuldigen, der ihn, den antifaschistischen Kämpfer, ins KZ brachte, weil dieser Opportunismus Hitler ermöglichen half. Noch zugespitzter wird der Fall, wenn man die Parallele zu Balke im »Lohndrücker« zieht. Der Ingenieur gehört zu den Profis jener Rüstungsindustrie, in der Balke zum Denunzianten gemacht wurde. Nur zu berechtigt ist also Bremers Anklage gegen den Ingenieur:

»Ich hab acht Jahre im KZ gesessen. In der Zeit habt ihr euch den Bauch gefüllt und Bomber konstruiert für Hitler, als Spezialisten für die Rüstung. Ihr habt alles ruiniert und euch dabei gesundgestoßen. Davon profitiert ihr jetzt. Wir müssen aufbaun, was ihr kaputt gemacht habt.« (P 1, S. 55)

Doch Bremer muß seinen Fehler wiederum korrigieren – nur so ist er Kommunist.

Parteisekretär: Wir brauchen keine Barrikaden, Genosse Bremer, wir brauchen Industriekombinate. Wir müssen den Kapitalismus an die Wand

arbeiten. Wenn du das nicht begreifst, hast du nichts begriffen. Wir
verlangen von dir, daß du dich entschuldigst.
[...]
Bremer: Also die Partei verlangt von mir, daß ich zu Kreuze krieche vor
einem bürgerlichen Ingenieur.
Parteisekretär: Daß du deinen Fehler korrigierst. (P 1, S. 57)

Wie in Brechts »Maßnahme« vertritt die Partei die unerbittliche
Rationalität gegenüber dem ›richtigen‹, spontanen Gefühl. Bremer
muß nicht getötet werden – er korrigiert seinen Fehler, unterwirft
sich, bleibt aber die Figur, die als glaubwürdiger Kommunist
akzeptiert wird. All seine ›Fehler‹ sind Fehler der Spontaneität, die
die kalte Rationalität der richtigen Linie immer wieder durch-
kreuzt. Müllers »Korrektur« verzichtet auf die Radikalität der
»Maßnahme« (um sie später in »Mauser« zu überbieten). Es gibt
keinen tödlichen Ausgang, sondern das konstruktive Lernen.

Ein Arbeiter der Brigade, Heinz B., der den Grund des Funda-
mentbruchs zugegeben hatte, will in die Partei eintreten: Bremer
mit seinen Fehlern und Korrekturen hat ihn überzeugt, nicht der
offizielle Vertreter! Müller zeigt: Nichts anderes als diese Fehler,
Korrekturen und neuen Fehler machen die Bewegung einer kommunistischen Partei aus, nichts anderes als die Durchkreuzung der
ehernen Rationalität durch die Spontaneität der Gefühle und des
Körpers *ist* der ›Fehler‹, den sie immer wieder wagen muß. Bremer,
das lebendige Prinzip der Partei, bekommt letztlich das zu ihr (und
zum Lehrstück) gehörige Einverständnis, das er selber sich erst
erkämpfen mußte:

Bremer: In die Partei willst du eintreten. Weißt du, auf was du dich da
einläßt? Da wird viel verlangt. Weniger Bier, mehr Arbeit. Bis an den
Bauch im Dreck, wenn es sein muß. Aufstehn, wenn du fällst, und
wieder aufstehn, wenn du wieder fällst. [...] Also: Du weißt was du
machst?
Heinz B: Ja.
Bremer: Gut. Dann red ich mit dem Sekretär. Und was wird mit dem
Fundament?
Heinz B: Das Fundament machen wir neu.
Bremer: Wenn es wieder absackt, zerbrech ich dir den Schädel. Einver-
standen?
Heinz B.: Einverstanden.
(P 1, S. 581)

»Die Korrektur« ist ein Lehrstück über Grundsätze des Aufbaus
in der DDR, über Grundsätze kommunistischer Politik, über
Grundsätze auch des Lehrstücks ohne tödlichen Ausgang. Die
Rationalität (des Aufbaus, der Produktion, der Partei) ist den

unmittelbar destruktiven Regungen (Rache, rücksichtsloser Eigennutz, Mitleidlosigkeit) gegenüber als das Positive gesetzt. Aber wie im »Lohndrücker« konkretisiert Müller die Lehre von der Erneuerung des Menschen unter neuen gesellschaftlichen Bedingungen, geht den ganz realen Implikationen der Konzeption des Menschen in seiner »kleinsten Größe« (Brecht) nach: Demütigung, Selbstverlust, Verzicht. Es ist die schneidende Schärfe dieser Analyse, die zu dem Eindruck führt, das ›Positive‹ fehle in Müllers Stücken. Was das optimistische, utopische Bewußtsein sich erhofft (ein reines, gutes Positives), findet es hier nicht. Das Neue ist einzig erfahrbar in unlöslicher Verstrickung mit dem Alten.

»Korrektur« wurde korrigiert. Das Hörspiel wurde von der Partei nicht akzeptiert. Schon in den ersten Diskussionen im Kombinat »Schwarze Pumpe« fand es zwar Verständnis und Zustimmung bei den Arbeitern, kaum jedoch bei den Funktionären: »Aber man muß wenigstens so viel, wie man an Negativem gebracht hat, auch an Positivem bringen.« (Betriebsfunkredakteur.) Verlangt wurde eine Ökonomie des Ausgleichs, die Darstellung des »Typischen«, mehr »Wärme« (FDJ-Sekretär).

Müller unterzog sich diesem Lehrstück über das Verständnis der Partei von der Funktion der Kunst und korrigierte die ›Fehler‹, erklärte sich einverstanden mit dem Auftrag, sich den (vermuteten) Rezeptionsbedingungen zu unterwerfen:

»Die Selbstkritik der Autoren ist in die exekutive Phase getreten: ›Die Korrektur‹ wird korrigiert. Die neue Literatur kann nur *mit dem neuen Publikum* entwickelt werden. [...] Nicht verständlich geworden war, daß der dargestellte *Mißbrauch* des Normprinzips, eine rückschrittliche Haltung, die *Durchsetzung* des Normprinzips bedingt, einen Fortschritt. Die die Norm nicht akzeptieren, mißbrauchen sie schon. Perspektivisch richtig wäre hier für ›schon‹ ein ›noch‹ zu setzen. Fehler in ›Korrektur‹: Das ›noch‹ ist nicht gesetzt. Es kann auch vom Zuschauer nur gesetzt werden, wenn ihm das nächste ›schon‹ gezeigt wird: die Position der Vorhut, die vom Normprinzip produktiven Gebrauch macht. Das Publikum, dem diese Sehhilfe verweigert wird, liest so nicht einmal das ›schon‹ heraus, sondern nur ein ›immer noch‹«. (Müller »Zwischenbemerkung«, P 1, S. 61 f.)

»Die Korrektur« mit Sehhilfe wurde in der 2. Fassung ein Beispiel des »didaktischen« Theaters, ein Terminus, der für die Rezeption von »Lohndrücker« und »Korrektur« verbindlich wurde. Didaktisch aufgeputzt wurde die 2. Fassung u. a. durch einen Prolog, der die Darsteller vorstellt und ihr (politisches) Verhalten im vorhinein einordnet, und einen in die historische Perspektive ausgerichteten Epilog, gesprochen von dem eben in die Partei eingetretenen Arbeiter Heinz B., mit den Topoi der Brechtschen

Metapher gesellschaftlicher Veränderung: »Fluß steh still! Dein Lauf wird korrigiert . . .« und den Topoi der Revolutionslyrik Majakowskis: »Links und links im Schritt der Fünfjahrpläne / Reißen wir aus der krepierenden alten / Die neue Welt«.

Dieser unaufhaltsame Prozeß des Fortschritts verträgt keine allzu spitzen Widerhaken. So ist Bremer in der 2. Fassung kein ehemaliger KZ-Häftling und sein Haß auf die alte Intelligenz eher eine Reaktion des Bewußtseins als der auch in den Körper eingesenkten Betroffenheit. Er ist auch kein strafversetzter Parteifunktionär, hat vorher keinem »Nazi in die Fresse geschlagen«, sondern war Brigadier der besten Brigade. Im Sprachgebrauch des Regisseurs Hans-Dieter Mäde, der 1959 die 2. Fassung zusammen mit dem »Lohndrücker« inszenierte:

»In der neuen Exposition ist das ideologisch-politische Motiv des Sektierertums, das Bremer ins Kombinat gebracht hat, weggefallen. Wir werden klar aufs Ökonomische (Arbeitsproduktivität, Wartezeiten usw.) orientiert.« (P 1, S. 64)

Diese ›Orientierung‹ ist erkauft mit einem bedeutsamen Substanzverlust der Fabel. Denn nicht, daß ein guter Kommunist sektiererische Fehler macht (und korrigiert), stellt eigentlich das Thema der »Korrektur 1« dar. Vielmehr, wie der vergleichende Blick auf den »Lohndrücker« deutlich macht, die *Verankerung* des Bewußtseins in der Vergangenheit, in der Vorgeschichte, die Faschismus hieß. Erst dadurch gewinnt die Entwürdigung ihre Schärfe und wird der individuelle Konflikt zur Allegorie des historischen. In der 1. Fassung sagt der Parteisekretär vor der Unterredung mit Bremer über diesen:

»Er hatte sein Leben lang für die Partei seinen Kopf hingehalten, und das ging nicht hinein. Ich mußte ihn vorladen. Es war nicht leicht für mich. Ich konnte verstehn, daß er nicht verstand, was die Partei von ihm verlangte.« (P 1, S. 56 f.)

In der neuen Fassung fehlt diese Formulierung, die Verständnis für Bremers Haltung weckt, so daß die Tiefe seiner Entwürdigung entfällt.

Der Zusammenbruch des Fundaments und die Beleidigung des Ingenieurs (der diesmal auch nicht mit der Kündigung droht), ist der einzige Konflikt, den die »Korrektur 2« bearbeitet – sie wird damit zum Brigade- bzw. Produktionsstück, als die die sonst viel tiefer in die Struktur kommunistischer Theorie und Praxis eingreifenden Stücke Müllers, deren Schauplatz der Industriebetrieb ist, gelten. H.-D. Mäde lobte an der 2. Fassung, sie hätte das »Depressive« der ersten überwunden, strahle »heitere Klarheit und Zuversicht« aus – »eine Betrachtung der Vorgänge aus der Perspektive des ›Wir sind über'n Berg‹« –, die er besonders durch den Prolog ermöglicht fand: »Aus der Geschichte des einsamen, sich nicht zurechtfindenden Sektierers ist die Geschichte einer Brigade geworden.« (Mäde) Gerade die Neuerungen in der 2. Fassung zeigen die Prinzipien in der ersten, die für Müllers Werk tatsächlich ›typisch‹ sind, deutlicher: Müllers Konfliktkonstellationen, wie sie in der Figur Bremers (Fassung 1) zusammenstoßen (der ausgestoßene Kommunist, der sich unter neuen Bedingungen erneut bewähren muß und wieder Fehler macht) wird immer durch eine Klammer zusammengehalten: ein Knäuel widerstrebender, sich ergänzender Bestrebungen ist gewaltsam zusammengepreßt. Löst man nur eines dieser Elemente, lockert die Klammer zu einzelnen Konflikten, Widersprüchen, Gegensätzen, die sich nacheinander auflösen, treibt die dramatische Konstellation in die Banalität. So wird durch die Wiederholung des Satzes an bedeutsamer Stelle: »Der Staat ist unsere Waffe. Willst du mit nackten Händen kämpfen?«, nicht nur Bremer mit dem Jungen Genossen aus der »Maßnahme« direkt verbunden, sondern das vom »Lohndrücker« bekannte Problem vergegenwärtigt. Die spontane Form des Klassenbewußtseins im Gegensatz zu einer staatlich organisierten Gestalt, das Subjekt (die mächtigste Waffe) im entfremdeten Gegenüber zu *seiner* Waffe (dem Staat), die sich in bestimmten historischen Momenten gegen ihn selbst nicht nur zu richten scheint.

»Korrektur« in der 2. Fassung entfernt sich weit von der für Müller kennzeichnenden Dramaturgie. Denn im allgemeinen ist das Prinzip des Müllerschen Konflikts einer Foltermethode vergleichbar, die den Körper so fesselt, daß er sich bei jeder Bewegung, die Befreiung und Lockerung bringen soll, nur um so enger bindet. Die weitere Entwicklung Müllers zeigt, wie vordergründig und punktuell die ›Integration‹ des ›Sektierers‹ blieb: »Der Bau« und »Die Bauern«, Stücke über die beiden Produktionssphären des Arbeiter- und Bauernstaats blieben bis in die 70er Jahre der offiziellen (Kultur-)Politik inkommensurabel.

»Die Bauern« (1956–1961 / 2. Fassung 1964), Müllers Stück
über die zweite herrschende Klasse im Arbeiter- und Bauernstaat
DDR, thematisiert die Entwicklung der Bauernschaft zum Bündnispartner, ihre ›Umsiedlung‹ in die Epoche des Sozialismus, angeführt von der Partei der Arbeiterklasse in zwei großen Landrefor-
men (der »demokratischen« von 1945 und der »sozialistischen«, die
mit der Kollektivierung 1960 beendet wurde), die heute von der
DDR-Führung als erfolg- und siegreiche Politik auf dem Lande
verstanden werden.

Seit die Inszenierung von Strittmatters »Katzgraben« durch
Brecht im Berliner Ensemble die erste Bodenreform und ihre
Folgen behandelt hatte (vgl. Brechts »Notate« zu »Katzgraben«
1953), waren die Bauern der DDR besonders nach der sozialistischen Kollektivierung ein privilegierter Gegenstand der Dramatik
der DDR geblieben, bei dem immer wieder die beiden Reformen in
ihren politischen und historischen Widersprüchen als erfolgreiche
Präfiguration und Erfüllung dargestellt werden konnten. So eignet
allen Bauernstücken der DDR ein (durch die so verstandene
Geschichte beglaubigter) optimistischer Schluß: bei Friedrich
Wolf, Strittmatter, Sakowski, Lange, Baierl und Hacks, der mit
seinem »Moritz Tassow« allerdings ins Kreuzfeuer der Parteikritik
geriet.

Müllers »Bauern« nimmt in der DDR eine Sonderstellung ein.
Im Stil eines ländlichen Bilderbogens gehalten, scheinbar nicht in
politische Prozesse eingreifend (es wurde 1961, ein Jahr nach
Abschluß der Kollektivierung fertiggestellt), zeigt das Stück ein
Panorama der verschiedenen Schichten der Bauernschaft (Groß-,
Mittel-, Klein- bzw. Neubauern), wie es sie bis 1960 gab, und
zugleich im Rückblick die Etappen der Demokratisierung und
Sozialisierung auf dem Lande seit 1945, die jedoch 1960 auch das
Trauma der ansteigenden Republikflucht erzeugte, auf die nicht
zuletzt die Mauer 1961 antwortete. »Die Bauern« sind, vor diesem
Hintergrund gesehen, weniger ein ungebrochen heiteres Abschied-
nehmen von der Vergangenheit, als die – wenn auch heitere –
Bearbeitung ihrer Probleme. Gerade angesichts der *nachträglichen*
Einschätzung, daß die Bauernpolitik der SED vielleicht als ihre
gelungenste Bewältigung eines schwierigen Umwälzungsprozesses
anzusehen ist, mag die Erinnerung an ihre Konflikte weniger
schmerzhaft erscheinen. So erlebten die »Bauern« 1976(!) ihre
zweite Uraufführung in der ostberliner Volksbühne als Volkskomödie – 15 Jahre nach der Fertigstellung, in einer »Neufassung«.

35

Als das Stück unter dem Titel »Die Umsiedlerin oder Das Leben auf dem Lande«, nach Motiven der Erzählung »Die Umsiedlerin« von Anna Seghers (»Friedensgeschichten« 1950) 1956–1961 geschrieben, an einer Studentenbühne der Hochschule für Ökonomie in Karlshorst 1961 uraufgeführt wurde, verbot die Partei weitere Aufführungen und zwang die Schauspieler zur Selbstkritik an der jeweils von ihnen gespielten Rolle. Wer in dieser Kritik versagte, wurde zeitweise in die Produktion strafversetzt!

Was provozierte die scharfe Reaktion der Partei? Weder hatte das Stück in entscheidender Weise die offizielle Darstellung der Bodenreform ›korrigiert‹, noch mangelte es an einer positiven Darstellung der Schwierigkeiten und objektiven Erfolge der Partei. Zu fragen ist also nach der politischen Hintergründigkeit des Genrestücks über die Bauern, das die Epochenkollision zwischen zwei Gesellschaftsformationen als Umwälzung der Gesellschaft und der Beziehungen der Menschen zueinander zeigt – in einem sozialen Stand, der oft von Geschichtslosigkeit geprägt scheint und der sich plötzlich im problematischen Bündnis mit der historisch jüngeren Arbeiterklasse im Prozeß einer ebenso raschen wie radikalen ›Revolution von oben‹ fand.

»Die Bauern« bestehen aus 15 Bildern, die jeweils ein Problemfeld des »Lebens auf dem Lande« zwischen 1946 und 1960 zeigen. Es beginnt mit der Aufteilung und Übergabe des Landes in der SBZ im Herbst 1946. Alle Großbauern, die mehr als 100 Hektar Land besaßen, sind damals enteignet worden, um das Land an die Landarbeiter, Kleinbauern und Umsiedler aus den ehemals deutschen Ostgebieten zu verteilen. Ähnlich wie in der Sowjetunion 1918 war diese Aktion auch innerhalb der KPD umstritten, zwang sie doch zum ›Doppelzünglertum‹: die ›Dorfarmut‹ wurde zunächst durch die Landverteilung zu Kleinbürgern gemacht, aber hinter der Politik für die kleinen Landbesitzer vermuteten viele zu Recht die Strategie, nach Festigung der Macht doch zur sozialistischen Kollektivierung überzugehen. Die geschichtliche Ambiguität bestand aber auch darin, daß nur durch eine große Initiative auf dem Land der unmittelbare Hunger zu beheben war. Die Vergabe von Landeigentum förderte die Arbeitsfreude und zerschlug im Sinne der »Antifaschistischen-demokratischen Ordnung« den Großgrundbesitz, der gerade in den ländlichen Teilen der SBZ meist dem Nationalsozialismus verbunden gewesen war. Der von den Kommunisten für die Zukunft projektierten Kollektivierung kamen zum anderen zwei Sachverhalte entgegen: Die »Neubauern« erhielten lediglich 5 ha Land, zu knapp bemessen also, um auf die Dauer autonom wirtschaften zu können. Vom Staat eingerichtete

»Maschinen-Ausleihstationen« (MAS) sollten sie von denjenigen Groß- und Mittelbauern des Dorfes unabhängig machen, die unter der 100 Hektar-Marge, und daher von der Enteignung verschont geblieben waren. Diese nämlich konnten beim Fehlen der MAS weiterhin den Mangel an Saatgut und Arbeitsmitteln bei den Neubauern ausnutzen, um deren Arbeitskraft für sich selbst zu nutzen. Dieser Ausbeutung, einer Hauptform des Klassenkampfs auf dem Dorfe, konnte der Staat seine MAS entgegensetzen, die zugleich als eine Vorform der Kollektivierung die Neubauern langsam auf die nutzvollere Zusammenlegung des Landes vorbereitete, die dann bis 1960 unter zunehmendem staatlichen Druck durchgesetzt wurde.

Müllers Stück akzentuiert an dieser Entwicklung die ›wunden Punkte‹: Vordergründig zeigt es ganz verschiedene Probleme, die die Partei selber als traurige Begleiterscheinungen ihrer Politik und der schwierigen Nachkriegszeit ansah (das Stück spielt vor allem in den Jahren 1946–1950). Im Hintergrund aber steht das grundlegende Problem des »Doppelzünglertums«, dessen politischer Name »Bündnispolitik« heißt, und das das immer wieder von Müller behandelte Problem der politischen Lüge aufwirft.

Schon in der 2. Szene durchbricht die Tragik der Ungeduld den optimistischen Beginn. Der staatliche Sollerfasser, Bürgermeister Beutler – der seinen Posten eigennützig vor allem als Aufstieg vom Melkerschemel begreift – und Mittelbauer Treiber, der Schulden einkassieren will, stehen vor der verfallenen Landarbeiterkate von Ketzer, einem Neubauern, der mit seinen 5 Hektar Land ohne die nötigen wirtschaftlichen Hilfsmittel weder das staatliche Abgabesoll erfüllen, noch die langjährigen Schulden an Treiber bezahlen kann. Die Lösung seines Problems wären die Ausleih-Trecker – ein Geschenk der Sowjetunion –, aber die sind vorläufig nur versprochen, und Ketzer glaubt an ihr Kommen nicht mehr. Der Erfasser will pfänden, Treiber nicht länger auf seine Schulden warten und Beutler stellt sich auf die Seite des formalen Rechts, das für Erfasser und Mittelbauer spricht. So sieht sich Ketzer in die Enge getrieben: Verzweifelt ersticht er sein letztes Pferd, das Treiber sich nehmen will, und erhängt sich – im selben Moment, als im Dorf die beiden ersten Trecker einfahren. Die *zu späte* Erfüllung des Versprechens, die rigide Abgabepolitik des Staates und das opportunistische Bündnis der Partei mit seinem Klassengegner treiben »Ketzer«, den ungeduldigen Ungläubigen, zur gleichen Lösung wie seine Vorfahren, die schon zur Zeit der Junkerherrschaft aus Not zum Strick gegriffen hatten. Die böse Analogie wird nur schwer aufgewogen durch die gleichzeitige Botschaft, daß die Trecker eingetroffen sind.

Im Verlauf des Dramas bleibt die Anfangsepisode stets gegenwärtig, es wird öfter auf sie angespielt und am Schluß wird sie noch einmal parodistisch aufgenommen als mißglückter, nur symbolischer Freitod Treibers. Der Gang in die LPG als Selbstmord wird satirisch gewendet: Treiber, den die Werber noch lebendig vom Strick nehmen, nutzt sofort das neue Recht in der LPG zum Krankfeiern. Frei nach Hegel, Engels und Marx wiederholt sich die Tragödie als Farce. Es zeigt sich Müllers Skepsis gegen die optimistische Lesart der Parteigeschichte, wenn die Schlußszene das Ende des Kollektivierungsprozesses als witzige Bestätigung des staatlichen Zwangs vorführt, wenn Treiber »über seine Leiche« in die LPG ein- und aus dem Arbeitsprozeß austritt. Dem staatlichen Zwang, der diesen »Sieg des Sozialismus auf dem Lande« diskreditiert, entspricht eine Art Rache der Geschichte, die die Partei zwingt, das Alte in die neue Epoche mit »umzusiedeln«. Latent bleiben in dieser Konstellation bestimmte mythische Aspekte, die Müller später betont hat. So weisen seine Materialien zum Stück im Programmheft der Uraufführung 1976 deutlich auf die religiösen und mythologischen Konnotationen, die für ihn das Verhältnis zwischen der Partei und dem in gewisser Weise noch immer von mythischer Zeitlosigkeit geprägten Landvolk hat.

Müller wirft schon in den ersten Szenen das fundamentale Problem auf, inwiefern eine kommunistische Politik Erfolg haben kann, die auf Lügen und Versprechungen, die man brechen will, aufgebaut ist. Wälzt sich das Rad der Macht nur weiter, wenn die Massen wieder das Objekt einer Politik der Geheimhaltung bleiben? Sicherlich zeigt das Stück auch die Notwendigkeit listigen Taktierens, aber wo ist im Spiel der Bündnisse die Grenze zur Selbstaufgabe? Die Partei kann selbst Opfer der Taktik werden, so wenn der Parteisekretär und spätere Bürgermeister des Dorfs, Flint, einem Pastor sein Fahrrad leihen muß, weil dieser mit der offiziellen Bündnispolitik der SED droht, die die Aktivitäten der Kirche schützt. Flint, der sein Fahrrad zur Landagitation braucht, steigt ab: »Ich verrate die Revolution aus Parteidisziplin. Das Herz ist nicht dabei.« Die Politik, so vernünftig und gerechtfertigt sie erscheinen muß, macht die Partei innerlich gespalten und daher *kraftlos.* Sie herrscht, aber überzeugt nicht. So entsteht eine Szene wechselseitigen Mißtrauens. Die Regierenden trauen den Massen mit Grund nicht über den Weg, diese wiederum argwöhnen mit ebensoviel Recht, daß die Partei nicht die Wahrheit sagt: »Wenn die Katze aus dem Sack ist, heißt sie Kolchose«, weiß Rammler schon zur Zeit der 1. Bodenreform – wie die ›Feindpropaganda‹ des Westens. Man hat die Erfahrung mit der Sowjetunion der 20er

Jahre. Nur die begeisterte sozialistische Jugend steuert ohne Taktik den ›offenen Kurs‹, aber die Ehrlichkeit gerät rasch in Konflikt mit der sozialistischen Realpolitik. Siegfried aus der FDJ schwärmt vom Fortschritt in der Sowjetunion:

»In der Zeit, wo ihr
Ein Feld pflügt, stelln sie dort ein Kraftwerk hin.
Die Städte schießen aus dem Boden wie
Bei dir das Unkraut, und im Handumdrehn
Ist eine Wüste Wassertank geworden. [...]
Dort kann der Bauer große Bogen spucken
Henne: In der Kolchose
Siegfried: Bist du dagegen?
Junger Bauer: Bist du dafür?
Siegfried: Was sonst?
Flint (souffliert): Nein.
Siegfried: Nein.
Flint: Kolchose ist Feindparole (Siegfried sieht ihn empört an)
Flint (leise): Bis auf weiteres (Traktorenlärm)«
(U, S. 45 f.)

Die Traktoren sollen die Widersprüche auflösen zwischen der politischen Macht der Partei, die den Geschichtsprozeß bestimmen will, aber ideologisch nicht die Führungsrolle bei den Massen übernehmen kann. Die Vernunft der Maschinen ›korrigiert‹ die mangelhafte Vernunft der Subjekte. Der Traktorist, der einen Bauern von der Notwendigkeit der Kollektivierung überzeugen will, weil seine Arbeit auf den kleinen Feldern unökonomisch ist, sagt:

»Wenn ihr zusammenschmeißt, wärs leichter«
                    Bauer: Dir.
Traktorist: Red ich von mir? Der Traktor, Mensch, braucht Auslauf. [...]«
(U, S. 82)

Die Lust am Haben und Halten kann nur durch die List der Partei in Frage gestellt werden. Als deus ex machina erscheint in der 13. Szene ein Landrat, der sich zunächst nicht zu erkennen gibt, um die Verhältnisse auf dem Land zu studieren – ein beliebtes Motiv der Volkskomödie, gleichsam ein verkehrter »Revisor«. Der Landrat ist der einzige Repräsentant der Partei, der im Dschungel des ›Doppelzünglertums‹ die richtige Linie bis ins Bewußtsein der betroffenen Bauern ziehen kann. Die Bauern, noch immer im alten dummen Egoismus befangen, kommen auf den Gedanken, die beiden volkseigenen Traktoren, die für neunzehn Bauern nicht ausreichen, zu verlosen. Jeder hat die heimliche Hoffnung, er werde der Glückliche sein, und der Landrat, statt dem abwitzigen

Treiben Einhalt zu gebieten, läßt das Losverfahren zu, weiß er doch: Nur die sinnliche Erfahrung der Verlierer wird Einsicht bringen, keine rationale Propaganda. Die Reprivatisierung wird durchgeführt, und erst als ein Los an den Mittelbauer Treiber fällt, schrecken die Bauern zurück und erkennen, daß der Zufall wie eh und je die Besitzenden begünstigt; nur der Plan kann Gerechtigkeit schaffen. Auch Neubauer Henne hat einen Traktor gewonnen – und wird sofort zum Kulaken. Den eben erworbenen Trecker bietet er seinen Mitbauern leihweise an – gegen »Hilfe bei der Rübenernte zum Beispiel«. Nach dieser sinnfälligen Belehrung wollen alle das Experiment mit dem Volkseigentum wieder rückgängig machen, die Sozialisierung der Trecker wird akzeptiert – didaktisches Theater nach dem Deus-ex-machina-Modell.

Mit dem Säufer Fondrak, der sich der Arbeit radikal verweigert, keine Bauernstelle annimmt und in den Westen geht, ist in das ›realistische‹ Personal der »Bauern« ein ver-rücktes Element eingesprengt. Wie die Shakespeareschen Narren ist er bösartig und (selbst-)destruktiv, ein hemmungsloser Parasit und Monomane, der buchstäblich nichts anders als Bier im Kopf hat. Doch gerade die Trunkenheit, in die sein egoistischer Anarchismus und rücksichtsloser Individualismus gekleidet sind, stellt den gesamten Prozeß, den das Stück zeigt, in Frage: den Parteisekretär Flint und mit ihm alle gesellschaftlichen Fortschritte, für die er einsteht. In den Dialogen zwischen Flint und Fondrak erscheint die vielleicht tiefste Schicht des umfassenden Konflikts, den das Stück zeigt. Aufbau, Positivität, Plan, Ideale, wie sie Flint als Partei vertritt, treffen auf den nur im Jetzt verhafteten Nihilismus als zerstörerische Kraft und als Energiequelle. Die einleuchtende Rationalität Flints bricht sich an einer ihr unerreichbaren, widervernünftigen Triebhaftigkeit, dem asozialen Rauschverlangen:

Flint: Mein Angebot gilt noch.
Und wenn du Boden hast, hast du auch Bier.
Fondrak: Mit Schweiß vermengt, der mir den Magen umdreht.
Flint: Wenn dir dein Schweiß nicht schmeckt, sauf Wasser, Fondrak.
Fondrak: Ein Bier und vor dir steht ein Kommunist, Flint.
Flint: Ein Parasit steht vor mir.
Fondrak: Du verkennst mich.
Zeig mir ein Mausloch und ich fick die Welt.
Ich bin ein geistiger Mensch, Flint, Bier ist Geist.
Der Geist erhebt den Menschen übers Tier.
Die Arbeit wirft ihn unters Vieh zurück.
(Stoppt einen Bauern, der vorbeigeht)
Nimm den zum Beispiel. Ist das noch ein Mensch? Er kann keine Hand mehr aufmachen, krumm. (Demonstriert es.) Sein Buckel auch. Noch zehn

Jahre und er geht auf Vieren wieder wie sein Vorgänger bei Darwin. Arbeit ist ein Verbrechen gegen die Menschlichkeit. Der Mensch ist zum Leben geboren, ich will mich in Freiheit besaufen, auf den Boden scheiß ich. Jeder nach seiner Fähigkeit, schreibt deine Zeitung. Und nach dem Bedürfnis. Du kennst mein Bedürfnis, du kennst meine Fähigkeit. Lügt deine Zeitung? Ein Bier oder ich zeig dich an, Flint, wegen Feindpropaganda. (U, S. 78 f.)

Es ist nicht zu verkennen, daß in diesen destruktiven Reden gerade ihrer Maß- und Hemmungslosigkeit wegen eine Triebkraft aufleuchtet, deren Faszination auch Flint sich nicht entziehen kann. Die radikale anarchische Menschlichkeit drückt sich in der Sprache rücksichtsloser, vor dem eigenen Ich nicht haltmachenden Lust an der Zerstörung aus: kein Kompromiß der Lust mit der Arbeit (Schweiß); keine vernünftige Auseinandersetzung; keine Anerkennung des Unterschieds zwischen Parasit und Produzent; eine ›absurde‹ Produktion (»Zeig mir ein Mausloch und ich fick die Welt«) als ›große‹, grenzenlose Befruchtung, die zugleich die alte Welt aus den Angeln hebt, gegen Flints ›kleine‹, sinnvolle, berechnete und berechnende Produktion (Fondrak: »Bier trink ich für den Durst, nicht aus Berechnung«). Fondrak läßt sich als Inkarnation der rücksichtslosen Selbsterhaltung nicht zulänglich begreifen. Er ist verkörperter Todeswunsch als Energie, absolute Forderung ans Leben (»Vorm Kommunismus seht ihr mich nicht wieder«), in der Müller paradox-eindringlich einen im Prozeß ihrer Realisierung immer wieder verdrängten Gehalt der revolutionären Bewegung formuliert. Fondrak verweigert die Halbheiten des Übergangs, die Flint auf sich nimmt. Aber für die Ökonomie des dramatischen Gefüges ist er so nötig wie Shakespeares Narren. Er hält die Lust an einer befreiten Zerstörung fest, ohne die das Menschenbild zum faden Ideal der Mäßigkeit verkäme. Das erklärt seine Faszination, nicht die vordergründige Schilderung eines asozialen Elements, das, unverbesserlich, nur konsequent handelt, wenn es sich in den Westen absetzt.

Flint: Jeder nach seiner Leistung, das hast du vergessen. Die Bedürfnisse kriegen wir später.
Fondrak: Ich bin meiner Zeit voraus, ich hab sie schon. [...] Im Ernst Flint. Was war zuerst: der Durst oder das Bier? Ich sage: das Bier, die Welt muß verbraucht werden.
[...]
Flint: Wenn du dich zurückverfolgst durch deine Eltern, die Verwandtschaft hört nicht auf; wo du hinspuckst, liegt der Dreck, dein Ernährer auf dem Transport durch die Zeiten. Wenn du nicht arbeiten willst, leg dich gleich dazu. Länger als die Hose hält, hast du die Hand nicht in der

Tasche, und wenn dir das Gras aus dem Bauch wächst, hast du keinen Durst mehr.
(U, S. 79 f.)

Diese Drohung mit dem Tod ist die letzte Auskunft der Ratio. Aber Fondrak ist davon nicht zu schrecken, denn er, das Symbol ungemäßigter rauschhafter *Verausgabung*, hat sich selbst mit eingeschlossen. Es geht ihm nicht um ›Bedürfnisbefriedigung‹ – sein einziges Bedürfnis Bier ist ohnehin nicht ›sinnvoll‹ –, sondern um Verzehrung und Selbstverzehrung.

»Was ist die Welt Flint. Viel Geschrei
Um einen trockenen Mist, der stinkt bei Regen.«

Flint ist hilflos:
»Dir müßte man das Maul versiegeln, Fondrak.«

Während für Flint jeder Augenblick Leben produziert, trägt Fondrak gleichsam den Tod nach und ist damit das Supplement des Aufbaus. Während Flint einen Schritt nach dem anderen in der Geschichte machen will, vertritt Fondrak eine ›umgekehrte Utopie‹: daß alles in jedem Augenblick ganz anders werden könnte, daß nur das Jetzt zählt.

Fondraks Reden sind die eines anarchistischen Melancholikers, seine oft surreale Sprache erinnert an Büchner und dessen Nihilismus. Wie Baal, der Asoziale, verkörpert er das Prinzip der Unverantwortlichkeit, das als Wunsch, wie eine Pflanze oder ein Kind zu leben, auch die Idee des Reichs der Freiheit beseelt. Das hält dem skrupellosen Zynismus die Wage, mit dem er die von ihm geschwängerte Niet verläßt:

»Kann sein, mich trifft der Schlag eh ich hier aufsteh. Oder ein Stück von einem Stern, der vor dreitausend Jahren geplatzt ist, dich auch. Oder der Boden, mit Füßen getreten seit Adam, von Vieh und Fahrzeug strapaziert, mit Bomben neuerdings, reißt, warum soll er halten, nichts hält ewig, ein Loch kommt zum andern, und wir gehn ab, dem alten Griechen nach, der in den Krater gesprungen ist, weil ihm kein Bier mehr geschmeckt hat, ich hab seinen Namen vergessen. Oder die Schwerkraft setzt aus, der ganze dreckige Stern kommt ins Schleudern, und wir machen die Himmelfahrt gleich, ohne den Umweg durch die Würmer. Kann sein, der Stern trifft einen andern, Flint zum Beispiel, der mir einen Hof anhängen will, oder Krüger, die Trichine, der von meinem Durst lebt. Kann sein, die Schwerkraft setzt nicht aus, der Boden hält noch eine Weile, warum soll er reißen, wenn er solang gehalten hat, aber wie lang halt ich, das Sterben ist dem Menschen angeborn, der Wurm hat den Oberbefehl: Nimm deine Knochen zusammen, Fondrak und zieh dein Fleisch aus. (Umarmung).«
(U, S. 72)

Gerade weil diese ›Haltung‹ real nicht zu leben ist, hat sie in der Kunst einen Ort, an dem sie ›freigelassen‹ werden kann. In der selbstlosen Liebe der schwangeren Umsiedlerin, die den Keim des destruktiven Anarchisten in sich trägt, ist auch die Liebe des Marxismus zur Utopie symbolisiert, auf die er als Realitätsprinzip doch immer wieder verzichten muß. Der integre farblose Mann mit der Mütze, der Niet immer wieder die Heirat anträgt, kommt gegen ihre Liebe zu Fondrak nicht auf. Dieser repräsentiert eine rücksichtslose Härte, die das harmonisierende sozialistische Menschenbild nicht integrieren kann. Fondrak geht am Ende in den Westen – Symbol dafür, daß dem ›praktischen‹ Aufbau des Sozialismus jene Triebkraft der Zerstörung ›abgeht‹, ohne die der Aufbau nicht gelingt. Mit dem Säufer, der in den Westen geht, geht eine Hälfte, die dem sozialistischen Menschenbild der DDR wirklich verlorengegangen ist, und der westlichen Gesellschaft mit ihrer Destruktivität, aber auch Faszination zugute kommt. Müllers Frage nach den Elementen im Sozialismus, die der DDR mit Fondrak verloren gehen, ist die Frage nach einem Mangel im Sozialismus. So werden alle verantwortungslosen Vertreter der Lebenslust in den »Bauern« in ihrer *Stärke* gegenüber den anderen gezeigt, gegen die die Moral nur verliert: die Kulaken, die unter allen Veränderungen immer ihren Schnitt machen, Schmulka, das Dorf-Flittchen, gegen die der FDJ-ler Siegfried, Flints Schüler, seine ›kommunistische Moral‹ nicht unter Beweis stellen kann. Wie Fondrak hat auch Schmulka kein Verhältnis zum Aufbau, zum Produzieren, sondern schwärmt hemmungslos von der Destruktion: »Mein Wunsch vom Kommunismus ist lang schlafen [...] Und wenn der Mohn im ganzen Feld blüht, freuts mich.« Das Unkraut, das den Aufbau durchsetzt, ist wieder die Blume des Rausches. Kommunismus soll die Freuden und Räusche, die der Kapitalismus zu bieten hat, nicht liquidieren, sondern – überbieten. Im Kommunismus endlich alles zu dürfen – das ist die Erfüllung von Brechts »Mahagonny«-Gesellschaft.

Fondrak als Inkarnation von Nihilismus und Rücksichtslosigkeit gewinnt jedoch noch eine andere Bedeutung gerade in bezug auf Flint, die Parteiinstanz, denn er ist auch *die Wahrheit über die anderen Akteure,* Zerrspiegel Flints zumal. Die radikale Verantwortungslosigkeit bekennt Fondrak offen ein, Flint *verdrängt* seine faktische Rücksichtslosigkeit gegenüber Flinte 1, die er um ein »junges Fleisch« verläßt, in einem langen Rechtfertigungsmonolog, dem seine Frau am Ende gar nicht mehr zuhört (Szene 9). Flint versucht, dem Nichtstuer Fondrak die freie Bauernstelle aufzuschwatzen, kann aber selbst das Abgabesoll seiner Bauernstelle nicht leisten, weil ihn – wie er sagt – die Parteiarbeit daran hindert. Flint spricht von der Gleichberechtigung und Bildungsfähigkeit der Frau, hält aber auch die neue Freundin (Flinte 2) in Abhängigkeit von seinen Wünschen und läßt sie an seiner politischen Arbeit nicht teilhaben.

Niet und Flinte 1, die Frauen Flints und Fondraks, nehmen in Müllers Stück eine Sonderrolle ein. Während alle Männer (bis auf den Mann mit der Mütze) ihre Rücksichtslosigkeit ausleben, liegt ihre Stärke in der Fähigkeit, sich von dieser Rücksichtslosigkeit nicht unterkriegen zu lassen, sondern durch Solidarität, auch in Verantwortung für die Zukunft (Niets Kind) ein selbständiges Leben zu leben: Die beiden Verlassenen ziehen zusammen, Niet lehnt (vorläufig) den Heiratsantrag des Mützenmanns ab, und kann mit Flintes Unterstützung den Hof bewirtschaften. Wenn »Die Bauern« eine Parabel über die Rücksichtslosigkeit ist, mit der der Fortschritt nur möglich ist, dann signalisieren die beiden »Umsiedlerinnen« eine Alternative innerhalb dieser Rücksichtslosigkeit, die immer nur für sich selbst Verständnis hat. Das (mütterliche) Verständnis aber ist ebenso wie die (männliche) Hartnäckigkeit, ein bäuerliches Prinzip: Mutter Erde, die Verbindung zu den chthonischen Kräften, bringt die beiden Frauen in Analogie zu den Bauern. Der ›Konnex‹ mit der Erde, der nicht verloren werden darf, ist an einer Stelle des Stücks Thema, in der die mythologische Ansiedlung unmittelbar politische Bedeutung gewinnt. Rammler warnt den Aufsteiger Beutler:

> »Antäus. Seine Mutter war, so heißts
> Im Märchen, und ein Märchen ists, der Globus
> Und keiner konnt ihm an den Wagen fahrn
> Solang er mit der Mutter im Konnex war.
> Dann kam Herr Kules, nahm ihn bei der Gurgel
> Und hielt ihn in der Luft, bis die ihm ausging.
> Das ist die Masse in der Politik.«
> (U, S. 39 f.)

Verkörpern die Bauern das gleiche Prinzip wie die Frauen (Wachsen und wachsen lassen), und gibt es eine Beziehung zwischen dem Beharrungsvermögen als Stärke (nicht alles mit sich machen lassen) und als Schwäche (den Fortschritt nicht schnell genug begreifen), so zeigt das Paar Flint und Flinte 1 die beiden Seiten der »Umsiedlerin«: transitiv als Partei, die Geschichte ›macht‹, intransitiv als die Massen, die sich zum Subjekt emanzipieren. Denn Flinte 1 ist (im Unterschied zu Niet) die Vorläuferin einer militanten Emanzipation, wie sie in Müllers Werk zunehmend von der Frau verkörpert wird: Frau und/als Gewehr. Flinte ist die Militarisierung von Flint, Feuerstein, harter Kiesel. Sie ist die erste (Flinte 1) in einer Reihe, die durch den Mann (die Partei) in einen revolutionären Prozeß gezogen wird, sich aber in diesem selbständig macht und zum Mann nun ein neues Verhältnis gewinnen kann (vgl. die Paare Donat–Schlee im »Bau«, Gleb–Dascha in »Zement«, wobei das Verhältnis in Müllers Werk zunehmend an Härte gewinnt), wenn sie dem Kampf mit der in ihm objektiv vorhandenen Rücksichtslosigkeit aufnimmt.

Der Verdrängung der anarchischen Rücksichtslosigkeit im Individuum, die allenthalben in der ›Bauernschläue‹ der Akteure durchscheint, durch eine in Erkenntnis und Einsicht gewonnenen Disziplin, entspricht die *klagende* Melancholie Flints, die seine politischen und persönlichen Aktionen immer wieder kommentiert:

> »An Fleischtöpfen gradaus vorbeizugehn
> Und keinen Daumen breit ab von der Linie
> Fürs bessre Leben, das vielleicht zu spät kommt
> Was mich betrifft, und immer morgen morgen
> Und eh du deinen Fisch hast, hat der Wurm dich.«
> (U, S. 66)

So bekommt die Verstoßung der ersten Frau die Funktion einer Stellvertretung: Die junge Freundin soll für den ständigen Aufschub entschädigen, von dem die politische (geschichtliche) Arbeit lebt. Die junge Flinte ist das einzige, was sich Flint *im Augenblick* an Lust gestattet, während Fondrak *nur* im Augenblick lebt, den Rausch *ununterbrochen* sucht – und deshalb in den Westen gehen muß. Überhaupt wird die Utopie, die die Menschen im Sozialismus einklagen wollen, immer wieder vom barocken Vanitas-Motiv durchzogen. So spricht Flint, zehn Jahre später, »als Veteran, beschwert mit Orden«, die Schlußworte zur vollendeten Kollektivierung, die auch die Schlußworte des Stückes sind:

> »Das Feld ging übern Bauern und der Pflug
> Seit sich die Erde umdreht in der Welt
> Jetzt geht der Bauer über Pflug und Feld.
> Die Erde deckt uns alle bald genug.«
> (U, S. 111)

Brechts »Und was noch nicht gestorben ist / Das macht sich auf die Socken nun«, die Schlußzeilen aus »Mutter Courage«, klingen an. Nicht erst an Stellen wie dieser wird deutlich, daß zwischen Müllers Dramatik und dem Geist des barocken Trauerspiels eine Reihe nicht nur äußerlicher Korrespondenzen bestehen, wie die Neigung zur poetischen Allegorie, zur emblematischen Verkürzung, zu sprechenden Namen. Die Vanitas-Motive, der ständige Bezug auf den Tod als Entwertung menschlicher Anstrengung sind nur das Äußere. Eine Ähnlichkeit besteht auch in der zugespitzt antithetischen, paradoxen Sprachgebung, die in der zur Sentenz neigenden Verssprache Müllers zu beobachten ist und deren Bilderflucht nicht selten den »concettismo« streift. Daß er Racine öfter zitiert und Shakespeares Dramatik ihm als exemplarische Gestaltung der vielfältigen Realität der Epochenkollision gilt, wird man vielleicht nicht zu hoch in Anschlag bringen wollen, doch die Anknüpfung gerade an die Narrenfiguren reicht tiefer. Bei Shakespeare wie bei Müller gilt das Interesse immer wieder der Frage, was mit den einzelnen geschieht, die in einen Umbruch aller Werte gestellt werden, welche das Leben bis zu einem Punkt hin strukturierten, ihm Sinn verleihen konnten. Narr, Hamlet, Lear und andere Figuren bringen eine ›Anomie‹ zum Ausdruck, die in einem Hohlraum entsteht, wenn das Alte zerfällt und das Neue sich erst lediglich von der destruktiven Seite zeigt.

Die Antithetik des Barock hat man als Ausdruck des unüberwindlichen Abstands zwischen einer fordernden Transzendenz religiöser Gebote und dem sinnentleerten, von Fortuna beherrschten Getriebe der Welt mit ihrem Spiel von Macht und Tod gedeutet. Fraglos erkennt Müllers Werk sich in dieser Konstellation wieder in dem Maß, wie die sozialistische Bewegung selbst immer mehr zur Maschine, Machtmaschine und scheinbar bloßen Fortsetzung der »Vorgeschichte« wird. Sie entspricht nun der verfallenen Welt des 17. Jahrhunderts, während der in eine unendlich ferne Zukunft gerückte Kommunismus zur unerreichbaren Transzendenz wird. Diese tiefe Dichotomie (ganz anders als Brecht sie kannte: ». . . das Ziel [...] war deutlich sichtbar, wenn auch für mich kaum zu erreichen«) wirft das Problem des verborgenen Gottes, der verborgenen Zukunft, neu auf und nähert Müllers sozialistische Dramatik der barocken sonderbar an. Zugleich treten auch die ähnlichen Reaktionsweisen hervor: Konnte die Antwort auf die Spaltung des Weltbilds dort zur Spannung zwischen hemmungsloser Sinnenfreude und äußerster asketischer Weltverneinung führen, so stellt sich für die Subjekte Müllers eine analoge Spaltung heraus. Entweder orientieren sie sich am bloßen Zeitlauf ohne Versicherung des Ziels (Flint, Donat, Odysseus), oder sie springen ab, verweigern sich der Geschichte und realisieren ein rücksichtsloses Jetzt, in welchem paradox zugleich das Ziel, wenn auch pervertiert, aufgehoben ist. Wenn Brecht und Müller in so verschiedener Weise auf das barocke Drama mit einer epischen und emblematischen Struktur zurückgreifen können, Brecht aber die gleichsam ›positiven‹ Elemente (Sinnlichkeit, Didaktik) betont, Müller dagegen die ›negativen‹ (Melancholie, ›leere Welt‹, Narren), so läßt sich die Vergleichbarkeit und Differenz dieses Rückgriffs aus der historischen Situation beider Autoren im Verhältnis zur Geschichte des Kommunismus/Marxismus ableiten. Der Marxismus ermöglicht in der Tat, Geschichte als Getriebe und *Maschine* zu denken, wie nur das mechanistische Denken des 17. Jahrhunderts es tat. Seine politische Analyse, ›objektivistisch‹ gewendet, macht den Menschen zum bloßen Bestandteil eines selbsttätigen Mechanismus. Die Subjekte stehen ihm so fremd, vereinzelt und unsicher gegenüber, ihre Zeit differiert so von der Zeit dieses Prozesses wie die des sündigen Menschen von der Zeit der Heilsgeschichte. Alle Züge des Macchiavellismus, der Intrige, der Historie als Naturgeschichte kehren so wieder. Brechts episches Theater zog aus diesem Verhältnis die Möglichkeit, den Fluß des Geschehens episch zu vergegenwärtigen, da das Heil zwar nicht vorhanden, aber perspektivisch gesichert erschien. Wird diese Ausgangslage problematisch, dann schwindet das epische Moment und räumt der Antithetik, der Dialektik den Platz. Die rationale Durchdringung des Geschichtsverlaufs kann dann auch tendenziell die Melancholie bestätigen, und die Realität des Ziels, der Wert des Einsatzes, steht immer neu auf dem Spiel. Müllers Sprache und Dramatik ist das immer neue Spiel um diesen hohen Einsatz. Blind ideologisch ist die Parteikritik, die sein Schreiben mit dem Etikett »Pessimismus« versieht, zeugt doch das Schwierige seiner Dramen von der äußersten Anstrengung, das Bild des Kommunismus, »mit Blut gewaschen«, immer wieder der Maschine der Vanitas abzutrotzen.

Vor diesem Hintergrund wird die problematische Stellung von Müllers Bauernstück im Panorama der DDR-Landliteratur plausibel: Die oft bemerkte Unterwertigkeit positiver Elemente, die durch die Deus-ex-Machina-Gestalt des alles zum Guten wendenden Landrats nur noch deutlicher wird, die Vergänglichkeitsmetaphorik, die in auffälliger Weise die politische Sprache konterkariert, die Bauern als Vertreter eines archaischen Prinzips, der mangelnde Ansatz zum »neuen Menschen«, wie er im »sozialistischen Menschenbild« der DDR als »vollentwickelte Persönlichkeit« anvisiert ist, und nicht zuletzt der Umstand, daß die farbenreichste Figur des Stückes der nicht zu integrierende Fondrak ist. Die Herkunft von Müllers Drama (Shakespeare, Barock, Büchner) macht es der anderen »Landliteratur« der DDR unvergleichbar. Das gilt auch für den »Moritz Tassow« von Peter Hacks, der ebenfalls das Verhältnis von anarchischem, utopischen Bewußtsein und den Zwängen der Realgeschichte anhand der 1. Bodenreform behandelt. Beide Stücke kamen 1961 heraus und wurden von der Partei scharf attackiert. Doch Hacks Lob der Sinnenlust, sein

Plädoyer gegen den Bürokraten Blasche und für den Altkommunisten Mattukat mit seiner ›verbotenen‹ Liebe zur Utopie machen die Entscheidung zwischen den politischen Positionen nicht wirklich zum Problem. Der utopische Kommunist Tassow paßt zwar als Politiker noch nicht in den Sozialismus, ist aber – als Künstler – doch sein objektiv wahrer Gehalt.

In Müllers »Bauern« hingegen wird jede Identifikation schwer gemacht. Keineswegs vertreten die einzelnen Subjekte ungebrochen ein einziges Prinzip (Flint ist *zugleich* der alte und der neue Adam), und Müller entdeckt gerade in Negativität, Todestrieb, Destruktion und Selbstdestruktion eine Kraftquelle des Sozialismus. Er zeigt klar, daß Fondrak eine real ›undenkbare Gestalt‹ ist, die sich eben nicht wie Tassow als Künstler nur aus der unmittelbaren Politik zurückzieht und dann doch nützlich ist. Was Fondrak verkörpert, ist dem sozialistischen System völlig unverträglich und muß ausgesondert werden: »Ein Unkraut wird entfernt« – der Satz aus dem Prolog der »Bauern« gilt für den gerissenen Großbauern Rammler ebenso wie für Fondrak. Sie erfüllen die Forderung aus den Theorien der Pädagogien Brechts (die Müller häufig für sich beansprucht), nach der die Darstellung des Asozialen in vollendeter Form dem sozialistischen Staat nützlich sei. Ausgerechnet an der ›gelungenen‹ Landreform wird die heimliche Widerstandskraft des Volkes gezeigt, das der Geschichte als Intrigenserie eine – wenn auch ›verkehrte‹ – Beständigkeit entgegensetzt.

Man hat »Die Bauern« und »Der Bau« auch als die ›Stellungnahme‹ des zweifelnden Kommunisten Müller zur neuen Epoche zu verstehen, in die die DDR zu Beginn der 60er Jahre eintrat. Kollektivierung als Sieg des Sozialismus auf dem Lande 1960, Mauerbau als Sicherung der Staatsgrenze und Etablierung eines eigenen Staates 1961 waren die Etappen, die auf dem VI. Parteitag der SED 1963 (im Anschluß an XXII. Parteitag der KPdSU, auf dem Chrustschow für die Sowjetunion den Beginn des Kommunismus diagnostiziert hatte) zur Formulierung eines neuen Programms der SED führte:

»Ein neues Zeitalter in der Geschichte des deutschen Volkes hat begonnen: das Zeitalter des Sozialismus. Es ist das Zeitalter des Friedens und der sozialen Sicherheit, der Menschenwürde und Brüderlichkeit, der Freiheit und Gerechtigkeit, der Menschlichkeit und Lebensfreude. Die jahrhundertealte Ausbeutung des Menschen durch den Menschen wird beseitigt. Das Volk, das alle Werte schafft, gestaltet sein Schicksal, das Geschick der Nation. In der neuen Gesellschaft gilt der Grundsatz: Alles mit dem Volk, alles durch das Volk, alles für das Volk.«

Der »Bau«, 1963/64 nach Motiven aus dem Roman von Erik
Neutsch »Spur der Steine« (1964) entstanden, scheint dem Genre
»Produktionsstück« am ehesten zu entsprechen. Gerade dieses
Stück aber erlebte (bisher) keine Aufführung in der DDR, obwohl
es neben den »Bauern« *das* Werk Müllers über die DDR als Ganze
ist. Während der Roman von Neutsch ein Bestseller wurde, ent-
fachte »Der Bau« zwar eine Diskussion auf höchster Parteiebene
(ein Nachspiel war die, einige Monate nach dem Abdruck von
»Bau« in »Sinn und Form« ebenfalls dort veröffentlichte Diskussion zwischen Kultusminister Girnus, Werner Mittenzwei,
R. Münz und Heiner Müller); doch das Verdikt des 11. Plenum
des ZK der SED, vom November 1965, machte eine Inszenierung
unmöglich.

Schon dieser politische Kontext läßt vermuten, daß der »Bau«
kaum nur die erwünschten, prinzipiell lösbaren immanenten
Probleme und Konflikte aus der Produktionssphäre der DDR-
Industrie zum Gegenstand hat. Vielmehr rührt das Stück an das
grundlegende und für die Staatsführung gerade in den Jahren nach
1961 heikle Thema der Entfremdung im Sozialismus. »Der Bau«
spielt 1961, auf einer Großbaustelle der DDR, und führt Konflikte
vor, die repräsentative Bedeutung haben für die Schwierigkeiten in
der Produktionsgeschichte der DDR in dieser Zeit. Mit dem auf
dem VI. Parteitag beschlossenen »Neuen System der Planung und
Leitung« (NÖSPL) ging man von der gescheiterten Zentralplanung
zur größeren Eigenverantwortlichkeit der Betriebe über. Diese
›Dezentralisierung‹ sollte die vielen Verluste verhindern, die der
Wirtschaft durch die oft mangelhaft koordinierte zentrale Planbü-
rokratie entstanden waren. Nun wies die Wende in der politischen
Ökonomie der DDR auf dem kulturpolitischen Sektor dieser Zeit
eine bezeichnende Entsprechung auf: 1963 hatte die sogenannte
»Kafka-Konferenz« in Prag das Problem der Entfremdung im
Sozialismus aufgeworfen. Gerade die DDR aber bestritt energisch,
daß es Entfremdung in ihrem Sozialismus noch gebe. Wie sie den
XX. und XXII. Parteitag der KPdSU mit seinem Angebot zur
nationalen »Entstalinisierung« anders als etwa Polen und Ungarn
aufgefaßt und den entstandenen tiefen Riß im politischen Denken
des Kommunismus geleugnet hatte, so bestritt sie auch die Möglichkeit, daß der Sozialismus mit den Muttermalen der alten Gesellschaft spürbar behaftet sei und sich deshalb mit diesen Narben
noch zu befassen habe.

Müllers »Bau« aber rührt zugleich an eine Wunde, die Neutsch deutlich ausgespart hatte: die Zeit der Handlung berührt mit dem Mauer-Bau in Berlin das spezifisch deutsche Problem des Sozialismus nach 1945: seine Spaltung, seine Isolation in einem Staat. Der Sozialismus hat sich aus Staatsinteressen einbetoniert, ist, statt zum Reich der Freiheit, zum »Gefängnis« (Barka) geworden. Aber dieses »Mauern« ist in der Geschichtsschreibung der DDR zugleich als Bedingung der Möglichkeit einer besseren Planung interpretiert worden. Tatsächlich hat sich das System nach 1961 stabilisiert, der »Schutzwall« wurde offiziell als ein Garant des störungsfreien und soliden Aufbaus angesehen, die frühen 60er Jahre gelten als Beginn einer (wenn auch aufgedrungenen) Identifikation der Bürger mit ihrem Staat, dem Aufbau eines eigenen Staatsbewußtseins. Vor diesem Hintergrund ist die Produktion des »Bau« eine große Metapher: die Großbaustelle ist die DDR selber.

Was geschieht in »Bau«? Zwei konkurrierende Brigaden werden vorgestellt. Brigade Dreier arbeitet nach Plan und muß die bittere Erfahrung machen, ein Spielball der sich überkreuzenden und immer wieder revidierenden Pläne zu sein: »Und ein Gemälde löscht das andere aus.« Die Arbeit erscheint sinnlos und unproduktiv. Brigade Barka dagegen ›korrigiert‹ eigenmächtig den Plan – und macht sinnvolle Arbeit: Was sie baut, bleibt stehen. ›Anarchisch‹ bestimmt sie selber den »Schwerpunkt«, stiehlt sich von anderen Brigaden das Material, weil diese ohnehin nur »Ruinen« bauen würden. Bei dieser Produktivität ›stimmt‹ in der Brigade Barka auch der Lohn, während die anderen oft wegen Materialmangel Zeit und damit Lohn einbüßen. Oberbauleiter Belfert sieht tatenlos zu, obwohl der Ingenieur Hasselbein selbständig Pläne ausgearbeitet hat, die die Plan-Anarchie beseitigen könnten.

Das Stück beginnt mit der Ankunft des neuen Parteisekretärs Donat. Während Belfert sich als Opfer und Vollstrecker der Planung von oben sah, verbündet Donat sich mit Hasselbein und der Ingenieurin Schlee und setzt Hasselbeins Pläne selbstverantwortlich durch: eine Antizipation dessen, was die Partei später im NÖSPL verbindlich macht. Donats Kampf gegen Belferts Opportunismus findet Anklang bei der Brigade Barka, die sich in ihrer Selbständigkeit und Produktivität bestätigt sieht, und bei Hasselbein, der erstmalig eine Funktion auf der Baustelle erhält, die er sonst nur als Müßiggänger kennenlernen durfte. Die Initiative Donats, der, Partei und Planung einen Schritt voraus, im Risiko einer Verwarnung lebt, erzeugt zunächst eine neue Ordnung. Das sinnlose Arbeiten der Dreier-Brigade hört auf, die Barka-Brigade begeistert sich für eine neue Technologie.

In der widerspruchsvollen Kooperation von Partei (Donat/Belfert), Arbeitern (vor allem Barka), Intelligenz (den Ingenieuren Hasselbein und Schlee) wird nun das Entstehen neuer Gesellschaftsformen, neuer Produktivität gezeigt. Erfahrungen werden weitergereicht, Rückständige mitgerissen, Menschen verändert und Produktivität freigesetzt. Gleichwohl dominieren wiederum die Momente des Schwierigen, des ›unglücklichen Bewußtseins‹, das der Intellektuelle Hasselbein (»Hamlet in Leuna, Hanswurst auf dem Bau, Zweiter Clown im Kommunistischen Frühling«) direkt zitiert. Denn in der Veränderung des Ganzen bleiben die Individuen mit ihren unmittelbaren körperlichen und psychischen Bedürfnissen zurück, ohne daß das *Neue*, für welches sie Altes opfern, schon vorhanden wäre.

Das Stück besteht aus vielen, teils nur kurzen Szenen, auf den ersten Blick ein Kaleidoskop von Problemen und Themen, fast unübersichtlich in seiner Vielfalt. Eine Dramaturgie »auf Lücke«, wie Müller sagte, in welcher die Großbaustelle an immer wechselnden Einzelpunkten zur Darstellung kommt, um immer neue Aspekte der gesellschaftlichen Arbeit am Bau vorzuführen:

– die Mängel der Planwirtschaft durch den Abstand zwischen dem »Reißbrett« und der Realität;
– den Widerspruch zwischen der Produktion auf breiter Basis und einzelnen Schwerpunktprojekten, die eine Pionierrolle spielen;
– die Schwierigkeiten der Partei, die zwischen allen Stühlen sitzt und die ›Linie‹ zu vertreten hat, während sie zugleich die Arbeiter überzeugen und gewinnen muß;
– die Widersprüche in der Partei selbst, in jedem Funktionär zwischen dem momentanen Pragmatismus (der leicht zum Opportunismus wird) und der mutigen Initiative (die durch Übereilung große Fehler hervorbringen kann);
– die Unterschiede innerhalb der Arbeiterschaft selber: zwischen Jungen und Alten, Kraftvollen und Schwachen, Arbeitern, die sich mit der Arbeit identifizieren und anderen, vor allem aber zwischen den ›Selbsthelfern‹ und den ›Disziplinierten‹.

Für Müller scheint zu Beginn der 60er Jahre die DDR und ihr spezifischer Sozialismus ohne Alternative zu sein. Gerade deshalb traut er sich zu, dessen schwarze Seiten vorzuführen, ohne das Fundament in Frage zu stellen, gerade deshalb gibt es hier noch das Element des Trostes und der Perspektive: Alle, die in diesem Stück Fehler machen, können durch andere korrigiert, ersetzt werden.

Was aber bringt in *diesem* Augenblick den Lebenden ihre Arbeit ein? Wie steht es mit der Emanzipation der individuellen Menschen in ihrer Lebenszeit? Daß die Ratio des gesellschaftlichen/ökonomischen Fortschritts, den Donat und Barka repräsentieren, sich gegen den Menschen, wie er ist, gegen seine ›Natur‹ richtet, wird deutlich in der Liebesgeschichte zwischen Donat und Schlee, die in das Produktionsstück eingewoben ist. Mit Schlee, der einzigen Frau auf der Baustelle, betritt eine andere, spontane Produktivität die Szene: Liebe, ›Natur‹, die sich gleichwohl mit der Technik(erin) verträgt. Sie repräsentiert eine nicht verplanbare, eigenständige Größe, die ihr Recht behauptet. Gerade in dem durch Donat und Hasselbein (der Partei und der Intelligenz) sich ständig perfektionierenden Betrieb, in dem der natürliche Rhythmus der Tageszeiten durch das Dreischichtsystem außer Kraft gesetzt, der Naturstoff der Zimmerleute, das Holz, durch den Kunststoff Bakelit ersetzt wird, wird eine ungewollte Schwangerschaft Schlees nach einer Liebesnacht mit Donat zum Symbol einer »anderen« Produktivkraft. Donat hat als verheirateter Parteisekretär ein Verfahren zu erwarten, wenn seine Vaterschaft bekannt wird; das Verfahren würde seine Arbeit für die neue Ordnung auf der Baustelle zerstören, weil es seine Position gegenüber dem Bürokraten Belfert schwächt. Der Fortschritt der Großbaustelle steht der Forderung der Frau gegenüber, zum eigenen Körper, zur Liebe, aber auch zur eigenen Zukunft, die das kommende Kind bedeutet, zu stehen. Donat entscheidet sich für den Bau. Schlee soll vor dem Parteitribunal lügen, seine Vaterschaft leugnen, wenn er selber sie in seiner Funktion als Parteisekretär danach fragen wird. Die politische Lüge, die sich über Menschlichkeit und Moral hinwegsetzt, um eines menschlichen und moralischen Zweckes willen, wird als bitterer Schlußpunkt ans Ende des Stückes gesetzt:

Donat: (Schlee lacht) Hör auf. (Schlee lacht.) Hör auf zu lachen. (Schlee lacht immer noch.)

Schlee: Entschuldige. Ich finde es auch nicht sehr komisch. Es war dein ungeborenes Kind in mir das über dich gelacht hat, es lebt morgen, nicht mehr dein Kind, wenn ich dir die Lüge sage, die du brauchst, wer braucht sie außer dir, und wenn du sie brauchst, wer braucht dich? Wir werden Kinder haben, die Kinder haben werden, eine Generation macht die nächste, die Zukunft uns aus dem Gesicht geschnitten, der Kommunismus gut oder schlecht, wie wir ihn gemacht haben, wir und wir, du weißt es.

Donat: Kommunismus aus der Hand? Was geht hat den Weg an den Schuhn. Was willst du, ist ein Fundament gerissen, brennt ein Kühlturm, ist ein Stern entgleist?

Schlee: Wer braucht die Sterne? Ich werde also lügen für dich und das ist die Wahrheit: dein Kind wird keinen Vater haben, wir werden uns mit Genosse anreden wie vorher, ich werde den Vogel nicht einscharren, der

im Frühjahr singt, du wirst die Sonne nicht aus dem Himmel reißen, der Schnee wird nicht liegenbleiben bis zum nächsten Winter.«
(P 1, S. 136)

Der Bau geht weiter, die Menschen werden »ruiniert«. Müller zitierte einmal in diesem Zusammenhang Goethes Wort »Der Mensch muß wieder ruiniert werden« (vgl. P 2, S. 143, aus der »Sinn und Form«-Diskussion), aber das Stück suspendiert am Ende die Antwort auf die Frage, ob nicht die Kosten dieses Fortschritts zu hoch sein könnten, eine Frage, die Müllers spätere Dramen immer nachdrücklicher stellen.

Das Schaffen neuer Produktivität in den Subjekten bedeutet kein harmloses Umbauen. Die rasante Entwicklung stellt sich vielmehr unausweichlich als Zerstörung dar. Wenn der erste Satz des Stücks lautet: »Warum zertrümmert ihr das Fundament?«, so wird das Problem aufgeworfen, inwiefern die radikale Veränderung nicht nur dem Alten, sondern auch der Zukunft den Boden entzieht. Mit Schrecken erfahren die Beteiligten die eigene Veränderung als Entfremdung von sich selbst, als Verlust und Verlassen des festen Bodens, den sie kannten, zugunsten eines unbekannten, der sie vielleicht nicht trägt. In Szene 6 fragt Schlee Donat nach dem, was außer dem »Wissen« ist, nach der Liebe:

»Dort baun sie ein Chemiewerk. Frag mich nicht warum, brauchst
du ein Chemiewerk? Ich auch nicht, warum also, wer lebt außer
uns hier zwischen Mond und Sonne [...]Liebst du mich?
Genosse Sekretär, der alles weiß, was kommt nach allem?«
(P 1, S. 117 f.)

Doch Donat gesteht (sich) das Recht auf etwas ›nach‹ dem Wissen, das in die Praxis des Jetzt sich eingelassen hat, nicht zu.

»Ob ich dich liebe? Was weiß ich von mir?
Die Mondgebirge sind mir weniger Ausland.
Nur bis zur Mitte gehst du in den Wald.
Und nicht vorm Ausgang weißt du seine Mitte.«
(P 1, S. 118)

»Nämlich der Mensch ist unbekannt«, könnte er mit dem Parteichor in »Mauser« ergänzen. Und wie Odysseus im »Philoktet« (als den ihn »überm Knie eine Narbe« identifiziert) geht er im Vollzug der Praxis über sich und andere hinweg, wie über ›Baugrund‹. Er läßt sich ein auf eine Zeit, die im Verhältnis zu den unmittelbaren Bedürfnissen *abstrakt* ist. Für ihn zählt nur die Zeit der Produktion, fremd und feindlich der Lebenszeit der Bauenden. In verschiedenen Varianten spielt »Der Bau« die Erfahrung der entfremdeten Zeit wieder. Wie sehr Donat in der Arbeit an der Zukunft das

Jetzt eingebüßt hat, zeigt sich, wenn er schon einen zeitweiligen Stillstand als Alptraum einer Zeit erlebt, die ihn rückwärts zieht:

> »Warten und warten und die Zeit läuft Krebsgang
> Warten, bis hinten vorn wird, [...]
> Warten auf gestern, aus dem Sarg in die Mutter
> Und vorwärts in die Steinzeit.«

Auf der anderen Seite steht Barka, der *Handarbeiter*. Er, der Schlee unerwidert liebt, erlebt die Zeit als Zirkel, gebunden an das Kreisen der Erde, eine Zeit, die der vitalen Selbstverwirklichung in *konkreter Arbeit* entspricht. Ist für Donat die lineare Zeit des Fortschritts Quelle der Entfremdung und Angst, so für Barka die rhythmische Zeit der wiederkehrenden Arbeitsprozesse nicht weniger:

> »[...] warum halt ich mich fest mit allen vieren an der letzten Sprosse, letzter Ausleger der Erde, einmal schlingt sie uns doch, sie scheißt auf vorn und hinten, morgen ist ihr gestern heute schon, weiß schwarz, in zehn Milliarden Jahren platzt sie selber, die Zeit hat beßre Zähne.« (P 1, S. 119)

Die Arbeit im Rhythmus des Körpers steht für ihn im Gegensatz zum »Bau« (der Gesellschaft, der Geschichte), für den die lineare Zeitlinie in die Zukunft Gültigkeit hat: »Mein Bau oder nicht – meine Arbeit.«

Schließlich ist es Barka, der die mütterlich hilfreiche Arbeiterklasse vertritt, die für den Moment, für den schweren *Übergang* von der kalten Jetztzeit – die noch »Eiszeit« der Klassengesellschaft ist – in die »Kommune«, Schlee ›aufhebt‹, als Donat sie fallen läßt. Barkas Sprache zeigt auch die Zukunft im Bildfeld der kreisenden »Flugsterne« mit dem Rhythmus von Tag und Nacht. Und er weiß auch, illusionslos, daß er die ›tragende Brücke‹ ist, über die andere in die Kommune gelangen. Im Gegensatz zu Donat/der Partei hat der Arbeiter – utopisches Moment im »Bau«, das freilich nicht das letzte Wort behält– einen »natürlichen« Blick auf das Verhältnis von technischer und menschlicher Zukunft:

> »Du wärst mir leichter, wärst du schwer von mir.
> So lang der Weg reicht bist du meine Last.
> Hinterm Ural ist Nacht. Die Liebespaare
> Gehn in die Sträucher oder in die Betten.
> [...]
> Siehst du die Städte, die wir morgen baun?
> Ein Licht mehr zwischen Wolken in der Schwebe
> Scheinen sie aus der Zukunft hinterm Schnee
> Im Negativ durch meine Augendeckel.
> [...]

Kein anderer wollt ich sein als ich und ich.
Seit ich das Und kenn zwischen mir und mir.
Mein Lebenslauf ist Brückenbau. Ich bin
Der Ponton zwischen Eiszeit und Kommune.«
(P 1, S. 133 f.)

Es gibt zwischen dem Kind, das in der Frau zwischen Eiszeit und Kommune getragen wird, und dem Bau eine Analogie. Donat ist die Repräsentation der Partei, die in dem ›un-menschlichen‹ Verhalten definiert ist, das historische Notwendigkeiten gebieten. Barka, die Arbeiterklasse, wird zum Stellvertreter der Menschlichkeit, ohne aber in dem Dilemma zu stecken, von dem Donat weiß: »Was geht hat den Weg an den Schuh«. Im Bauschlamm der Geschichte/Produktion wird man schmutzig. Odysseus in »Philoktet« und »Mauser« werden diesen Gedanken in seiner tragischen Variante durchspielen. So wird die Verleugnung des Kindes und die Entscheidung für den Bau zur Allegorie. Der Sozialismus verleugnet sein eigenes Ziel: die Liebesproduktion als Aufhebung der Entfremdung. Donat hat das Kind wie den Bau, die neue Ordnung, geschaffen. Das Kind als bewußtlose Produktion autonomisiert sich, ein Neues – nicht gewollt und geplant – wächst heran und muß verleugnet werden, soll (noch) nicht sein. So gibt es in der Parallele Bau–Kind zwei Ebenen, Analogie wie Differenz. Der Bau verkörpert die zunehmende Naturbeherrschung (Hasselbein: »Die Natur ist ein Defekt, ein Fehler bei der Projektierung oder ein Loch in der Gütekontrolle« [S. 111]). Im Kind ist die unbeherrschte (triebhafte) Natur auf den Plan getreten. Die Analogie aber entdeckt im Sozialismus einen Embryo, dessen Kommen dann doch zu früh scheint. Immer wieder wollen die Menschen sich der Verantwortung entziehen, der Plan ist noch nicht verbindlich – und muß ›ausgebadet‹ werden durch die Frau, die Arbeiter, den Beton.

Diese »organisierte Verantwortungslosigkeit« kondensiert sich in dem Kind, dessen Vater die Verantwortung verweigert. Die menschlichen Beziehungen vertagen, wie Donat es tut, heißt aber, einen Selbstzerstörungsprozeß einzuleiten – Müller hält an der kritisierten und angefeindeten Dialektik der frühen Produktionsstücke fest.

Während in den 50er Jahren das Thema Deutschland eine dominante Rolle spielte, in den späten 60er Jahren die Bilder- und Sprachwelt der Mythologie und in den 70er Jahren immer stärker *Bewußtseinslandschaften* des Autors thematisch werden, sind »Der Bau« und »Die Bauern« Müllers DDR-Stücke, in denen er panoramatisch dem Thema des sozialistischen Aufbaus eine welthistori-

sche Form zu geben sucht: die DDR als Epoche der Menschheits-
geschichte. Darin liegt ihre Stärke, allerdings, besonders im »Bau«,
auch ihre Schwäche.

Durch die Allegorisierung der Alltagsvorgänge, die der Stilisie-
rung des Arbeiterjargons zur hohen Ebene der gebundenen Rede
korrespondiert, werden dem Betrachter die Vorgänge als konkrete
Symbole für die Übergangsepoche aufgedrängt: Alles ist bedeutungsvoll, während in »Lohndrücker« und »Korrektur« die Vorgänge des Alltags als autonomer dramatischer Verlauf neben ihrer
politischen und philosophischen Bedeutung erhalten bleiben.
Gerade der Marxist aber kann als Schriftsteller das Bewußtsein
nicht verleugnen, daß das, worauf es in der gesellschaftlichen
Realität ankommt, *abstrakt* ist. »Die eigentliche Realität ist in die
Funktionale gerutscht« (Brecht).

Müller führt dieses Thema selbst in das Stück ein, Ingenieur
Hasselbein trifft einen Maler und hält ihm vor, daß das Unsicht-
bare, Phantastische, Unvorstellbare die Wirklichkeit sei, nicht das
Sichtbare:

»Verschwenden Sie Ihr Auge nicht auf die Natur, die Kulturpaläste
hängen voll davon. Malerei für Blinde (Blick auf die Staffelei). Ein Maler-
auge, das keine drei Monate faßt. Malen Sie wenigstens, was Sie nicht
sehen. [...]
Beton fliegt durch die Luft, Stahl pflügt den Acker der Vögel, die
Wolken werden bebaut, der Wind ist bewohnbar. Und was wirft Ihr Auge
aufs Papier, was mischt Ihr Kopf, Ihre subventionierte Meisterhand, was
tut sie? Klatscht den Horizont ab, Schlote aus der Steinzeit, lackiert den
Schlamm, das Unbewegte, schminkt den Himmel, den Leichnam des
Lichts, das Loch aus Grau und Krähen.« (P 1, S. 128 f.)

Das Thema der Abstraktion, der abstrakten Kunst taucht schon
zu Beginn des Stückes auf (Donat: »Wenn ein Maler einen Baum
kopfstellt, geben wir ihm seine Leinwand zu fressen, und in unsern
Büros ist der Abstraktionismus Fakt.«[87]. Es scheint also, als
wolle Müller auf das Problem der Darstellung, auf die Abstraktion,
das Abstrakte der Realität selbst verweisen, ohne freilich hier schon
die Konsequenz zu ziehen, zu der er später gelangt: die klassische
Form des Dramas aufzugeben. Schon am Beginn der Geschichte
des modernen Dramas steht das Problem, das Peter Szondi
benannte, daß die dramatische Form prinzipiell problematisch ist,
wenn massenhafte gesellschaftliche Vorgänge an einezlnen Individuen abgehandelt werden sollen. Zu sehr differieren Logik und
Verlaufsform der Prozesse in Gesellschaft und einzelnem Leben.
Auch der Lösungsversuch des epischen Theaters wird in dem Maß
problematisch, wie keine selbstverständliche ›Lehre‹, kein Wissen,

wie es wirklich ist, den Einzelteilen des dramatischen Entwurfs ihren Platz anweisen. Müllers Weg im »Bau« scheint ein Kompromiß zu sein, den er selbst problematisiert.

Das Thema Abstraktion ist umso bedeutsamer, als es genau dem zentralen Thema der Konflikte entspricht. Die Menschen, die ständig ›warten‹ müssen, erleben eine leere, abstrakte Zeit. Die Arbeit, die sie leisten, ist zwar staatlich organisiert, nicht kapitalistisch ›entfremdet‹, aber die Zeit wird auch zu ihrem Feind:

> »Sind sie hinter dir auch her, Elmer, in der Nacht, Stein auf Stein, und Wand an Wand, die VEBs, die du gebaut hast, jagen dich von Bau zu Bau über den Globus, der sich dreht, du mußt sein Tempo halten, wenn du stehnbleibst, rollt er dich ins Leere. Du hast angefangen, du mußt weitermachen. Beton will Beton. Du bist der Bagger, und du bist der Baugrund, auf dich fällt der Stein, den du aufhebst, aus dir wächst die Wand, auf deinen Knochen steht der Bau, noch den Strom ziehn sie aus dir, mit dem die Turbinen das Land unterhalten.« (P 1, S. 118)

Entfremdung im alten Sinne gibt es hier vielleicht nicht, doch die Arbeit auf die *Zukunft* hin kann dem unmittelbaren Bewußtsein auch wie eine neue ›Ausbeutung‹ erscheinen und Melancholie erzeugen, die der Intellektuelle Hasselbein zum Ausdruck bringt. Das Bauen für die Enkel, die Ansprüche der Kinder und nicht zuletzt das entfremdete Verhältnis zum Plan »ersetzt mir Junker und Kapitalist und schlägt mir Beulen in die Ideologie«. Entfremdung hat Marx beschrieben als Konsequenz der *abstrakten* Arbeit, und im »Kapital« findet sich die Analyse der abstrakten Arbeit als »bloßem Gespenst«. Marx schildert den Widersinn im Kapitalismus, daß der, dessen konkretes Produkt nicht in Wert zu verwandeln ist, in der kapitalistischen Gesellschaft buchstäblich *nichts* produziert hat. Mit dem Plan scheint sich daran nichts geändert zu haben: Belfert erklärt der Brigade, sie seien »Luft« für die Lohnbuchhaltung, wenn sie ihre sinnvolle Arbeit tun und nicht den planmäßigen Abbruch durchführen. Die Arbeiter finden sich in die Marxschen Gespenster verwandelt, bei denen Arbeit nur als, wie immer unsinnige, Tauschwertproduktion (hier: entfremdete Produktion für den Plan) zählt. So erscheint die Realität der subjektiven Erfahrung, in der sich an dieser Stelle bei Müller alle Betroffenen einig sind:

Barka: Fundamente zertrümmern im Dreischichtsystem.
Bastian: Nächstens zahlen wir Strafe für jede Wand die hält.
Kleiber: Ein Verbesserungsvorschlag: Was wir in der Woche baun, lassen wir zusammenschießen sonntags, wozu haben wir die Armee. Stellen Sie sich vor, was wir da einsparn.
Hasselbein: Ein Takt Bau, ein Takt Ruine. Ein Schritt vor, ein Schritt

zurück. Das ist der Standpunkt, den Archimedes gesucht hat, die Quadratur des Kreises, der Stein der Weisen, die Taktstraße der Zukunft, der industrielle Gottesbeweis. Warum haben Sie nicht Theologie studiert?

Belfert: (zur Brigade) Euer Geld liegt am Kraftwerk, für die Lohnbuchhaltung seid ihr Luft hier, und die ist umsonst. (Ab.)

Kleiber: Wenn es spukt am Lohntag in der Buchhaltung, das sind die Gespenster vom Wasserwerk.

[...]

Bolbig: Mir nach Gespenster, am Kraftwerk ist die Auferstehung. Hörst du die Mäuse heulen, Gablonzki? Willst du warten, bis dich der Wind mit du anredet hier? Basta in, alter Baugeist, hier spukst du ehrenamtlich . . .

(P 1, S. 106)

Subjektiv erscheint eine gespenstisch leere und entleerende Zeit der abstrakten Arbeit als Wertschöpfung, die im Aufbau des Sozialismus noch nicht so verändert ist, daß sie ›konkrete Arbeit‹, auf den Gebrauchswert orientiert, wäre. Die Arbeiter objektivieren sich, ohne sich wiederzuerkennen, dienen selbst als ›Baugrund‹. Die Liebe zwischen Donat und Schlee, die Zeugung und Schwangerschaft stehen für den Bereich der konkreten, sich erfüllenden Arbeit–und sie scheitert, wird vertagt.

Der Sinn vom Bau des Kommunismus kann sich noch nicht ausweisen: tröstlich und indifferent geht die Natur über die Unnatur der menschlichen Beziehungen hinweg: sie sind noch nicht aufgebaut. Im Gegenteil: Wie in den vorangegangenen »Produktionsstücken« ist es wieder die persönliche Selbstverleugnung, die zu zahlen ist für den Fortschritt der Gesellschaft. In allen Formen der Abstraktion und Entfremdung zeigt Müller diesen Fortschritt zwar auf: Auch der schlechte Plan ist das Neue gegen den »Boxring«, der die Welt vorher war, auch wenn Selbsthelfer-Bewußtsein nötig ist, ihn zu korrigieren. Auch die angsteinflößende Selbstentfremdung in der sozialistischen Bewußtseinsänderung setzt Produktivität frei und ist nicht dasselbe wie die kapitalistische Entfremdung. Trotzdem wird in »Bau« eine verschärfte Wendung gegen die harmonisierende Darstellung der Umwälzungsprozesse erkennbar. Die Form des Dramas insgesamt ist versöhnlich: Realismus, Anschauung, handfester Witz, stilisierte Alltagssprache. Aber wie die Parteikritik deutlich macht, entging der Kulturbürokratie nicht, daß sich das Stück seinem Gehalt nach von der im Kern »optimistischen« Konzeption der Brigade- und Produktionsstücke entfernt. Nicht, daß nur durch eine Art Selbstentfremdung sozialistisches Bewußtsein entsteht (Schivelbusch), sondern daß Fortschritt und Verlust so leicht nicht zu unterscheiden sind, macht der »Bau« zum Problem.

Das Stück, das Heiner Müller 1972 im Auftrag des Berliner Ensembles schrieb und das im Oktober 1973, zum 55. Jahrestag der Oktoberrevolution seine Uraufführung erlebte, ist nach einem Roman Fjodor Gladkows, entstanden, »Zement«, der die Sowjetunion gegen Ende des Bürgerkriegs 1920/21 schildert: Revolution, Intervention, Bürgerkrieg, Kriegskommunismus, Hungersnot und Beginn der NÖP-Politik. 1925 erschienen, 1927 ins Deutsche übersetzt, dann immer wieder den verschiedenen politischen Linien der Stalinzeit angepaßt und geändert, war er nach 1945 ein vielgelesener Roman, in dem man auch die Probleme des Sozialismus in Deutschland wiederfand.

Das Symbol Zement verweist bei Gladkow wie bei Müller auf die Notwendigkeit, die nach der großen Umwälzung besteht, das (noch) Weiche zu härten. Der Festigungsprozeß der Gesellschaft fordert von den Menschen, sich zu verhärten, sich als verbindendes Material zu verstehen, als Element im Dienst eines Ganzen, dessen stabilen Aufbau der Einzelne garantieren muß – nicht unähnlich der Beton-Symbolik im »Bau«.

Am Abend vor der Premiere gab Müller in einigen Zeitungen der DDR ein Interview, in dem der lebensbegleitende Aspekt der ersten Lektüre des Gladkow-Romans zum Ausdruck kam:

»Der Stückplan ist beinahe so alt wie die erste DDR-Ausgabe des Romans. Das Buch hat mich so stark betroffen, daß ich etwas damit machen mußte, aber manche Pläne brauchen Zeit, und manchmal eben auch Jahrzehnte, bis die Situation oder der Autor für sie ›reif‹ ist.« (ND, 10. 10. 1973)

Nicht zuletzt das Desinteresse der Theater aber war der Grund für die lange ›Inkubationszeit‹: Erst eine Initiative des Berliner Ensembles, besonders der Intendantin Ruth Berghaus, die auch Regie bei der »Zement«-Uraufführung führte, setzte den Plan schließlich gegen Widerstände der Partei durch. »Zement« ist dann Müllers meist besprochenes Werk in der DDR geworden, vielleicht auch, weil es auf den ersten Blick ein Historienstück ist. So jedenfalls ließe sich die Beschreibung des Werks im Programmheft zur Uraufführung am Berliner Ensemble verstehen:

»Das Stück erzählt eine Geschichte von Männern und Frauen, Arbeitern und Intellektuellen, Kommunisten und Feinden der Revolution und ihren Beziehungen zueinander in den Jahren des schweren Anfangs in der Sowjetunion. Der Schlosser Gleb Tschumalow, als Regimentskommissar aus dem Krieg heimkehrend, findet seine Stadt in ein Dorf verwandelt, das Zementwerk in einen Ziegenstall, seine Frau in einen Menschen. Der kommunistische Arbeiter ist als Mann noch ein Besitzer, die Frau besteht auf ihrer Gleichberechtigung. Tschumalow gelingt es, den Ingenieur Kleist, seinen Todfeind, für den Wiederaufbau des Zementwerks zu gewinnen; seine Frau verliert er an die Revolution, die vor Heim und Herd nicht haltmacht. Nach Bürgerkrieg, Intervention und Blockade ist der Hunger sowjetischer Alltag. Der Vorsitzende des Exekutivkomitees Badjin, mit der Produktion des Überlebens beschäftigt, begrüßt die Gewinnung Kleists und hält die Produktion von Zement noch nicht für möglich. An der NÖP, Konsequenz der ökonomischen Rückständigkeit Rußlands und des Ausbleibens der sozialistischen Revolution in Deutschland, scheiden sich die Geister. Der Intellektuelle Sergej Iwagin, ein ehemaliger Menschewik, fetischisiert den Terror. Polja Mechowa, die an der Front gekämpft hat, romantisiert den Krieg. Nicht alle, die den Weg der Revolution gehen, begreifen jeden Schritt. Mit dem Bau des Zementwerks beginnt der konkrete Sozialismus.« (Gladkow/Müller, »Zement«, S. 503)

Nimmt man den schon 1970 entstandenen »Mauser« als Maßstab und vergleicht »Zement« mit den späteren Dramen Müllers, so wird die besondere Stellung des Werks erkennbar: Es gehört einerseits zu den ersten jener Stücke, die Müllers zunehmende Abwendung von traditioneller Dramaturgie bekunden. Andererseits scheint auf der Hand zu liegen, daß »Zement« deutlich auf das Erzählen einer Fabel angelegt ist. Aber hier ist Vorsicht geboten. Auch das Historienstück ist ein »Denkspiel«:

»Das Stück handelt nicht von Milieu, sondern von Revolution, es geht nicht auf Ethnologie, sondern auf (sozialistische) Integration aus, die Russische Revolution hat nicht nur Noworossisk, sondern die Welt verändert. Dekor und Kostüm sollten nicht Milieu zeigen, sondern den Entwurf der Welt, in der wir leben.« (P 2, S. 133)

Szene 1, »Schlaf der Maschinen« betitelt, war ursprünglich die zweite Szene, fungiert jedoch in den Drucken als Prolog (Ausgabe »Stücke«) und Exposition. Gezeigt wird, wie Gleb Tschumalow, der Soldat der roten Armee, heimkehrend, vom alten Kumpel zunächst für einen Banditen gehalten wird, der, wie alle, die Fabrik plündern will. Die Wiedererkennung führt zur Schilderung der verzweifelten Lage der Revolution hinter der Front des Bürgerkriegs. Hier versammelt die Szene die Leitmotive des Stücks und kündigt zugleich die »negative Dialektik« an, deren Modell die Darstellung der Revolution leiten wird: Gleb Tschumalow findet die Maschinen, welche die Revolution aus den alten Produktionsverhältnissen befreien und entfesselt arbeiten lassen will, im Schlaf. Der Revolutionsprozeß bringt unmittelbar das Gegenteil des Beabsichtigten hervor. Die Revolution (d. h. Umdrehung) setzt die Räder (noch) nicht in Schwung, sondern läßt sie stillstehen. Nicht nur das: Stillstand verbindet sich mit dem Rückfall in Archaik. Gewollt werden neue menschliche Beziehungen, als erstes sichtbar wird das Faustrecht. Archaisch muß der Einsatz der Eisenstange wirken, mit der der alte Maschinist die schon von Gras überwucherte Fabrik (»das Werk«) verteidigt. Die Arbeiter sind zurückverwandelt in Bauern durch die Primitivität des Bürgerkriegs, des schieren Überlebens, der herakleischen Anstrengung, unter fast aussichtslosen Bedingungen eine neue Gesellschaft aufzubauen. Der neue Mensch, der klassenbewußte Proletarier, wird für die Gegenwart selbst zur Maschine. (»Bei den Maschinen werd ich zur Maschine.«)

Szene 2 stellt die private Seite des Trümmerfelds vor, in das Tschumalow heimkehrt: Familie, Heim und Herd und die als selbstverständlicher Besitz betrachtete Liebe ›seiner‹ Frau Dascha – all das ist nicht mehr. Der große Krieger wird nicht als Held begrüßt, sondern von der politisierten Frau mit »Genosse« angeredet. Ihr Interesse gilt der Sache des sozialistischen Aufbaus und der Entdeckung ihres eigenen Ich. Ebenso enttäuscht und fassungslos erlebt der Heimkehrer Gleb in der Szene 3 das Chaos des Fabrikkomitees: in Armut und Desorganisation verkam das politische Bewußtsein zum bloßen Verlangen nach Überleben, und Tschumalow muß erkennen, daß der eigentliche Kampf erst *nach* dem Krieg beginnt. Sein Klagelied über den politisch-moralischen Rückfall will niemand hören. Am Ende führt er verzweifelt seine Narben auf der Brust vor: Ankündigung seiner Versuchung, den Heroismus des Krieges auf den sachlichen, von anderen Gesetzen diktierten Aufbau zu übertragen. Szene 5, »Befreiung des Prometheus«, zeigt Gleb mit seinem ehemaligen Todfeind, dem Ingenieur Kleist, der ihn einst an die Weißen verriet und damit dem Tod auslieferte. Zufällig überlebte Gleb, seine Kameraden starben. Doch statt der Rache triumphiert die revolutionäre Vernunft: Kleist soll am Leben bleiben und seine Intelligenz dem Aufbau des Werks, d. h. auch: der neuen Gesellschaft, zur Verfügung stellen. Individuelle Rache für die Vergangenheit oder Zukunftsbewußtsein, persönliche Genugtuung oder Selbstverleugnung und gesellschaftliche Verantwortung – vor diese Alternative gestellt, entscheidet sich der Krieger Gleb wie »Lohndrücker« Balke, Bremer in »Korrektur« gegen die mythische Gewalt, für eine aufgeklärte Zukunft und für die Befreiung der an die Unterdrücker gefesselte Intelligenz durch Verzicht der Revolution auf Rache. In Szene 11 wird der Erfolg sich zeigen: Ingenieur Kleist identifiziert sich mit der Arbeit am sozialistischen Aufbau. Zusammen mit der Schlußszene zeigt dieser Handlungsfaden um Kleist, wie es der Revolution gelingt, alle, gerade auch konterrevolutionäre Energien und Produktivkräfte in ihren Dienst zu stellen.

Szene 6 »Der Apparat oder Christus der Tiger« (der Staatsapparat – ein Erlöser als Raubtier) führt den Widerpart des spontanen Revolutionärs Gleb vor, die beiden Typen der siegreichen Revolution: Badjin, den Verwalter und Organisator, und Tschibis, den unerbittlichen Henker im Dienst der Revolution (nicht von ungefähr erinnern sie an historische Gestalten, Stalin und Berija)*. »Zement« zeigt in dieser Szene, wie die Tscheka zur Todesgemeinschaft und der Apparat zum gefühllosen Verwalter des Überlebens wird. Glebs revolutionäres Pathos zählt hier nicht, seine Narben darf er Badjin, der selber durch Narben gestählt wurde, nicht zeigen.

»Frau am Baum« heißt die 7. Szene. Dascha wird von Konterrevolutionären gefangen und vor die Wahl gestellt, sich vergewaltigen zu lassen oder zu sterben. Sie wählt den Tod und wird vom weißen Offizier gerade dieser unerwarteten Härte wegen freigelassen, als Badjin und seine Truppen zu ihrer Befreiung eintreffen und die Kosaken erschießen.

Badjin selber steht in der folgenden Szene 8, »Die Bauern«, in einer ähnlichen Situation wie Dascha als »Frau am Baum«: eingekreist von der Gegenrevolution, den Bauern, die die mitgebrachten Waffen gegen ihn erst fallenlassen, als er die revolutionäre Politik der Zwangsabgabe für beendet erklärt und die NEP-Politik verkündet. Den Chef der Bezirksmiliz, der nur seine Weisungen gegen die Bauern erfüllte, läßt Badjin selber verhaften; nur die im Augenblick gültige Politik ist legitim.

An dieser Stelle wird das Stück unterbrochen. Szene 9 »Herakles 2 oder die Hydra« ist ein »Intermedium«, ein Prosatext, der nur mittelbar mit dem Stück zusammenhängt und als eigenständiger Text auch aus dem Stückverlauf herausgenommen werden kann (vgl. S. 173 ff.). Thema ist im Kontext des Stückes der Kampf des Herakles (der Revolution) gegen die Hydra der historischen Bedin-

---

* Schon Jahre zuvor hatte Müller im Lehrstück »Mauser« das Thema behandelt – freilich zum Mißvergnügen der Partei. So sprach der Theaterwissenschaftler Schumacher in seiner »Zement«-Rezension davon, Müller habe dem Publikum hier den abgelehnten »Mauser« »hineinmausern« wollen (Berliner Zeitung 15. 10. 1973). (Eine Feststellung, die insofern nicht ohne Ironie ist, als sie den meisten Lesern überhaupt erst Kenntnis von der Existenz eines »Mauser« verschafft haben dürfte.)

gungen, der Naturgewalt, des labyrinthischen Geschichtsprozesses, konkreter – wie auf Abbildungen der zeitgenössischen Rosta-Fenster – gegen die Hydra des Weltimperialismus.

Bild 11 ist ein Bilderbogen von vier Szenen. »Sieben gegen Theben« annonciert den Bezug zu Aischylos' Tragödie der feindlichen Labdakidenbrüder, über denen der Geschlechterfluch liegt, den sie im Zweikampf erfüllen. Zwischen den Einzel-Szenen um Angriff, Verteidigung und Sieg steht, analog zu Aischylos' Tragödie, der Kampf zweier feindlicher Brüder, in ähnlicher Konstruktion wie die für dieses Thema Müllers exemplarische Szene in der »Schlacht«. Einarm, der Bruder Iwagins, der nicht Klassenverrat übte, sondern als Sohn der Bourgeoisie zu den Weißen ging, steht seinem Bruder gegenüber, der in ihm nurmehr den Feind, nicht den Bruder sieht. Einarm weist seinen Bruder auf die künftige Selbstzerfleischung der Bolschewiki hin, und sucht den Bruder zur gemeinsamen Flucht aus der Menschheit zu verführen, zu den Tieren, den Wölfen, wo die Freiheit wohne. Iwagins Seite ist in der Übermacht. Einarms Bitte an den Bruder, ihn zu erschießen, um ihm die Folter zu ersparen, kann dieser nicht erfüllen. Die Revolutionäre führen den Konterrevolutionär ab und entziehen den politischen Konflikt der Familie, so wie die mythische Sphäre der Sippe und Familie in der antiken Tragödie zurückgedrängt wird (vgl. die »Orestie«).

»Ich bin der Hunger. Mit mir muß rechnen/Wer die Welt verändern will« heißt das 12. Bild. Polja und Gleb müssen die Wirkung der NEP-Politik verarbeiten. Die kämpferische Revolutionärin sieht angewidert auf die Bourgeoisie in den Café-Häusern. Der unmittelbaren Wahrnehmung zeigt sich in dieser Politik die Gefahr der Vergeblichkeit aller revolutionären Kämpfe. Was noch wichtiger ist: sie sieht gerade mit dem romantischen Blick realistisch die Gefahr, die in »Automaten« wie Badjin steckt: sie »werden der Hammer sein/Mit dem das Kapital die Revolution/Ans Kreuz schlägt.« Gleb ist – als erfolgreicher Initiator des Wiederaufbaus des Zementwerks – ein disziplinierter Parteigenosse geworden, der die Ablösung des heroischen Kampfes durch den nüchternen Aufbau akzeptiert hat.

Bild 13, »Fenster zur Zukunft« konfrontiert die beiden ›Romantiker der Revolution‹, Polja und Iwagin, dem Parteiausschluß und dem gelungenen Aufbau des Zementwerks. Ausgestoßen aus der Partei, erkennen sie in ihr eine unerbittliche Instanz, gegen die es keine individuelle Wahrheit geben kann. Das Neue muß der Einzelne als *seinen* Tod, *seine* Niederlage, *sein* Zerbrechen erfahren und akzeptieren, denn das Individuum ist das Alte. Als Romantik findet sich der Glaube widerlegt, das alte Ich retten zu können: »Bis gestern hab ich wir gesagt. Wer bin ich.«

Ein Epilog ist die »Befreiung der Toten«. Die Stärke der Revolution ermöglicht es, auch die Feinde in den Aufbau einzufügen. Der Kampf ist entschieden, die Befreiung der Verlierer im Geschichtsprozeß, aus dem sie – wie die Verlierer in der Partei – herausgefallen sind, geschieht durch die große Vermittlerin aller Prozesse in diesem Stück: durch Arbeit. Der Kreislauf von Gewalt und Gegengewalt wird durchbrochen und in eine neue ›Korrespondenz‹ gestellt: gegen die mythische Gewalt, für eine aufgeklärte Zukunft – eine Entscheidung, die in Glebs Verzicht auf Rache an seinem Todfeind Kleist präfiguriert war. Zukunftsbewußtsein und gesellschaftliche Verantwortung entstehen durch Selbstverleugnung. Aber es ist gerade Tschumalow, der in der ›Gnade‹ vor dem Vergessen und Verzeihen warnt.

Das wichtigste, zugleich dem Verständnis am meisten sich sperrende Thema von Müllers »Zement« ist das (in den bisher übergangenen Szenen 4 und 10 dominante) durchweg präsente Problem der Emanzipation der Frau. »Gleb Tschumalow: kollektives Individuum als Messias«, notierte Hans-Jochen Irmer zur Inszenierung von »Zement«. Das ganz andere Prinzip der Selbstverwirklichung des Menschen ist Glebs Frau Dascha, die sich während der dreijährigen Abwesenheit ihres Mannes in den revolutionären Kämpfen von einer fürsorglichen Hausfrau, Geliebten und Mutter zur Kämpferin emanzipiert hat. Walter Benjamin hob in seiner »Zement«-Rezension 1927 die entscheidende Bedeutung dieses Themas schon für Gladkow hervor:

»Es ist der eine Mann, der dieses Werk in Monaten eines erbitterten Ringens, das bald das Lager der Genossen in zwei Teile teilt, wieder in Gang setzt. In der gleichen Zeit geht seine Frau ihm verloren. Niemand wüßte zu sagen, warum. Daß die Arbeit sie der Familie entfremdet – und sie ist eine unvergleichliche Arbeiterin – das wird zwar, und von ihr selber, erklärt. Daß aber diese Erklärung dem Leser nichts sagt, das dankt er einer Darstellung von dem Verhältnis dieser beiden Menschen, an deren unkonstruierbarer Wahrheit jegliche Ableitung zunichte wird. Hier hat eine große Erfahrung sich gültig gestaltet: nicht nur die Bindung, auch die Entfremdung der Gatten hat kanonische Formen, die mit den Zeitaltern sich verändern und oft, so unaussprechlich wie die Liebesformen selber, die Züge dieses ihres Alters tragen. Allmählich prägt sich, anders als die aufgeklärten Philantropen es erwartet haben (wie für Rußland, so auch für Europa), das wahre Antlitz einer Emanzipation der Frau. Wenn wirklich die Befehls- und Herrschergewalten weiblich werden, dann wandeln sich diese Gewalten, wandelt das Weltalter, wandelt das Weibliche selber sich. Wandelt sich nicht ins vage Menschliche, sondern es schickt sich an, ein neues, ein rätselhaftes Antlitz erstehen zu lassen: ein politisches Rätsel, wenn man so will, ein Sphinxgesicht, mit dem verglichen alle Boudoirmysterien verbrauchten Scherzfragen ähnlich sehen. Dieses Gesicht ragt in das Buch hinein. (W. B., Ges. Schriften, Bd. III, Ffm. 1972, S. 62)

Müllers »Zement« betont dieses Motiv des Romans, macht es zum Zentrum seines Stücks und nimmt dem Stoff dadurch den Charakter eines bloßen Historiengemäldes der sowjetischen Revolutionszeit. Die Frau stellt die Verbindung her von der gesellschaftlichen Umwälzung zur menschlichen Emanzipation:

Tschumalow: Was für ein Mensch bist du geworden, kalt
Und fremd.

Dascha: Viel kann geschehn, Gleb, in drei Jahren.
Viel ist geschehn. Kalt war der Weg durchs Feuer.
Kennst du mein Leben. [...]
Der Herd ist kalt, ja. Wir haben eine Holzkrise, Genosse Tschumalow.
Nimm das zur Kenntnis. Wenn du frierst, heiz dich
Mit Arbeit. Daran ist kein Mangel, [...]
Fremd bin ich dir. Kannst du die Zeit zurückdrehn.
Kann ichs. Wenn ich es wollte. Und ich wills nicht.
Soll ich begraben im Familienbett
Ersticken unter dir auf einem Laken
Was mir so teuer ist, weil es so viel
Gekostet hat, Tränen Schweiß Blut: meine Freiheit.
Merk dir Genosse, wenn einer hier mein
Besitzer ist, bin ich das. (P 2, S. 75 f.)

Die Freiheit der Frau wird – wie alles in der Revolution – durch einen Akt der Selbstverleugnung erkämpft. Die Lust käme einer Niederlage gleich. Diese Selbstverleugnung erzeugt die Härte Daschas gegen das Verlangen Glebs. Ihre Mutterschaft hat sie an die Zeit vor ihrer Emanzipation abgegeben, die gemeinsame Tochter verhungert im Heim: aus Mangel an Nahrung im Hungerjahr 1921 und zugleich aus Mangel an Liebe. Als Gleb Dascha an ihre Mutter-Pflicht erinnert, schiebt sie ihm die Verantwortung zu: »Gut Gleb. Wenn du sie füttern willst. Bleib du/Zu Hause. Spiel die Mutter für dein Kind. Ich/Hab keine Zeit.« (77) Doch auch Gleb holt die Tochter nicht, die Müller in dem Moment sterben läßt, da ihr Vater die Genehmigung für den Aufbau des Werks erkämpft hat. Beide Revolutionäre wollen die »große Produktion«, den Bau einer neuen Welt und zahlen den Preis: die (alte) Liebe, das Kind.

Dascha ließ sich *für ihren Mann* foltern ohne zu sprechen, ähnlich wie Gorki/Brechts »Mutter« *für ihren Sohn* zur Revolutionärin wurde. Dascha wurde aber auch zur Geliebten todgeweihter

Revolutionäre: »Es war wie eine Arbeit [...] Manchmal war es mehr.« Zwar erklärt sie, Gleb noch zu lieben, ist auch »stolz« auf ihn, wenn er als Held der Arbeit gefeiert wird. Aber es ist eine andere Liebe, gekürzt um Elemente der ›alten‹ Erotik, auf die zu verzichten Gleb abverlangt wird: sie »gibt sich ihm nicht mehr hin«, »gehört ihm nicht mehr«. Ihr argumentatives Verhalten setzt alle Besitzermetaphorik in der Sexualität außer Kraft – damit aber auch die Liebe selber. Dascha zersetzt ihre Identität in die Bestandteile ihres Begehrens, ihrer politischen Vernunft und ihrer Kampfesfähigkeit. Diese Zersetzung ist ihre Emanzipation zur Frau, die sich unterscheidet von der *Mutter* und *Geliebten* – nicht aber (noch nicht) von der *Kämpferin*. Damit wird die Ambivalenz der Verwandlung der Subjekte in »Zement« erkennbar: das Weiche, Mimetische, die Nachgiebigkeit geht verloren. Neben der Einsicht, daß die Verhärtung notwendig ist, steht der Zweifel, ob den Subjekten nicht auch diejenige Weichheit genommen wird, die den Aufbau neuer Beziehungen allererst ermöglicht. Das Stück zeigt Verlust, Tod und Mangel. Es läßt offen, ob und wie der Gewinn, das Leben, die Fülle wirklich eintreten werden.

»Medeakommentar«, die Szene 10, in der sich Dascha expliziert, ist auch der Kommentar der Frau zur Revolution. Er zeigt, daß der Aufbau (für den Glebs Glaube ans Werk und sein Einsatz dafür steht) mit Zerstörung einhergeht. Dascha verläßt Gleb ohne Grund, verleugnet die Mutterschaft und damit die eigene organische, naturwüchsige Zukunft. So wie sie in Gleb das »Alte« bearbeitet – »Willst du ihn kennenlernen, Gleb, den Junker/Den Bourgeois, den Weißen, der in dir steckt.« – so auch bei sich selbst:

> »In mir ist etwas das den Junker will, Gleb
> So wie der Hund die Peitsche will und nicht will.
> Daß muß ich aus mir reißen jedesmal
> Wenn ich mit einem Mann im Bett lieg.
> (P 2, S. 107)

In dir, *in* mir – Daschas Versuch, die Lust umzuwälzen, führt sie in den Bereich des ›Widernatürlichen‹: »Vielleicht wird unser Leben leichter sein/Mit einem toten Kind« (107) und: »Ich will kein Weib sein. – Ich wollt ich könnt mir den Schoß ausreißen.« (107) Die Emanzipation aus den ›natürlichen Banden‹ führt zur Absage an die Zukunft. Nur die Absage an die natürliche Geburt ermöglicht die Geburt der neuen Zeit.

> »Wie lange wird es dauern, bis der Mensch
> Ein Mensch ist. Was sucht ihr, wenn ihr euch zerreißt

Einer den andern wie ein Kind seine Puppe
Weil es nicht glauben will, daß die kein Blut hat.«
(P 2, S. 108)

Ein Wesen, das zugleich Maschine und Tier ist, wird *während*
des Umwälzungsprozesses gebraucht (eine Einsicht, die Müller in
»Mauser« auf seine Konsequenzen befragt). Den neuen Menschen
kann es nicht geben, solange noch das Hartwerden gefordert ist.

Die Szene »Frau am Baum« demonstriert die Spannbreite dieser
Härte: um Badjin und seine politische Mission zu retten, läßt sich
Dascha gefangennehmen. An einen Baum gefesselt und dem Tod
geweiht, wird ihr von dem weißen Offizier das Angebot gemacht,
das Leben für einen Beischlaf zu erkaufen:

> *Offizier:* [...]
> Aber vielleicht zieht die Genossin meine
> Kosaken vor. Das Volk.
> (Zerreißt ihre Bluse)
>   Wollt ihr sie haben.
> Hast du gesehn wie ihnen das Maul trieft. Tiere.
> Meine Kosaken. Sie lassen sich für mich
> In Stücke schneiden.
> (Der stumme Kosak stürzt sich auf die Frau. Der Offizier
> erschießt ihn.)
> *Offizier* (ihre Brust streichelnd:)
> Tiere. Schafft ihn weg.
> *Dascha:* Ihr habt sie zu Tieren gemacht. Ihr seid die Tiere.
> [...]
> *Offizier:* Mein Angebot: Ich oder meine Tiere.
> [...]
> *Dascha:* Ich warte immer noch auf meinen Tod.
> (P 2, S. 96 f.)

Daschas Entscheidung für den Tod ist Ausdruck ihrer Emanzipation. »Die Privilegien, Krieger/Sind abgeschafft. Der Tod ist für
alle« (74), weist Dascha Glebs Hinweis auf seine drei Kampfes-
jahre, für die er jetzt die Liebe seiner Frau beansprucht, zurück.
Die Revolution hat dem Mann das Vorrecht auf eine Beziehung
zum Tod genommen. »Zement« führt die Revolution der menschlichen Beziehung vor als Eroberung einer Beziehung zum Tod auch
für die Frau, die im Bild des Mannes von ihr nur eine zum Leben
haben darf. Nur der Mann, zumal der revolutionäre, kämpfende,
hatte zuvor »den Tod vor Augen«. Die Geliebte/Mutter wird zur
Frau, indem sie für sich das Verhältnis zum Tod gewinnt. Wie der
»Herr« bei Hegel zum Souverän, so wird sie zur Frau, damit zum
Menschen, indem sie das Leben wagt. »Besitzer gibt es nicht mehr«

ist die Antwort Daschas auf Glebs Frage: »Bist du noch meine Frau.« Besitzer und Tier, Herr und Knecht – das ist der alte Mensch. Aber gerade in Zeiten radikaler Umwälzung mischt das Neue sich mit archaischer Regression. Wie die Arbeiter des Zementwerks wieder zu Bauern und Hirten werden, so wird die Hausfrau und Mutter zur Medea-Frau, die den todverfallenen Körper verflucht und gleichwohl die Fähigkeit, den Tod zu wollen, als Freiheit begreift, wird der Revolutionär Gleb zum vorzeitlichen Krieger.

Daschas Kompromißlosigkeit erinnert an die radikale Verbitterung des ausgestoßenen Philoktets, an den Nihilismus Fondraks, der sich nicht einfügen will. Die Destruktivität der Frau aber, die von Flinte 1 (»Die Bauern«), Schlee (»Der Bau«), Dascha bis zum Medeaspiel, dem Prosatext »Todesanzeige« und zur Ophelia/Elektra der »Hamletmaschine« führt, ist gleichwohl das Sinnbild der Befreiung, die sich zunehmend im Bild der wahnsinnigen, schizophrenen, verrückten, zum radikalen Hassen befähigten Frau konkretisiert. Alle diese Frauen in Müllers Werk kommunizieren miteinander: die Verstoßung der einen wird in der Rache der anderen aufgehoben, die Lebenstüchtigkeit und Vorbildlichkeit einerseits durch die rücksichtslose Individualität bis hin zur Persönlichkeitsspaltung andererseits. Die Frauen kommen in Müllers Werk nicht zur Vernunft, sondern die Unvernunft kommt in ihnen zu Wort – und zwar ohne den optimistischen Oberton, der noch in der Rachephantasie von Brechts Seeräuber-Jenny mitschwang.

> *Dascha:*
> Ich muß allein sein, Gleb, für eine Zeit.
> Ich liebe dich. Aber ich weiß nicht mehr
> Was das ist, eine Liebe. Wenn sich alles umwälzt.
> Wir müssen sie erst lernen, unsre Liebe.
> (P 2, S. 110)

Wenn am Ende des Medeakommentars Polja, die romantische Kriegerin, und Dascha, die harte Revolutionärin sich den um sie werbenden Männern verweigern, korrespondiert ihre ›Kälte‹ keiner Vernunft, sondern radikaler Unverständlichkeit auch über sich selber.

> »Draußen der Hunger, die Revolution keucht in der Blockade, und hier stehn wir herum und sehnen uns danach, unser Fleisch aneinanderzureiben, aber die Luft steht wie Beton zwischen uns.« (P 2, S. 116)

Gleb spricht hier in der Metaphorik ›tierischer‹ Sexualität und bestätigt damit den Vorwurf Daschas gegen die Männer: »Tiere seid ihr alle« – nicht nur die Kosaken und ihr Offizier, sondern auch Gleb und Badjin. Die Frauen greifen nun zum Gewehr. »Halb noch ein Weib und halb aus Eisen« sind sie selber das Instrument der tödlichen Jagd – auf sich selber, auf das Bild, das der Mann sich von ihnen macht und in dem sie (zu) lange sich wiedererkannten. Der Schlag in dieses Spiegelbild der Selbstentfremdung zerschlägt das Abbild der Frau nur, um dahinter ihr wahres zu offenbaren. Das aber ist – für die Männer wie für die Frauen selbst – Rätsel. Die Ideologie des genitivus possessivus: die Frau des Mannes, zerbricht, der Spiegel dieser Ideologie zersplittert – zurück bleiben nur Bruchstücke und Fremdheit. Iwagin, der Polja unerwidert liebt, sagt zu Dascha:

»Ich habe Sie immer bewundert. Sie sind eine Medea. Und eine Sphinx für unsere Männeraugen, hab ich recht Genosse Tschumalow, die vom Wundstar unserer Geschichte geblendet sind. Medea war die Tochter eines Viehhalters in Kolchis. Sie liebte den Eroberer, der ihrem Vater die Herden wegnahm. Sie war sein Bett und seine Geliebte, bis er sie wegwarf für ein neues Fleisch. Als sie vor seinen Augen die Kinder zerriß, die sie ihm geboren hatte und in Stücken ihm vor die Füße warf, sah der Mann zum erstenmal unter dem Glanz der Geliebten, unter den Narben der Mutter, mit Grauen das Gesicht der Frau.« (P 2, S. 114)

Die Frau, die sich emanzipiert, ist für den Mann zunächst das Böse. Müller führt vor, wie dem Mann das alte Bild der Frau, dieser ihre Fähigkeit verloren geht, sich selbst zu begreifen. Aber es fehlt bezeichnenderweise in seiner Ökonomie völlig das Bild des Neuen. Dascha ist Flintenweib und Tier zugleich, das masochistisch nach der Peitsche verlangt, neuer Mensch, als der sie die hergebrachte Menschlichkeit erst einmal verliert im Prozeß einer Selbstaufklärung, bei der sie sich und anderen zur rätselhaften Sphinx wird. In dieser Komplexität symbolisiert die Frau zugleich das revolutionäre Prinzip selbst. Wie Müllers Texte bearbeitet die Revolution/die Frau das Moment der Passion/Passivität als archaische Erbschaft des Einzelnen wie der Sozietät.

»Die Begleiter einer Geburt sind Blut und Tränen«, schrieb Irene Böhme über »Zement«. Aber es bleibt sogar unbestimmt, ob diese Geburt tatsächlich neues Leben bedeutet. Der Anteil des Mythischen am marxistisch begriffenen Geschichtsprozeß wird den in (ihre) Geschichte verwickelten Menschen als Unfreiheit, Todverfallenheit und Zwang offenbar. Das Archaische, das im Niemandsland einer jeden Umwälzung zum radikal Neuen wirkt, konkretisiert sich im Todestrieb, von dem die Revolutionäre sich befreien wollen. »Fangt den Kosaken«, ruft der Konterrevolutionär zu Polja und Gleb, bevor er sich lachend in die Schlucht stürzt. Der immer wieder kritisierte »Epilog«, die »Befreiung der Toten«, in dem der Tschekist die Feinde der Revolution, die sich um ihrer »Heimat« willen ergeben haben, in den Aufbau der neuen Gesellschaft integriert, zeigt den Versuch, diese Archaik zu durchbrechen. Aber es entsteht am Ende der blutigen Geburt keine optimistische Positivität, bei der Beruhigung über die Schrecken einträte. Die mythischen Bilder halten die Frage fest, ob und wie sehr das Archaische fortwirkt, die Tödlichkeit der sexuellen Konnotationen fragt, ob eine romantische ›Harmonie‹ der Geschlechter nicht bloße Träumerei bleibt, und was die *Opfer* des Neuen angeht, (das Kind, und die ›alte‹ Menschlichkeit) so läßt Müller offen, ob nicht das Opfer *für* das Morgen dieses Morgen selbst sein könnte. Was entsteht, ist so tief von den Bedingungen seiner Entstehung geprägt, daß es sich als sinnlos erweist, unter der Asche des revolutionären Feuers das unversehrte Ideal zu suchen. Die Geburt des neuen Menschen *ist* der Tod des alten – keine Harmonisierung macht aus diesem Bruch eine stimmige »Entwicklung«. »Zement« zeugt von einem »grausam-gründlichen« Blick auf die »Ungeheuerlichkeit« der Revolution (Marx):

»Proletarische Revolutionen [...] kritisieren beständig sich selber, unterbrechen sich fortwährend in ihrem eigenen Lauf, kommen auf das scheinbar Vollbrachte zurück, um es wieder von neuem anzufangen, verhöhnen grausam-gründlich die Halbheiten, die Schwächen und Erbärmlichkeiten ihrer ersten Versuche, scheinen ihren Gegner nur niederzuwerfen, damit er neue Kräfte aus der Erde sauge und sich riesenhafter ihnen gegenüber aufrichte, schrecken stets von neuem zurück von der unbestimmten Ungeheuerlichkeit ihrer eigenen Zwecke, bis die Situation geschaffen ist, die jede Umkehr unmöglich macht und die Verhältnisse selbst rufen: Hic Rhodus, hic salta! Hier ist die Rose, hier tanze!« (MEW 8, S. 118)

»Philoktet«, geschrieben 1958–1964, wurde 1965 in »Sinn und Form« abgedruckt und im folgenden Heft mit einer Interpretation Werner Mittenzweis kommentiert, die in ihrer Grundthese die folgenden Deutungen in Ost und West geprägt hat. 1968 wurde das Stück in der BRD uraufgeführt, in der DDR in einer marginalen Inszenierung erst Mitte der 70er Jahre gespielt und wenig beachtet. Unter dem Leitgedanken Mittenzweis, »Philoktet« sei ein Antikriegsstück, wurde die erste Antikenbearbeitung Müllers durchweg als ein Werk qualifiziert, das im Bereich des Imperialismus seinen moralischen Platz hat, dessen Bedeutung für die DDR selbst aber nie recht plausibel gemacht werden konnte.

In Wahrheit gehört Müllers Version des Philoktet-Mythos gerade in eine politische Landschaft, in welcher der Marxismus-Leninismus theoretisch und praktisch Geltung besitzt, in der die Realpolitik einer marxistisch-leninistischen Partei das Leben determiniert, wo der Sieg im Klassenkampf das unbefragbare Ziel politischer Praxis ist, wo interne Abweichungen von der Parteilinie als äußerste Bedrohung dieses Zieles gelten. Mit keiner Zeile wird in Müllers »Philoktet« inhaltlich angedeutet, der Sieg über Troja könne als Allegorie auf den Sieg im Klassenkampf gedeutet werden. Und doch ist nicht zu übersehen, daß der Wegfall aller positiven Bestimmungen des Kampfziels – es reduziert sich auf einen abstrakten ›Sieg‹ – auch der kommunistischen Bewegung widerfuhr, die jeden politischen Schachzug, den Moral verurteilen mußte, mit dem Hinweis auf den zukünftigen Sieg des Sozialismus rechtfertigte. So läßt »Philoktet« sich lesen als Entfaltung der inneren Probleme kommunisitischer Politik, umso mehr, wenn man bedenkt, wie eindeutig alle anderen Texte Müllers als Versuche zu gelten haben, die Probleme des *eigenen* politischen Denkens künstlerisch zu bearbeiten. Eher kann es verwundern, daß die allegorische Ebene der »Philoktet«-Bearbeitung nicht deutlicher ins Blickfeld geriet: die immanente Tragik des Marxismus-Leninismus als Macht- und Realpolitik, als moralisches Postulat und als Organisation, die gnadenlos auch die eigenen Mitstreiter aus der Geschichte verbannte, wenn es erforderlich schien. Was ist Philoktet anderes als ein *Ausgeschlossener*? Müllers Bearbeitung zeigt die tragische Fabel des Versuchs, das Opfer, den Ausgestoßenen, zurückzugewinnen für den Kampf, in dem er ›gebraucht‹ wird.

Philoktet ist der berühmte Bogenschütze, der von den Griechen auf ihrer Fahrt nach Troja auf der verlassenen Insel Lemnos ausgesetzt wurde. Bei Müller erscheint schon der Grund für die

Aussetzung tragisch zugespitzt: Philoktet hatte den Griechen durch seinen Mut ermöglicht, ein Opfer für Poseidon darzubringen, zu dessen Altar eine Schlange den Zutritt verwehrte. Odysseus zu Philoktet:

> »Dem brüllenden Gott das Opfer war verhindert
> Um den Altar gebogen lag die Schlange
> Was allen aufgeben war von allen
> Den Gang in ihren Biß hast du getan
> Den Weg nach Troja, unsrer, war dein Fuß.«
> (M, S. 36)

Doch eben dieser Fuß, der den Fort-Schritt der Kämpfer ermöglicht hat, wird von der Schlange gebissen, und die grauenvoll schmerzende Wunde wird zum Hindernis des *nächsten* Opfers: bei diesem nämlich ist Schweigen vorgeschrieben, in das hinein der Verletzte seinen Schmerz brüllt. Dankbarkeit gibt es nicht. Der ›im Dienst‹ verletzte Fuß wird zum Grund, den Helden von eben zu verstoßen, damit er jetzt den Sieg nicht gefährdet. Zehn Jahre verbringt Philoktet auf der einsamen Insel allein mit seinem unfehlbaren Bogen, den er einst von Herakles erhalten hatte. Da entsinnen sich die Griechen ihres Helden, um nach lange vergeblichem Kampf Troja endlich zu besiegen: Philoktets Mannschaft ruft nach ihrem Feldherrn. Damit sie sich nicht weigern, den Kampf fortzusetzen, soll Odysseus (der ihn im Auftrag der Griechen damals selbst verstieß) Philoktet zurückholen, begleitet vom Sohn des toten Achill, Neoptolemos: der Listige, in jeder neuen Lage neu Nachdenkende und der Unbescholtene, Junge, der bei Philoktets Aussetzung nicht dabei war und deshalb von dessen Haß auf die Griechen kaum betroffen sein kann. Kompliziert wird die Lage durch den Umstand, daß Neoptolemos Odysseus haßt, weil dieser ihm – wiederum im Dienst der Sache – sein Erbe, die Rüstung seines gefallenen Vaters, stahl, um seine eigenen Truppen im Dienst zu halten. Derart verstrickt in haßvolle, unter Kampfbedingungen entstandenen persönlichen Beziehungen, beginnt das Stück mit der Ankunft von Neoptolemos und Odysseus auf Lemnos – analog zum Beginn der Sophokleischen Tragödie. Fast so unentwirrbar verknotet wie die geschilderte frühere Situation, als Philoktet geopfert wurde, erscheint zu Beginn die Lage. Deutlich wird jedoch: Odysseus als Exponent der Griechen versucht die Ausstoßung des geopferten Mitkämpfers von einst *ungeschehen* zu machen – als würde ein in der Stalinzeit eingekerkerter Kommunist nach vielen Jahren rehabilitiert, als würde eine Gerechtigkeit, die lange nicht zählte, plötzlich wieder Geltung erhalten. »Philoktet«

stellt in allegorischer Verhüllung die Frage, ob und wie dieser Prozeß gelingen kann.

Müllers Stück, nicht in Akte und Szenen unterteilt, läßt sich in sieben Szenen gliedern. Zu Beginn macht Odysseus den jungen Neoptolemos mit seinem Plan vertraut, wie Philoktet zur Rückreise zu bewegen sei. Neoptolemos soll sich zunächst mit Lügen in Philoktets Vertrauen einschleichen und ihm dann den Bogen aus der Hand schwatzen. Nur ohne den Bogen ist Philoktet zu überwinden und auf das Schiff zu bringen. Doch Neoptolemos will nicht lügen, seine Moral nicht beflecken, sondern im offenen Kampf Philoktet zur Übergabe des Bogens zwingen. Odysseus überzeugt den Jüngeren von der Notwendigkeit der Lüge: unter den Bedingungen des Kampfes kann es die Tugend der ›Reinheit‹ nicht geben, jedes Mittel ist recht, und Neoptolemos muß diese Lektion lernen. Macht- und Realpolitik gehen als oberstes Prinzip aller Prinzipientreue vor, auch dem persönlichen Wunsch, in der Situation des Kampfes individuell ein reines Gewissen zu wahren:

> *Odysseus:*
> Zum Dieb und Lügner bist du schlecht begabt
> Ich weiß es. Süß aber, Sohn Achills, ist der Sieg.
> Drum einen Tag lang, länger brauchts nicht, schwärz
> Die Zunge, dann in Tugend wie du willst
> Solang sie dauert, leb du deine Zeit.
> Ins Schwarze gehn wir alle, weigerst dus.
> *Neoptolemos:*
> Aus faulem Grund wächst wohl ein Gutes nicht.
> *Odysseus:*
> Eins ist der Grund, ein andres ist der Baum.
> *Neoptolemos:*
> Den Baum nach seiner Wurzel fragt der Sturm.
> *Odysseus:*
> Den Wald nicht fragt er.
> *Neoptolemos:*
>   Den das Feuer frißt.
> *Odysseus:*
> Oder, den Grund umgrabend ganz, die Flut.
> Am dritten stirbt das andre, was kommt geht
> *Und weitres reden wir auf Trojas Trümmern.*
> (Hervorh. d. Verf.) (M, S. 11 f.)

Odysseus bricht hier die Reflexion ab: die Praxis drängt, der Sieg ist alles. Er richtet es ein, daß Neoptolemos sogar mit der Wahrheit – dadurch besonders glaubhaft – lügen wird: er soll sich als der von Odysseus Betrogene darstellen der er ist, dem es ähnlich wie Philoktet ergangen ist, und so dessen Vertrauen zu ihm als einem

Bündnispartner gegen den gemeinsamen Feind gewinnen. Dann wird er ihm den Bogen abnehmen. Das Stück zeigt nun, daß Neoptolemos es nur für kurze Zeit über sich bringt, seine Moral zu verleugnen: er zweifelt, geht einen Schritt zurück, verkennt, daß seine Moral nicht das Gesetz der Wirklichkeit ist. Er will seine fiktive Identität – die des im Kampf Unbescholtenen – erhalten, und wird gerade dadurch zum Unmenschen. Seine Schwankungen, die den Plan immer wieder hintertreiben, dem Geschehen immer wieder neue Wendungen geben, treiben Philoktet und Odysseus in die Notwendigkeit, sich zu explizieren, sich auf immer wieder neue Lagen einzustellen. So bringt er in naivem Vertrauen darauf, der verbitterte Philoktet werde die moralische Handlung freudig begrüßen, dem Ausgestoßenen heimlich den Bogen zurück. Aber Philoktet belehrt ihn, daß es in der Geschichte kein Zurück gibt. Was dem Ausgestoßenen angetan wurde, hat seine Menschlichkeit vernichtet:

> »Spät nimmst du deine Hand aus ihrer Sache
> Du änderst nichts mehr, ändernd deinen Sinn
> Nichts ist ihm selber, nichts euch Philoktet mehr
> [...]
> Nichts bin ich, seit ich mir entgangen bin
> Euch zu entgehn auf meiner eignen Spur.
> Behalt, wirf weg oder zerbrich was mein war.«
> (M, S. 33)

Nicht anders rügt ihn Odysseus, der hinzustürzt, um ihn im letzten Moment an der Übergabe des Bogens zu hindern:

> Hättst du das Lügen länger ausgehalten.
> Wasser genug wär unterm Kiel die Meerflut
> Den Fleck dir abzuwaschen, nicht dein Blut
> Für deine Wäsche brauchtest du, nicht unsers
> Und auf dem Weg zur Heilung wär der Kranke.
> Hätt ich zum Helfer einen Stein gewählt
> Taub für die Stimme, süß durch langes Schweigen
> Und blind für sein Gesicht, im langen Ausland
> Vom eignen Fuß verkehrt zur eigenen Maske.
> [...]
> So weit sind wir gegangen in der Sache
> Im Netz aus eignem und aus fremdem Schritt
> Daß uns kein Weg herausgeht als der weitere
> Spuck aus dein Mitgefühl, es schmeckt nach Blut.
> (M, S. 34 f.)

In Neoptolemos wird der Idealismus des Terrorismus überführt. Die Sätze der Rechtfertigung gegen die Lüge als politischer Praxis

(»Nicht solchem Sieg will ich mein Leben danken«) erinnern an die Reinheit der »Iphigenie« von Goethe, die eher den Fluchtplan verraten will, als für sein Gelingen zu lügen. Es sind noch immer barbarische Zeiten, in denen die »schöne Seele« sich auf Kosten der anderen rein halten will. Als Neoptolemos um seine Prinzipien mit Odysseus kämpft, fällt der Bogen Philoktet wieder in die Hände. So hat sich Neoptolemos selber in eine ausweglose Lage gebracht.

»Durch die Unfähigkeit, in einer bestimmten Situation den notwendigen Schritt zu tun, gerät er in eine Situation, wo er weniger Auswahlmöglichkeiten hat. Weil er nicht lügen will, muß er töten.« (Müller, »Sinn und Form« 1966 in: P1, S. 145)

Philoktet, so erkennt Neoptolemos entsetzt, ist nicht das moralische Wesen, das er idealistisch im andern vermutet, Philoktet will nur noch Rache an Odysseus – und Neoptolemos ersticht ihn hinterrücks, um Odysseus, den man für den Sieg braucht, zu retten.

Selten ist erbarmungsloser die innere Dialektik von Ideal und Macht als unlösbarer Konflikt gestaltet worden. Die reine Moral verlangt einerseits die *reale* Umsetzung in Veränderungen menschlichen Zusammenlebens (den ›Sieg‹), andererseits will sie sich den dazu unter Umständen unvermeidbaren unmoralischen Handlungen verweigern. So gerät sie in eine Sackgasse. Müller läßt jedoch nicht zu, daß der mit Recht Verbitterte (Philoktet) oder der unbeirrbare Realist (Odysseus) im Recht bleiben.

Philoktet ist die komplizierteste Figur. Als er erkennen muß, daß seine Bereitschaft, einem Menschen (Genossen, Griechen) allem ihm zugefügtem Leid zum Trotz noch einmal zu vertrauen, mißbraucht wurde, verbohrt er sich endgültig in die einzige Identität, die ihm bleibt: den namen- und grenzenlosen Haß. Philoktet symbolisiert das gewaltsam aus der Geschichte ausgestoßene Subjekt, dessen Identität nun vom Ausschluß bestimmt ist. So verlor er den Bezug zur Zeit selbst, dem Medium von Geschichte. Fast die erste Frage an Neoptolemos ist:

>   »Sag mir, wie lang
>   War ich in meinem Krieg mein eigner Feind.
>   Der ging mich an mit schrecklicheren Waffen
>   Als Trojas eisenstarrende Mannschaft euch.«
>   (M, S. 18 f.)

Ergänzt wird:
>   »Beeil dich mit der Antwort. Ob zehn
>   Ob hundert Jahr, kein Gott wälzt die zurück.«
>   (M, S. 19 f.)

Odysseus wird versuchen, diese Jahre »zurückzuwälzen«, aber es mißlingt. Das Geschehene ist unwiderruflich, denn es hat das Opfer in einen anderen verwandelt, der nicht in den Kampf zurückkehrt. Allerdings ist Philoktet selbst nicht ohne Unsicherheit. Man findet in der Selbstanklage des Ausgesetzten, noch einmal Vertrauen zu einem Menschen, einem Griechen, gefaßt zu haben, die Bitte um den Gnadenschuß, nachdem definitiv die Absage an jede Verbindung zur Menschheit/Gesellschaft/Gemeinschaft gefallen ist. Aber man hört einen polyphonen Monolog von Selbstanrede und Widerrede, in dem verschiedene Stimmen im waffenlosen Philoktet sprechen: der Wunsch, den Tod des Feindes zu schmecken, der Wunsch, die Lust am Töten zu erleben, dann wieder die Einsicht, daß er die letzte Chance erhält, das Leben neu zu lernen, geheilt zu werden, in die Gemeinschaft der Menschen, der Geschichte zurückzukehren, allerdings »vor Troja schlachtend«, statt im friedlichen Melos lebend. Es gibt nur die Alternative zwischen dem sicheren Tod des Verhungerns und der Bereitschaft zum Kampf gegen den Feind der Griechen. So ist nicht eindeutig auszumachen, ob die folgende Passage bloß sarkastisch oder als ernste Rechenschaft über die eigene Lage gemeint ist:

> »Du wirst gebraucht, du bist ein Netz wert wieder.
> Renn, Fisch, um deinen Platz in seinen Maschen.
> Und wenn die Pest erstickt an deinem Schritt
> Die Nasen sind im Dienst, du stinkst nicht mehr.
> Was hält dich Fuß? Lieber ein anderes Schiff?
> Da ist kein anderes und war keins zehn Jahr lang.
> Die Fessel hat kein Loch als in die Fessel
> Und keinen Freund als deinen Feind hast du,
> Schluck deinen Haß, die Nahrung, lang gekaut
> Die dich erhielt im Wechsel mit den Geiern
> Dank deinem Feind auf allen Knien: er gab sie
> Und spar sie auf in Winkeln deines Leibs
> Bis deine Rache ihren Hunger stillt.
> (M, S. 28)

Die Kraft zum Überleben bezog der Ausgesetzte und Verletzte aus dem Wunsch zur Rache an Odysseus, dem Exekutor seines Schicksals und des Willens der Gemeinschaft (»Auf deinen Tod die Hoffnung war mein Leben«). Eben deshalb konnte das Bündnis, das Neoptolemos mit ihm schließen wollte, zum Köder werden, mit dem Philoktet in die »blutsaufende Gemeinschaft« zurückzuholen ist. Gegen dieses Kalkül, das Philoktet durchschaut, kann er den Triumph des Schmerzes halten, der in keinem Kalkül aufgeht und deshalb die einzige Gewähr für die Identität Philoktets bietet:

>Ich war die Wunde, ich das Fleisch, das schrie
Der Flotte nach und dem Gesang der Segel
Ich der die Geier fraß unter dem Reißzahn
Wohnend der Jahre. Ich und ich und ich.
Mit hohem Preis gekauft mein Haß gehört mir.«

Mit der Eigensinnigkeit des überdimensionalen körperlichen Schmerzes hat Odysseus nicht gerechnet. Aber dieser Schmerz ist zugleich das, was Philoktet wieder in die Arme seiner Feinde treiben kann:

>Der Fuß schnappt nach dem Weg, der ihm verspricht
Den andern Fuß heil zur Gesellschaft wieder
Das Bleigewicht der Schmerzen leiht ihm Flügel
Mächtig der Köder schleppt das faule Fleisch.
[...]
Lauf, Einbein, in den Schlamm, der alles heilt
Die alte Wunde mit der neuen Kränkung
Den Stinkenden mit dem Gestank der Schlacht.«
(M, S. 28 f.)

Will Philoktet nicht auf der Insel in Natur zurückfallen, in eine Mischung zwischen totem Gestein und Tier, dann bleibt ihm nur die unmenschliche Teilnahme an der Schlacht (der Geschichte), der entfremdete ›Dienst‹ vor Troja, mit dem Philoktet sich nicht mehr identifizieren kann. Ein drittes, die Identität rein idealer, moralischer Selbstbeziehung, die Neoptolemos als Fiktion aufrechterhält, gibt es nicht. Aber auch Philoktets Suche nach Identität durch Haß ist nicht realisierbar. »Wären wir unsterblich/Daß ich dich töten könnte jetzt und immer« (35), sagt er in dem Moment, da er Odysseus umbringen kann. »Warum hat mir der Gott verweigert Augen/Zu sehen meine eignen sehnden Augen/Warum dem Augenblick die Dauer?« (38) Der Haß ist als Impuls bloß *Moment*, er kann keine Identität als Selbstbegegnung verschaffen, weil der Tod des Feindes, den er herbeiführt, zugleich das Ende der Selbstbeziehung des Hassenden bedeutet. In einem fast absurden Bild hat Philoktet das schon vorher zugegeben, als er von der Vorstellung berichtet, sein Nicht-Sein auf Lemnos im Töten der Geier zu überwinden: nur im brechenden Auge des sterbenden Tiers gäbe es einen »Augenblick« der Selbstbegegnung, erkämpft mit dem Tod:

>Mein Schrecken war: mein Feind hat kein Gesicht.
Könnt ich mir selber in die Augen sehn
Den Wind mit Pfeilen an die Sonne nageln
Der mir das Meer mit Wellen fleckt, den Spiegel.
Im Aug der Geier säh ich mich vielleicht

Doch bringt mir nur der Pfeil die nah genug
Der blind macht ihren Blick zugleich für meinen.
Nicht vor dem Sterben säh ich mein Gesicht
Und länger nicht als einen Augenblick lang.
Gern für den Augenblick wär ich gestorben
Gern, lang zu sehen mich, den langen Tod.
(M, S. 19)

Nur Odysseus hat in der Identifizierung mit der eigenen Instrumentalität eine Identität gefunden. Ihre Tragik bleibt gleichsam *stumm*, denn er beherrscht auch am Ende wieder souverän die Lage, auf deren Veränderung er ohne Zögern eine neue Antwort weiß. Doch eine Reihe von Passagen zeigt, daß Reflexivität – aller zynischen Machtpolitik zum Trotz – ihm noch eigen ist. Am Ende stöhnt er unter der Last der Zerstörung, die er organisieren muß, mit Blick auf die Leiche Philoktets zu seinen Füßen:

»Ich wollt mich nähm ein Gott in seinen Schlaf.
Roll mir den Himmel aus den Augen, Donner
Reiß mir die Erde von den Füßen, Blitz.
Er tuts nicht.«
(M, S. 40)

Aber ein wenig später korrigiert er sich:

»Und laß uns schnell gehn, eh der Gott voreilig
Merkt mein Gebet und schlägt in Schlaf mich wirklich
Mit schwarzem Flügel und ein Schlächter weniger
Kehr heim auf jene Küste, die von Blut schwappt.«
(M, S. 40)

Das tiefere Problem liegt dort, wo Odysseus in Frage gestellt wird, nicht als Realist von der Moral, sondern auf der Ebene des Realismus selbst. Die einfachste Formel für dieses Problem lautet: Es gelingt nicht, daß machtpolitisch Geopferte zurückzugewinnen, wenn es wieder gebraucht wird. Der Pragmatiker glaubt, alles in jedem Augenblick ändern zu können: die eben noch verteidigte Parteilinie ändern, gnadenlos Verletzte rehabilitieren, weitgehende Abweichungen korrigieren zu können. Philoktet aber weigert sich. Das Opfer ist unwiderruflich. An diesem Punkt ist die scheinbar unangreifbare Identität von Odysseus als sachdienliches Instrument erschüttert. Wer sich in realpolitische Lüge und Betrug so weit einließ, um den Sieg zu sichern, muß damit rechnen, daß er selbst wie die Opfer sich nurmehr als das zu erblicken vermag, was aus ihm historisch wurde. Konkret: Problematisch wird für den Marxisten die Berufung auf den ›eigentlichen‹ Kommunismus gegenüber der zeitweiligen ›Lüge‹ des Stalinismus. Das Opfer der

Lüge und der Lügende selbst sind *nur noch, was sie wurden.* Daher trifft Philoktet Odysseus zum einzigen Mal – und hier entscheidend – wenn er ihn nicht erkennt:

> *Philoktet:*
> Was für ein Schritt? (Odysseus, Neoptolemos)
> *Odysseus:*
> > Du kennst ihn, Philoktet.
> *Philoktet:*
> Wer nennt mich mit der unvergessenen Stimme?
> *Odysseus:*
> Der deine Stimme nicht vergessen hat
> Seit er dich vor die Geier warf im Dienst.
> *Philoktet:*
> Den so Verwundeten im gleichen Dienst.
> *Odysseus:*
> Den nicht mehr Dienlichen mit solcher Wunde.
> *Philoktet:*
> Den Philoktet
> *Odysseus:*
> > Dich
> *Philoktet:*
> > Bin ichs? Wer bist du?
> *Odysseus:*
> Odysseus, den du kennst. Spiel nicht den Blöden.
> *Philoktet:*
> Odysseus war ein Lügner. Wenn du der bist
> Und nennst mich Philoktet, bin ichs wohl nicht. (M, S. 29)

Die Verstrickung der Position von Philoktet und Odysseus wird hier zur paradoxen Identität an dem Punkt, wo die Identität explizit in Frage gestellt wird. ›Unvergessen‹ ist beiden die jeweils andere Stimme: dem Exekutor die des schreienden Ausgesetzten, dem Ausgesetzten die Stimme, die den Namen gibt – nicht von ungefähr die Stimme Gottes im Alten Testament. Der Name aber ist »Dienlich«. Für Odysseus sind alle Menschen Einsatzmittel im Dienst, das ›Brauchen‹ und ›Gebrauchtwerden‹ bestimmt die Identität. Sich brauchen, jemanden, etwas brauchen, d. h. (sich) zum Objekt machen können – das ist die einzige Qualifikation, die das Subjekt vor Odysseus' Augen hat. Nur als Objekt hat das Subjekt Existenz, sonst ist es ein Nichts. Philoktet ist nicht mehr als »Dienstlicher« ansprechbar – er ist identisch mit seinem Schmerz, seiner Isolation, wenn er fragt: »Bin ichs? Wer bist du?« Hätte Odysseus sich selber zu definieren, die Partei, die kommunistische Bewegung hätte vor der Frage des Ausgeschlossenen, den sie unter neuen Bedingungen wieder braucht, sich selber und ihre Ziele zu explizieren. Eben das ist für die Realpolitik nicht nur ein überflüssiger Umweg, sondern auch unmöglich geworden, hat doch der Sieg das benennbare Wofür als Maßstab längst verschlungen.

Philoktet droht mit Selbstmord, falls Odysseus ihn nach Troja verschleppen will. Er genießt, daß mit der Dauer seiner Abwesenheit sich der griechische Leichenberg häuft und sein Rachewunsch allein durch den Lauf der Zeit in Erfüllung geht, die damit in Konkurrenz zur Geschichtszeit, zur Handlung in der Zeit, zur Praxis tritt. Dem aus der Geschichte Ausgeschlossenen wird die reine Zeit für einen Augenblick zu einem imaginären Bündnispartner. Jedoch Odysseus hat noch einen Trumpf: der sich selbst vernichtende Philoktet würde »in seine eigene Leere« stürzen, während er in der Geschichte, in der Schlacht um Troja, den Ruhm vor der Nachwelt erhalten könnte. Wieder schwankt Philoktet und will nun (nur dieses eine Mal im Stück eindeutig) mit den Feinden gehen – und wieder ist es der Eifer, mit dem Neoptolemos ihm erneut den Bogen aushändigen will, der Odysseus zur Intervention provoziert (er erwägt die Unsicherheit solch spontaner Entschlüsse und reißt den Bogen an sich) und Philoktet indirekt in die alte Haltung zurückstößt. Der unerträgliche Anblick des Feindes Odysseus mit seinem Bogen in der Hand läßt ihn endgültig wünschen, auf der Insel zu sterben. Am Ende des Wegs steht der Zuschauer vor der Frage, ob der Alptraum, in dem Odysseus funktioniert, je ein Ende nehmen kann, wenn die Opfer unwiderruflich sind, jeder neue Schritt voran die Gestalt des Angestrebten immer weiter entstellt zum leeren Kreislauf des Schlachtens. Odysseus hat Neoptolemos in das Spiel hineingezogen, der blutige Krieg wird fortgesetzt. Vor der Abfahrt gibt Odysseus den Befehl, Philoktet zu begraben, damit er nicht den Geiern zum Fraß dient, besinnt sich aber dann, daß Philoktets Rückenwunde das Märchen von seiner hinterhältigen Ermordung durch Trojaner beglaubigen kann und befiehlt, den Toten nach Troja zu bringen, damit der Rachewunsch seiner Mannschaft den Impuls zum Weiterkämpfen geben kann. Der tote Philoktet wird diesen Dienst zuverlässiger erfüllen, als es der lebende vermocht hätte – damit wird vor dem ungläubig staunenden Neoptolemos die Lügenwelt der Realpolitik vollkommen:

> Neoptolemos:
> Austreten wird der Troer unsre Städte
> Folgt uns nach Troja der nicht, sagtest du.
> Odysseus:
> So sag ich. Und jetzt sag ichs anders. Nämlich
> Der kommt uns nicht mehr, sondern geht entbehrlich
> Mit heilen Füßen unten durch den Stein

Der Unentbehrliche in sieben Stürmen
Und ausgehn muß der Krieg uns ohne ihn.
(M, S. 40)

Auch das letzte Aufbegehren des jungen Neotolemos erweist sich als naiv. Er will, schuldig geworden, wenigstens den Urheber seines Unglücks, als den er Odysseus sieht, töten, und Odysseus' eigene Lüge dazu nützen:

> Neoptolemos:
> Gehts ohne den jetzt, gehts auch ohne dich.
> Mein bestes nahm ich untern Fuß dir nach
> Lügner, Dieb, Mörder auch in der Schule.
> Ich sah den Troer und ich sah ihn töten
> Zwei. (41)

Aber er hat übersehen, daß sein Haß auf Odysseus allen bekannt ist und er Odysseus als Zeugen benötigt. Er ist in die Ereignisse schon so verstrickt, daß auch seine Identität nurmehr im Prozeß des Kampfes besteht. Das Stück endet mit einem symbolischen Tausch: Odysseus lädt dem Jungen die Leiche auf den Rücken, die er nur kurze Zeit – gleichsam symbolisch – trug, und ergreift selber den Bogen. Neoptolemos wird seine Wut im Trojanischen Kampf ausleben – wie sein Lehrer unter der wachsenden Last der Gemordeten, Ausgestoßenen, Leidenden.

»Philoktet« ist die erste von Müllers Antikenbearbeitungen. Der Rückgriff auf antike Stoffe warf ebenso wie die Shakespeareübersetzungen/bearbeitungen die Frage auf, wozu die Adaption des Alten dient, ist doch Müllers Theater nicht so sehr durch ein historisches, als vielmehr ein explizit politisches Interesse geprägt. Die Frage nach der Politik gerade in den scheinbar der Politik, dem DDR-Alltag, den Fragestellungen des Marxismus in bezug auf seine eigene Geschichte entzogenen Stücke mußte sich stellen, und diese Deutung des Textes sollte sie ansatzweise beantworten.

Die Bearbeitungen (neben »Philoktet« »Horatier«, »Ödipus Tyrann« und »Macbeth«) stellen Auseinandersetzungen mit der kommunistischen Geschichte dar, deren prägender und unbewältigter Teil den Namen Stalin trägt. Weniger die Verwendung einer ›Sklavensprache‹, in der man den Grund für den Auszug aus der realistischen Szene hat sehen wollen, weniger eine Flucht in den Mythos oder ferne Historie ist es, was den Rückgriff motiviert, sondern eher wohl das Modell ›Tragödie‹, in dem archaisch verstrickte Konfliktkonstellationen darstellbar sind. In der ›realistischen‹ Alltagsszenerie der ›DDR-Stücke‹ reproduziert das ›Leben‹ des Alltags (vorläufig) Lösungen, weil es im ›Leben‹ tatsächlich immer wieder das Arrangement und seine ›normale‹ Psychologie gibt. Geschichte erscheint hier als Ablauf, in dem die Chronologie selber Lösungen – wenn auch keine prinzipiellen –, so doch für die beteiligten Individuen ›mögliche‹ – andeutet. In der Tragödie wird dagegen eine Konstellation vorgeführt, in der die *Unmöglichkeit* einer Lösung erscheint. Hier sind die Probleme nicht auf eine individuell-psychologische Ebene abzuschieben, sie bleiben unauflöslich.

Müller erwähnt in einem Interview zu »Philoktet« (Berliner Rundfunk 22. 3. 78), westdeutsche Studenten hätten das Stück als Auseinandersetzung zwischen Hegel (Odysseus) und Kierkegaard (Philoktet) gelesen, als Kampf zwischen historischer Dialektik und Existentialismus. Neoptolemos sei derjenige, der noch keine Position vertrete und deswegen zwischen beiden zerrieben werde. Wichtig an diesem Modell ist allererst sein politischer Aspekt: daß eine innere Notwendigkeit diese beiden Positionen dialektisch verbindet, daß also politische Aktion bzw. historische Dialektik (Philoktets Aussetzung) den Existentialismus (Philoktets eigensinnige Verbitterung) produziert. Auf anderer Ebene: wenn die marxistische Lehre mit historischer Zwangsläufigkeit sich als Lüge (Stalinismus) konstituiert und die individuelle Moral liquidiert, sie opfert (Lenin), um zu überleben, so steht sie eines Tages wie Odysseus vor Philoktet und muß erkennen, daß das Opfer *wirklich* gebracht und die individuelle Moral *wirklich* vernichtet wurde. Dann soll die Lüge keine Folgen gehabt haben – das aber bleibt ein frommer Wunsch. Der Ausstoß aus der Partei/Geschichte/ Gemeinschaft stößt die Würde eines Menschen aus – und die ausgestoßene Würde verkommt, ist nicht zurückzugewinnen.

Das gleiche gilt für den Körper, der sich nicht ungestraft deformieren läßt: Folter und Qual verändern den Menschen, es gibt keine Rückkehr aus dem Schmerz zur Unmittelbarkeit. Für Philoktet ist durch den Ausstoß die Welt zur Lüge geworden, in der nichts mehr geglaubt werden kann – dadurch wird er unintegrierbar, er ist für die Gemeinschaft ›gestorben‹ und wird eins mit diesem Tod, seinem Schmerz. Gleichzeitig zeigt Müller im Unterschied zu Sophokles an Odysseus selber die tragische Dimension, während das Publikum in die Rolle des Neoptolemos gedrängt wird, der Rhetorik der politischen Rationalität ebenso wie der Überredung der Unmittelbarkeit (Mitleid) ausgesetzt und so in eine Zwangslage gebracht. Das bürgerliche Individuum, das sich ›heraushalten‹ und seine Gefühlswelt in Ordnung wissen will – dieses Individuum wird, wie zufällig, zum Schlächter. Allerdings in einer geschichtlichen Perspektive, in der das Ziel ohnehin nur

›Weiterkämpfen‹ (in »Mauser« dann ›Weitermorden‹) heißt. »Philoktet« ist ein Grenzfall in der Auseinandersetzung Müllers um die Kostenrechnung der Revolution. Einerseits sind die Konflikte – im Unterschied zu den DDR-Dramen – nicht lösbar, es gibt eine objektive Unversöhnlichkeit zwischen geschichtsphilosophischer Verbitterung und Realpolitik im Dienste eines zunehmend abstrakter werdenden ›Siegs‹ (der Reduktionsstufe eines materialen Inhalts, das der Marxismus als Theorie verkörpert). Andererseits ist in der Figur des Odysseus, der um seine eigene Reduktion weiß, und selber ursprünglich durch List in den Kampf getrieben werden mußte, die Reflexivität noch existent. Nur darin leuchtet eine Hoffnung auf, die in den folgenden Texten Müllers sich immer weiter zu verdüstern scheint.

»Herakles 5«, ein kurzes Satyrspiel zu »Philoktet«, behandelt die fünfte Arbeit des Herakles, die Ausmistung des Augiasstalls. Es hat zum Thema, was in »Philoktet« nur Motiv ist: den Gestank. Geschrieben im Jahr der Beendigung von »Philoktet« (1964) und »Bau«, ist es zugleich ein Stück über den Kulturprozeß, der durch den ›Schlamm‹ führt, über die Emanzipation des Menschen in und durch Arbeit und, nicht zuletzt, ein Satyrspiel über die »Helden der Arbeit«, die Heroen der Zivilisation und gesellschaftlichen Emanzipation.

Herakles soll im Auftrag der Thebaner den Stall des Augias säubern, der den Thebanern das erwünschte Fleisch und den unerwünschten Gestank liefert. Ihr Wunsch ist das Fleisch ohne Gestank, das Kulturgut ohne den Kot, der im Naturprozeß seiner Gewinnung mitproduziert wird. Der Mist ist ein ›Rest‹, ein unerwünschter Überschuß, der den Kulturmenschen an die natürliche Abkunft seiner Güter und damit an seine eigene Natur erinnert.

Der Rest ist untrennbar von der Produktion, aber er paßt nicht in die Dialektik, er bleibt dem Fortschritt inkommensurabel, wie die stinkende, verwesende, begehrliche, unkontrollierbare oder von Schmerz gepeinigte Körperlichkeit dem Zivilisationsprozeß selbst, der sie unterjochen will. Die Scheiße bleibt das in mehrfachem Sinn ›Unaufgehobene‹, das in der Dialektik des Zivilisationsprozesses nicht aufgeht und ohne die es doch keinen Lebensprozeß gibt.

Witzig wird der plumpe Herakles gezeigt, wie er zunächst mit den Waffen, die er bei den vorangegangenen Arbeiten benutzt hat (Pfeil und Bogen, Keule), dem Mist zu Leibe rücken will. Doch der Mist bleibt Sieger. Herakles kapituliert zunächst und bittet um Entlassung aus seiner Arbeit, komödiantische Variante der Bitte des Henkers in »Mauser« um Entlassung aus dem Revolutionsprozeß. Im Augenblick des Versagens stellt sich auch hier die Frage nach der Identität: »Wer ist Herakles? ich Leib ohne Namen, ich Misthaufen ohne Gesicht?« Als wolle er den Rückzug in die Maske des Erfolgs antreten und die Identität des Siegers wahren, schlüpft Herakles ins Fell des nemeischen Löwen, den er zuvor überwunden hat. Er löscht sich als Subjekt der neuen Arbeit aus, um sich für sie zu rüsten. Die geschichtliche Aktion verlangt den »Selbstmord« der Identität. Kein Fortschritt ohne Verlust. Herakles als Inkarnation des Geschichtsprozesses, der aufbaut, indem er zerstört, erklärt den Thebanern seine Weigerung weiterzumachen. Etwas im

Kultur-Heroen selbst lehnt sich gegen das selbsttätig fortschreitende Zivilisationsgebot auf, »Unbehagen in der Kultur«:

> »Der Misthaufen bin ich, die Stimme aus dem Kot ist meine Stimme, unter der Maske aus Kot mein Gesicht. Das hat seine fünfte Tat gemacht aus Herakles, dem Täter eurer Taten. Hätt ich die erste nicht getan! Ich stände nicht in dieser fünften, stinkend, mein Ruhm mein Gefängnis, von jeder Tat verstrickt in eine nächste, von jeder Freiheit in ein neues Joch geschirrt, ein Sieger, besiegt von seinen Siegern, Herakles in Herakles gezwängt.«
> (P 1, S. 151)

Als ihn das Publikum der Thebaner bei dieser Ansprache verspottet (»Hört wie er denkt. Das ist Dialektik. Herakles der Denker«), versucht Herakles, »Täter eurer Taten«, sich selbst als Mist im Mist zu begraben, sich so radikal zu dem Objekt zu machen, zu dem er von den Thebanern annähernd gemacht worden ist. Doch das geht nicht: er erbricht sich. Müller umspielt wieder sein Thema: die fortschreitende Naturbeherrschung kommt, dialektisch, an den Punkt, wo die Gefahr besteht, daß nicht wie, Benjamin unterschied, das Verhältnis zur Natur beherrscht wird, sondern die Natur selbst, auch die des Menschen. Jede Verminderung der Leiden an Natur zerstörte auch ein Stück dieser Natur selbst. So kann die Sehnsucht nach Regression entstehen; Herakles will seine Arbeiten, Allegorie des Kulturprozesses, nicht getan haben: »Ich nehmen meine Taten zurück. Zeit steh still. Roll rückwärts, Zeit. Geh zurück in dein Fell, nemeischer Löwe. Hydra, pflanz deine Köpfe wieder auf. Undsoweiter« (P1, S. 152) Herakles will seine Taten revozieren, wenn die Zivilisation das Leben selbst abschafft, dessen Bedingung die »letzte Gestalt« des Todes ist: »Ich hab euren Tod vermindert um vier Gestalten, jetzt wollt ihr das Leben ohne seine letzte, den Mord am Neuen.« (152) Paradox zugespitzt sagt der Satz, daß ohne die spontane, rücksichtslose Behauptung des Daseins auch auf Kosten der Zukunft kein Leben ist. »Morgen«, fürchtet Herakles, will man »Unsterblichkeit«, aber sie ist kein Ideal, und Herakles will lieber zurück, als sich ihr noch weiter zu nähern, halten es doch, nach Hegel, im Paradies nur Gott und die Tiere aus – nicht der Mensch.

Tatsächlich ist der Spott der Thebaner aber legitim, denn der Kulturprozeß ist nicht mehr ›zurückzunehmen‹, auch wenn Herakles' Warnung vor der Hybris angesichts der fortschreitenden Naturbeherrschung berechtigt ist. Die Dialektik des Herakles, wie die vieler Helden Müllers, besteht darin, daß das Subjekt sich aus Einsicht zum Objekt macht, einen »Auftrag« auf sich nimmt und dann einen nicht erwarteten, unvorhergesehenen Prozeß erlebt, in dem es selber zum Objekt wird. Auch dieser Prozeß ist nicht rückgängig zu machen – es sei denn im Satyrspiel. Zeus führt den Preis der Arbeit vor: die schöne Hebe, und Herakles wird nun wirklich zum Naturbeherrscher. Ähnlich wie Faust (dessen Sprache er nun zu sprechen beginnt) lernt er, die Natur mit Verstand zu beherrschen, statt mit Kraft; er wird zum Flüsselenker, der die Naturgewalt selbst besiegt. Als der Fluß friert und stillsteht, holt er die Sonne, um ihn aufzutauen – verbrennt sich allerdings dabei eine Hand. Den Stall des Besitzers Augias nimmt er für seinen Lohn, den Lohn des Vaters wartet er nicht ab. Regieanweisung: »Zerreißt Augias und wirft die Hälften in die Flüsse, holt den Himmel herunter, greift nach Hebe.« Und später: »Herakles rollt den Himmel ein und steckt ihn in die Tasche« (P 1, S. 156). Metaphysik ist heimgeholt, die sechste Arbeit wird ohne göttlichen Zauber stattfinden. Die Naturgesetze unter menschlicher Kontrolle für den Menschen arbeiten lassen, Mimesis an die Naturgesetze betreiben – das ist der Beginn der Technik, der die göttliche Kraft des Herakles überflüssig macht.

Das Satyrspiel zu »Philoktet« über die endgültige Abschaffung des Gestanks durch die Lenkung der Flüsse, die Handhabung der Geschichte als Naturprozeß, pointiert die Unterschiede: In »Philoktet« ist der unerträgliche Gestank Indiz von etwas Menschlichem, das tragisch geopfert wird. Er weist auf die Wunde, das nicht wieder gutzumachende Leiden im Geschichtsprozeß. In »Herakles 5« wird gezeigt, wie der Gestank abgeschafft, das Opfer unnötig gemacht, die Mechanik des Geschichtsprozesses selbst verändert wird. In »Philoktet« gibt es tragisches Scheitern an Machtverhältnissen und Naturzwängen; in »Herakles 5« wird die utopische Komödie der Emanzipation aus Naturzwängen deutlich als ›Theatervorgang‹ vorgespielt. In »Philoktet« scheitert der sich verweigernde Held an seiner Identität, in »Herakles 5« kann der sich verweigernde Held seine Identität spielerisch auf die ganze Natur ausdehnen und damit das tragische Potential der auf sich beharrenden Subjektivität – fortschwemmen.

Müllers »Ödipus Tyrann« nach Hölderlins Sophokles-Überset-
zung ist äußerlich mit den Antikebearbeitungen »Philoktet« und
»Horatier« durch den Ödipus-Kommentar verbunden, in dem
Müller seine Deutung des Ödipus-Stoffes formuliert. Der Kommentar wurde in der Rotbuchausgabe zwischen diesen beiden
Texten abgedruckt, so wie auch die Ödipusbearbeitung selbst
entstehungsgeschichtlich (1965) zwischen ihnen liegt. Da »Philoktet« und »Horatier« als Lehrstücke/Tragödien über das Problem
Stalin gelesen werden können, stellt sich die Frage, ob auch die
Bearbeitung der Tragödie des Rätsellösers Ödipus in Zusammenhang steht mit diesem Thema, das zur zentralen Frage des modernen Marxismus geworden ist, weil Theorie und Praxis des Kommunismus mit Stalin so weit auseinanderbrechen, daß das Vertrauen in ihre mögliche Einheit von Grund auf erschüttert ist.
Praktisch Zeile für Zeile folgt Müller Hölderlins Übertragung.
Dennoch deutet er durch nur scheinbar geringfügige Änderungen
die Vorlage in ganz spezifischer Weise. Anläßlich der Ost-Berliner
Aufführung von »Ödipus Tyrann« erklärte Müller:

> »Gegen die gewohnte Interpretation lese ich *Ödipus Tyrann* nicht als
> Kriminalstück. *Das wäre mit* der Aussage des Teiresias am Ende. Für
> Sophokles ist Wahrheit nur als Wirklichkeit, Wissen nicht ohne Weisheit
> im Gebrauch; der Dualismus Praxis Theorie entsteht erst. Seine (blutige)
> Geburt beschreibt das Stück, seine radikalste Formulierung ist der Atom-
> pilz über Hiroshima.« (zit. bei E. Wendt, Moderne Dramaturgie, S. 43 f.)

Es geht also um den Gebrauch des Wissens, das Verhältnis von
Theorie und Praxis im Feld der Gewalt. In »Philoktet«, »Horatier«
und »Ödipus« steht der *Umgang mit der Wahrheit* zur Debatte:
»Philoktet« – das Problem der taktischen Lüge; »Horatier« und
»Ödipus« – die historische Wahrheit angesichts der Verstrickung
der Handelnden in seine mörderische Geschichte.
Ödipus steht zwischen der schlimmen Wahrheit, die er allmählich erkennt, und der ruhmvollen Wirklichkeit, die er ist. Nur die
Auflösung der ihm unbewußten Vorgeschichte (er hat gegen die
göttlichen Verbote Inzest und Mord, wenn auch unwillentlich,
verstoßen), der erbarmungslose Rückblick wird möglich machen,
daß das Volk der Thebaner sieht, wie seine Geschichte konstruiert
ist. Die letzten Worte spricht der Chor (kursiv gedruckt sind die
Worte, die Müller an der Hölderlin-Übersetzung – in Klammern
hinzugefügt – änderte):

»Ihr im Lande Thebe Bürger, sehet diesen Ödipus
Der berühmte Rätsel löste, der vor allen *mächtig war* (War ein Mann)
Der nicht auf der Bürger Eifer, nicht gesehen auf das Glück
Wie ins Wetter eines großen Schicksals er *gegangen* ist. (gekommen)
Darum schaue hin auf jenen, der zuletzt erscheint, den Tag
Wer da *mächtig* ist. Wir preisen herrlich keinen eh denn er (sterblich)
An des Lebens Ziel gedrungen *alles* nicht erfahren hat. (Elend)
(Aufbau, S. 89)

Die Veränderungen gegenüber Hölderlin zeigen, wie Müller die
Fabel von der Wahrheitssuche und der analytischen Bewältigung
der schreckenerregenden Vorgeschichte in einen politischen Kontext bringt. Nicht nur in den zitierten Zeilen, sondern im ganzen
Text setzt Müller immer wieder dort, wo Hölderlin von Sterblichen, einem Mann, oder dem Menschen im allgemeinen spricht,
Vokabeln der *Macht* ein. Es geht nicht um das Subjekt im allgemeinen, sondern vom Subjekt der Macht wird, im Augenblick kollektiver Bedrohung, die Selbstanalyse gefordert. Es ist der mächtige
Herrscher, der seinen Weg bis zum Ursprung zurückverfolgen
muß*. Bezeichnenderweise ersetzt Müller Hölderlins passives
»gekommen« in ein deutlich aktives »gegangen«, Hölderlins
»betrachten« oder »kennen« wird immer wieder »denken« bzw.
»erkennen«: für Müller ist Gegenstand der Tragödie der Schrecken
denkender Selbst- und Geschichtserkenntnis, die einen Blick in den
Abgrund triebhafter Gewalt eröffnet. Der Erkenntnis wohnt die
Tendenz zur Vernichtung des Wissenden inne – Grund für die
anhaltende Faszination, die die Hamlet-Figur auf den Marxisten
Müller ausübt (vgl. »Die Hamletmaschine«). Er spielt unter den
Bedingungen des modernen politischen Bewußtseins noch einmal
den tragischen Prozeß der Geburt des menschlichen Selbstbewußtseins durch, wie Benjamin ihn verstand: »[...] in der Tragödie

---

* Die DDR-Rezeption neigt mit einer sonderbaren Vorliebe fürs rein
Philosophische dazu, gerade die Plazierung der Wahrheitsfrage in den
Kontext von Macht*ausübung* zu übergehen. Trilse erinnert an das »Galilei-
Problem« und kürzt so die Verbindung Herrschaft/Wissen heraus. Vgl.:
Antike Tragödie und tragische Stoffe auf dem sozialistischen Nationalthea-
ter, S. 93–121. – Daß es Müller um den Zusammenhang von innerer
Konstitution des Herrschenden und der außen erkennbaren Form der
Machtausübung geht, ist u. a. an einer gegenüber Hölderlin neuen Frage
Kreons zu erkennen: »Wie trägt er/das ganze, der unwillig trägt sich
selbst?« (Aufbau, S. 49). In »Mauser«, »Horatier« und »Macbeth« wird der
Schrecken über die Dialektik von masochistischer Autoaggression und
Gewalt nach außen Thema sein.

besinnt sich der heidnische Mensch, daß er besser ist als seine Götter.« (vgl. »Ursprung des deutschen Trauerspiels«, S. 113)

Das stolze Selbstbewußtsein (im doppelten Sinn) des Individuums – »Keiner hat meinen Gang« – des tragisch sich zum Wissen befreienden Subjekts löscht Müller nicht aus. Aber er projiziert das marxistische Problem der Gegenwart in doppelter Weise in seine Vorlage hinein. Einerseits erscheint in Ödipus der marxistische Intellektuelle selbst, für den der Blick in Terror und Vergeblichkeit der Geschichte die Versuchung mit sich bringt, sich von gesellschaftlicher Praxis und Verantwortung zu dispensieren. Müller versteht Ödipus' Selbstblendung nicht nur als Verdunklung des *alten* Sehens (Neuanfang), sondern zugleich als Symbol für sei's resignierende, sei's zynische Selbstgenügsamkeit des theoretischen Wissens, das sich um politische Verantwortung nicht mehr kümmert:

»Die Haltung des Ödipus bei der Selbstblendung (›. . . denn süß ist wohnen/Wo der Gedanke wohnt, entfernt von allem‹) ist ein tragischer Entwurf zu der zynischen Replik des Physikers Oppenheimer auf die Frage, ob er an einer Bombe mitarbeiten würde, wirksamer als die H-Bombe, wenn dazu die Möglichkeit gegeben sei: Es wäre technisch süß (technical sweet), sie zu machen. Die Verwerfung dieser Haltung bleibt folgenlos, wenn ihr nicht der Boden entzogen wird.« (vgl. E. Wendt, a.a.O. S. 43 f.)

Die andere Seite des Problems ist die Gleichung Ödipus = der Kommunismus an der Macht – der Kommunismus, der wie Marx in einer berühmten Formel sagt, das Rätsel der Geschichte löste (»Der Kommunismus ist das aufgelöste Rätsel der Geschichte und weiß sich als diese Lösung«) und jetzt seine eigene rätselhafte Geschichte auflösen muß. Hier kondensieren sich die Fragen des Dualismus Theorie/Praxis, das Problem der absoluten (Staats)-Macht, die sich im Besitz der Lösung aller Rätsel weiß und zugleich ihre Geschichte bewältigen muß, und schließlich die innere Dialektik der Emanzipation des menschlichen Selbstbewußtseins durch »praktische Gewalt« – das wichtigste Element der marxistischen Befreiungslehre.

Dieser mehrdeutigen politischen Allegorie entspricht, wie im »Ödipus-Kommentar« die Vorgeschichte der Aussetzung des Sohnes Ödipus durch den Vater Lajos interpretiert wird. Nach der Marxschen Dialektik erzeugt der Kapitalismus im revolutionären Proletariat gerade durch angstvolle Unterdrückung seinen »Totengräber« – und so setzt Lajos, »unwillig zu bezahlen den Preis der Geburt, die kostet das Leben«, den Sohn aus, der laut Orakelspruch »über ihn gehen« wird – »Und verbreitet so den Fuß, der ihn austrat, durch Vorsicht« (vgl. »Ödipus-Kommentar«). Es vermischen sich hier eine Allegorie auf die historische Dialektik; das Thema des Vaters, der im Sohn sein Ende, die Zukunft der anderen, haßt; und, in der tragischen Ironie der ›Vor-Sicht‹, das Motiv der Selbstzerstörung durch das (zweideutige) Wissen.

Ödipus kam an die Macht, und auf das Feld der Politik projiziert, stellt »Ödipus, Tyrann« das *Modell der politischen Selbstanalyse* angesichts einer kollektiven Krankheit dar, Erforschung der Genesis des Bestehenden als reinigende Katharsis. (Nach Schivelbuschs Mitteilung sollte übrigens »Herakles 5«, die Reinigung des Augiasstalls, auch als Nachspiel zu »Ödipus, Tyrann« dienen!) Müller wirft einen materialistischen Blick auf den Erkenntnisvorgang, in dem der Kommunismus sich selbst erkundet.

Kontinuierliches Thema der Tragödie ist die Vorführung der schleppenden Aufdeckung, die der Schilderung der vielen Erkenntnishindernisse dient. Da sind der Wunsch nach Ruhe (das Land ist müde), die Zeitdauer, die zwischen dem Verbrechen und dem Ausbruch der Pest liegt, die schwere Beweisbarkeit (die Zeugen fürchten sich) und die Furcht vor der Erkenntnis, die mit der häufigen (von Müller akzentuierten) Aufforderung zum Vergessen korrespondiert: »Da uns genug das Land schon müd ist, mag/Das bleibe, wo es steht und sei vergessen.« Das »beredte Schweigen« (Louis Althusser 1976 zum Problem des Stalinismus in der kommunistischen Bewegung) ist zum Namen für die Sache geworden.

Was aber ergibt die Selbsterforschung? Der Kommunismus kam nicht nur durch richtige Erkenntnis an die Macht. Ödipus, erklärt Besson, sieht

»daß er *auf eine alte Art an die Macht kommt.* Diese Art war in viel früheren Perioden, beim Herausbrechen aus dem Matriarchat durchaus legitim. Sie entsprach aber nicht mehr der erreichten gesellschaftlichen Phase; deswegen macht Ödipus sich schuldig. Am Ende stellt sich heraus, er *kam auf den Thron auf dem ganz alten Weg* – er tötete einen Herrscher und heiratete die Herrscherin.« (Hervorheb., v. Verf., Aufbau S. 126 ff.)

Müller geht es besonders darum, die *Verleugnungen* des schon Geahnten hervorzuheben. Wenn Ödipus sich der Lösung nähert, betont Müller »Angst« und »Furcht« (45) deutlicher als Hölderlin, und Jokastes Betäubungsversuch »Glaub, bei den Göttern, glaub ihm, Ödipus« (40) wird durch das gegenüber Hölderlins Text verdoppelte »glaub« noch angstvoll-beschwörender: »Kein weiteres Forschen!«

In Müllers »Ödipus« geht es nicht um einen Mann, sondern um die ›Pest‹ einer ganzen Gesellschaft. Aber die Selbstblendung, die

Ödipus sich auferlegt, erscheint nicht als angemessen. Aus der zitierten Äußerung Müllers geht hervor, daß er sie als Rückzug in den reinen Gedanken deutet, als paradoxe Fortsetzung des »Willens zur Wahrheit«, den Ödipus zuvor bekundet hat.

Durch resignativen Rückzug wäre die Verknüpfung von Wissen und Weisheit im Gebrauch gesprengt, das Problem nur scheinhaft gelöst. Müller entläßt den Zuschauer mit diesem offenen Problem. Ödipus vernichtete das menschenfressende Dreitier durch die Lösung des Rätsels vom Menschen und befreite die Stadt. Aber nach der Zeit der Befreiung bedroht eine Krankheit die unter Ödipus glücklich gewordene Stadt: ein neues Rätsel steht mit dem Stalinismus vor der kommunistischen Bewegung. Sie wird sich selbst zum Rätsel, gerade weil sie sich als letzte Instanz des geschichtlichen Selbstbewußtseins und jedes Wissens begreift, als die Wurzel des Menschen, die das Rätsel der Geschichte *selbst* lösen zu können glaubt. Müller im »Ödipus-Kommentar«:

> »Und sein Grund ist sein Gipfel: er hat die Zeit überrundet
> In den Zirkel genommen, *ich und kein Ende,* sich selber.«

Damit steht er vor einem neuen Anfang mit allen Gefahren des Nihilismus, der Resignation, des Pessimismus.

Sonderbare Tiefenschärfe nimmt angesichts dieser Deutung der Tragödie die Darstellung an, die Peter Szondi vom »König Ödipus« gibt. Die Tragik, »daß der Mensch auf dem Weg untergeht, den er eingeschlagen hat, um sich zu retten« stellt Szondi so dar:

> »Der Mörder, den Ödipus sucht, ist er selber. Der Retter Thebens erweist sich zugleich als sein Verderber. Er ist es nicht auch, sondern gerade als Retter: denn die Pest ist die Strafe der Götter für den Lohn, den er für seine rettende Tat empfangen hat, die blutschänderische Ehe mit Königin Jokaste. Der Scharfsinn, der ihm im Rätsel der Sphinx den Menschen zeigte und so Theben rettete, ließ ihn den Menschen, der er selber ist, nicht erkennen und führte ihn ins Verderben. Der Zweikampf zwischen Ödipus und Teiresias, dem sehenden Blinden und dem blinden Seher, endet mit der Selbstblendung des Ödipus: das Augenlicht, das ihm verbarg, was er hätte sehen müssen und was der blinde Teiresias sah, soll ihm nicht mehr zeigen, was er, nun zu spät, immerfort sehen müßte.« (Versuch über das Tragische, S. 69)

Für Müller ist die Selbstblendung der noch offene Neubeginn bewußt gemachter sozialistischer Geschichte. In Ödipus, dem Beginn des Selbstbewußtseins des Menschen in der Antike, findet er das Beispiel für diese Möglichkeit. Darum heißt es von Ödipus wie vom modernen Kommunismus, der es wagt, sich als Gewaltge-

schichte zu wissen und daraus die Kraft zur Selbstkritik, also zur
Selbst-Zerstörung des alten Blicks bezieht:

»Seht sein Beispiel, der aus blutigen Startlöchern aufbricht
In der Freiheit des Menschen zwischen den Zähnen des Menschen
Auf zu wenigen Füßen, mit Händen zu wenig den Raum greift.«
(M, S. 44)

»Der Horatier«, im Herbst 1968, nach dem Prager Frühling und seiner Niederschlagung geschrieben, 1973 in Westberlin uraufgeführt, ist ein Lehrstück; nach Reiner Steinwegs Auslegung der Brechtschen Lehrstücktheorie also ein Stück für die Spielenden selbst, die sich durch das Ausführen der sprachlichen und körperlichen Gesten und durch Rollentausch in Dialektik üben. Es handelt sich wie bei Brechts »Die Horatier und die Kuratier« um ein Stück für Schüler. Die Fabel stammt von Livius, das ›Modell Tragödie‹ von Corneille.

Die Stadt Rom und die Stadt Alba haben, bevor sie gegen einen gemeinsamen Feind (die Etrusker) kämpfen können, einen internen Streit zu regeln. Um dabei nicht die Mannschaften zu opfern, losen sie je einen Stellvertreter aus, deren Duell den Streit entscheiden soll. Das Los fällt in Rom auf einen Horatier, in Alba auf einen Kuratier, der jedoch mit der Schwester des Horatiers verlobt ist. Dieser persönlichen Verbundenheit wegen werden beide gefragt, ob sie dennoch miteinander kämpfen wollen, oder ob ein zweites Mal gelost werden soll. Aber beide stimmen dem Kampf zu, der so endet, daß der Horatier – trotz der Bitte des schwerverwundeten, schon besiegten Kuratiers, sein Leben zu schonen – diesem den Todesstoß versetzt.

Der Horatier ist mit dem Los, dem er zustimmte, zum Mordinstrument der Gemeinschaft geworden. Nun aber – »Mauser« wird diesen Gedanken radikalisieren – verselbständigt sich die Gewalt: Wie im Rausch tötet er seinen Gegner – ein ›überflüssiger‹ Mord, der aber – darauf kommt es Müller hier an – in *jedem* Kampf auf Leben und Tod möglich ist. Ihn ausschließen hieße, auf den Kampf selbst Verzicht zu leisten, denn eine genaue Grenzscheide zwischen ›notwendiger‹ Gewalt und Mord ist nicht auszumachen. Reduziert zum Kämpfer für den Sieg, wird der Sieger immer auch zum Mörder.

Bei seiner Rückkehr wird der Horatier in Rom als Sieger gefeiert, nur seine Schwester verweigert ihm die Umarmung und beklagt den Tod des Kuratiers, ihres Bräutigams, den ihr Bruder, der Horatier, erschlagen hat. Statt sich mit der Sache des Staats zu identifizieren, klagt sie ihr Gefühl ein. Daraufhin wird sie von ihrem Bruder, der Rom seine ›Braut‹ nennt, mit dem Siegerschwert getötet.

> »Und er zeigte das zweimal blutige Schwert allen Römern
> Und der Jubel verstummte. Nur aus den hinteren Reihen
> Der zuschauenden Menge hörte man noch

Heil rufen. Dort war noch nicht bemerkt worden
Das Schreckliche.« (M, 46)

Erst diese zweite Tötung legt das Problem der überflüssigen
zusätzlichen Gewalt bloß, daß schon dem ersten ›Mord‹ immanent
war. Der von der Gesellschaft sanktionierte wie der tabuisierte
Mord sind Bestandteil des Kampfs. Müller sagte in einem Interview
zu »Philoktet« (Radio DDR 29. 3. 1978):

>»Die Grundfrage ist nach wie vor, daß Geschichte eben nicht stattfindet
>ohne Opfer und daß man nie genau ausrechnen kann, welches Opfer schon
>zuviel ist. Sie kennen diesen Satz von Lenin: In einem Handgemenge kann
>man nicht und nie genau berechnen, welcher Schlag noch nötig und welcher
>schon zuviel ist. Und die Geschichte ist nach wie vor ein Handgemenge,
>und da wird es immer wieder schwer sein festzustellen, welcher Schlag
>zuviel ist. Und davor kann man einfach nicht die Augen verschließen. Das
>ist eigentlich der Punkt.«

Diese Äußerung ist hilfreich, denn Müllers Bezugnahme auf
Lenin läßt erkennen, daß es in »Philoktet« um die Grausamkeit
von Geschichte nicht etwa nur anderswo, sondern in der eigenen
Geschichte des Kommunismus geht. Dasselbe gilt für »Horatier«.
Für die marxistische Kunst ist der Widerspruch zwischen Wohltat
und Terror der revolutionären Macht geradezu ein Topos, und
ebenso leicht wie in Hartmut Langes »Herakles« (etwa zur selben
Zeit wie »Horatier«, 1967 entstanden) erkennt man im römischen
Sieger/Mörder die Umrisse Stalins. Langes Herakles rutscht die
wohltätige Hand immer wieder aus, und er begeht »überflüssige«
Morde, tut einen »Schlag zuviel«. Der Horatier sichert Sieg, Einheit und Führung im eigenen Lager angesichts des Feindes, mordet
aber die Schwester. Müllers Lehrstück ist deswegen allerdings
keine Parabel auf Geschichte: Stalin ist der *Name für das Problem*
der Gewalt im Kommunismus. Außerdem verschiebt Müller den
Akzent: Nicht das Ausgangsproblem der überflüssigen Gewalt
selbst, sondern das *Sprechen* über sie erweist sich im Verlauf des
Textes als der eigentliche Gegenstand der Lehre. Im Zentrum steht
die Verhandlung der Römer darüber, wie sie über das Vergangene
urteilen, es beurteilen und wie sie selbst und die späteren davon
sprechen sollen. Das Lehrstück vom Horatier verhandelt in para-
bolischer Form die Frage, wie das Verhalten zur Gewaltgeschichte
im Kommunismus, das Sprechen über Stalin als deren Inkarnation,
aussehen muß. Mit dieser Frage ist auch das Selbstverständnis einer
marxistischen Kunst berührt, und insofern ist »Horatier« zugleich
als Selbstreflexion des Autors Müller auf seine eigene Produktion
zu lesen.

Die Tat des Horatier, der sich zu seinem zweimaligen Töten bekennt (»er verbarg das zweimal blutige Schwert nicht«), spaltet zunächst das römische Volk. Die einen sehen in ihm den Sieger, die anderen den Mörder. Um den erneut drohenden blutigen Streit zu vermeiden, wird wiederum ein Stellvertreter jeder Position innerhalb des römischen Lagers, berufen: der eine mit dem Lorbeer, der andere mit dem Richtbeil in der Hand, um Recht zu sprechen über den Horatier.

Es findet so »in Erwartung des Feinds« das Gericht statt, zunächst in Rede und Widerrede von Lorbeer- und Beilträger. Den beiden zerspaltenen Stimmen, die entweder Ruhm *oder* Hinrichtung fordern, steht das Volk gegenüber. Es »blickte auf den unteilbaren einen/Täter der verschiedenen Taten und schwieg«. Da werfen die Stellvertreter die Frage auf, ob sie auf das Urteil überhaupt verzichten sollen. Der Sieger/Mörder hieße dann: »Niemand«.

> »Aber das Volk antwortete mit einer Stimme
> (Aber der Vater des Horatius schwieg):
> Da ist der Sieger. Sein Name: Horatius.
> Da ist der Mörder. Sein Name: Horatius.
> Viele Männer sind in einem Mann.«
> (M, 49)

Die Stimme des Volkes verbietet, daß ein ›neutraler‹ Ausgleich erfolgt. Wenn Müller hier gerade dem Volk die Fähigkeit zuspricht, mit der Wahrheit, dem Paradox, zu leben, so läßt er ein wenigstens in »Horatier« noch nicht erloschenes Vertrauen in »das löchrige Gedächtnis, die brüchige Weisheit der Massen, vom Vergessen gleich bedroht« (»Verabschiedung des Lehrstücks«) erkennen. Das Ende des Lehrstücks macht klar, daß die Stimme des Volks die des Autors, der marxistischen Kunst, selbst ist – die Stimme eines Bewußtseins, das die fast unmögliche Aufgabe hat, mit der Identität von Sieger und Mörder gerade im Fall Stalin fertig zu werden: der Hitler besiegte, den Sozialismus als Staat rettete und zugleich als Massenmörder ›überflüssigen‹ Terror übte und das Antlitz des Sozialismus definitiv verwandelte.

Zwei Forderungen stehen sich gegenüber: weder Schuld noch Verdienst, keine der Seiten der Wahrheit, darf unterschlagen werden. Aber zugleich darf an der Härte der Verurteilung des Mörders (Hinrichtung) nichts nachgelassen werden zugunsten der Ehrung des Siegers. Müller führt eine im genauen Sinn undenkbare Forderung ein, denn ausdrücklich wird gesagt, daß es *nicht* um ein »Abwägen mit der Waage des Händlers gegen einander [...] Schuld und Verdienst« (S. 52) geht. Was bedeutet aber, wenn nicht Abwägen, die »reinliche Scheidung« (S. 53)? Die Antwort deutet sich in einem im ganzen Text insistent wiederkehrenden Motiv an: dem *Rest, der nicht aufgeht.* Unvermeidlich entsteht in den Etappen der »reinlichen Scheidung« (Ehrung, Hinrichtung, Ehrung des Leichnams, Schändung des Leichnams) immer wieder ein *Ungleichgewicht,* denn der Tod, der alles auslöscht, überwiegt die Ehrung. Logisch unmöglich, ist ein Verfahren gefordert, das Gleichgewicht und Ungleichgewicht vereint, eine zugleich reinliche und nicht reinliche Scheidung. Müller erfindet ein groteskes Bild, um diese unmögliche Logik zu zeigen. Nach der Enthauptung des Mörders Horatius fragt der Lorbeerträger:

> »Was soll geschehn mit dem Leichnam des Siegers?
> Und das Volk antwortet mit einer Stimme:
> Der Leichnam des Siegers soll aufgebahrt werden
> Auf den Schilden der Mannschaft, heil durch sein Schwert.
> Und sie fügten zusammen *ungefähr*
> Das natürlich nicht mehr Vereinbare
> Den Kopf des Mörders und den Leib des Mörders.
> [...]
> Nicht achtend sein Blut, das über die Schilde floß
> Nicht achtend sein Blut auf den Händen und drückten ihm
> Auf die Schläfe den zerrauften Lorbeer [...]
> (M, 51 5 Hervorhebng. d. Verf.)

So rein ist die Scheidung nicht: Das rituelle Zusammenfügen des getöteten Körpers geht nur »ungefähr«. »Natürlich« sind die Gegensätze Enthauptung und Ehrung das »nicht . . . Vereinbare«. Kein real-logischer Vorgang wird geschildert, sondern ein nur in der Imagination möglicher: als poetische Metapher, die die Logik des abwägenden Einerseits-Andererseits außer Kraft setzt. Die *Sprache der Kunst* vereinbart das Unvereinbare, die notwendige Gerechtigkeit mit der ebenso notwendigen Ungerechtigkeit. Darum heißt es am Ende, daß die Römer, nach dem sie das Beispiel gegeben haben, wieder an die Arbeit gehen »nicht vergessend den Rest, der nicht aufging«. Er ist der heimliche Held des Lehrstücks: Ein Schlag zuviel ist die Tötung des Kuratiers. Eine Stimme zuviel ist es, die im Jubel nicht aufgeht: die Schwester. Einmal zu viel gebraucht Horatius gegen sie das Schwert. In der »einen Stimme« des Volks geht nicht auf das hörbare Schweigen des Vaters: Opfer der nötigen Gerechtigkeit. Hinrichtung und Ehrung des Leichnams sind nur »ungefähr« vereinbar. Und die Leiche soll am Ende, »vor die Hunde geworfen«, verschwinden, daß nichts bleibt – »oder so viel wie nichts«, wird wieder hinzugefügt.

Eine Sprache, die den Rest nicht verleugnet, der in keinen Begriff paßt: den Schmerz der Opfer, darf nichts verheimlichen. Nur das Aussprechen der »unreinen Wahrheit« bis hin zum Paradox, das poetische Sprache, quer zum logischen Begriff, faßt, kann Geltung beanspruchen*. Solche Offenheit kann als *Beispiel* wirken.

Deutlich ist das kritische Plädoyer Müllers für die offene Diskussion in der Partei, hat doch kaum ein Problem für den marxistischen Intellektuellen dort, wo eine Partei das Wissen verwaltet, eine solche Bedeutung wie die öffentliche Verhüllung und Verleugnung der Fehler und Deformationen, die dem Kommunismus widerfuhren. Die zwanghafte Einheit aus Parteirücksichten verhindert, daß die Partei sich durch offene Auseinandersetzung regenerieren kann. Aber nur durch solche Offenheit kann ein »Beispiel« gegeben werden. Wichtiger als das Machtkalkül ist unter bestimmten Bedingungen *das Beispiel der Revolution*, die sich selbst ohne Lüge sieht. (»Was zählt ist das Beispiel. Der Tod bedeutet nichts«, heißt es in »Mauser«.) Die »Worte« könnten sich als wichtiger erweisen als das »Schwert« – diese nur scheinbar idealistische These hält Müller dem Materialismus des bloßen Machtdenkens entgegen:

> »Nämlich die Worte müssen rein bleiben. Denn
> Ein Schwert kann zerbrochen werden und ein Mann
> Kann auch zerbrochen werden, aber die Worte
> Fallen in das Getriebe der Welt uneinholbar
> Kenntlich machend die Dinge oder unkenntlich.
> Tödlich dem Menschen ist das Unkenntliche.«
> (M, 53)

Diese Worte spricht wieder die »eine Stimme« des Volks, in der die Stimme von Müllers eigenem Schreiben mitklingt. Er benennt die Aufgabe einer politischen Kunst, die reinlich scheidet – wie die Römer, von denen die letzten Worte des Lehrstücks sagen:

> »So stellten sie auf, nicht fürchtend die unreine Wahrheit
> In Erwartung des Feinds ein *vorläufiges* Beispiel
> Reinlicher Scheidung, nicht verbergend den *Rest*
> Der nicht aufging im unhaltbaren Wandel

---

* Müllers Denkfigur eines unaufhebbaren Zuviel, eines immer störenden Supplements, das jede Logik des Widerspruchs öffnet und keine Rechnung ganz aufgehen läßt, stellt einen guten Ausgangspunkt dar, um die Beziehung zu untersuchen, die besteht zwischen seiner Textpraxis und einer Reihe ›westlicher‹ Denkansätze, vor allem Jacques Derridas Dekonstruktion der Metaphysik und ihres Logozentrismus; Michel Foucaults Diskurstheorie und der radikalen Kritik aller binären Logiken durch Gilles Deleuze.

Und gingen jeder an seine Arbeit wieder, im Griff
Neben Pflug, Hammer, Ahle, Schreibgriffel, das Schwert.
(M, 53/Hervhg. v. Verf.)

Die Nachbarschaft von Schreibgriffel und Arbeitsinstrumenten macht deutlich, wie der Text, die Produktion und die Waffen, die Geschichte machen, sich zusammenschließen zu einer einzigen umpflügenden, schlagenden, stechenden, ritzenden und schneidenden *Schrift*, deren Lesbarkeit der Schreibgriffel erhalten muß. Am Ende erklärt das Volk, wie vom Horatier (von »Stalin«) zu reden sei:

> »Er soll genannt werden der Sieger über Alba
> Er soll genannt werden der Mörder seiner Schwester
> Mit einem Atem sein Verdienst und seine Schuld.
> Und wer seine Schuld nennt und nennt sein Verdienst nicht
> Der soll mit den Hunden wohnen als ein Hund
> Und wer sein Verdienst nennt und seine Schuld nicht
> Der soll auch mit den Hunden wohnen.
> Wer aber seine Schuld nennt zu einer Zeit
> Und nennt sein Verdienst zu anderer Zeit
> Redend aus einem Mund zu verschiedener Zeit anders
> Oder für verschiedene Ohren anders
> Dem soll die Zunge ausgerissen werden.«
> (M, 53)

Das Lehrstück hat zuvor gezeigt, daß nur durch ein Ungleichgewicht die »unreine Wahrheit« Sprache finden kann: im Paradox, in der ›unmöglichen‹ Metaphorik der Kunst. Ungleichgewichtig aber muß die Rede über das Erschrecken an der Geschichte auch sein, weil eines noch tödlicher wäre als alles andere: die Verharmlosung, die die Opfer unkenntlich macht. Darum findet bei Müller, anders als bei Livius (nur symbolische Tötung) und Corneille (Rettung des Horatius durch den Vater), die Hinrichtung wirklich statt. Nicht uninteressant, daß Müller ursprünglich einen offenen Schluß vorgesehen hatte, »Ende 1968« aber nicht mehr an eine solche Wahlmöglichkeit glaubte:

> »My earlier Plan provided for an open end: the audience as judge. At the end of 1968 the freedom of choice no longer seemed to me to be a [sic!] given; the question of the individual's divisibility (reassemble-ability), by way of biochemistry, genetics, medicine, seems to be a practical question; and the terribly simple (›naive‹) solution seemed realistic. The first shape of hope ist fear. The first manifestation of the new is the image of terror.«
> (Minnesota Review1967, H. 6, S. 42)

Im März 1972 wurde im Theater Brandenburg Müllers Bearbeitung von Shakespeares Tragödie »Macbeth« uraufgeführt. Nach eigenem Bekunden wollte Müller »Zeile für Zeile« dieses Stück, das ihm unter Shakespeares Dramen besonders wenig gefiel, übersetzend ändern. In deutlicher Wendung gegen die tradierte Rezeption, die an der Vorlage die Züge des Seelendramas noch verstärkt hatte oder göttliches Fatum walten sah, drängt er die Psychologie der Gewissensqualen rigoros an den Rand und erzählt in äußerster Verknappung die story eines brutalen und blutigen feudalen Machtkampfs. Während bei Shakespeare Macbeth' Herrschaft eingerahmt wird von den positiven Herrscherfiguren Duncan und Malcolm, läßt Müller sämtliche Akteure roh, mörderisch, machtgierig, zynisch und opportunistisch erscheinen. Die Zeit der Macbeth-Herrschaft bleibt eine bloße Etappe im Räderwerk des blutigen Geschichtslaufs. Ob diese Szenerie aus Macht, Mord, Krieg und neuer Macht den Namen Geschichte zu Recht trägt, ist fraglich. Shakespeare ist der Dramatiker des epochalen Umbruchs zwischen feudal-mittelalterlicher und bürgerlich-kapitalistischer Welt, doch in Müllers Bearbeitung erblickt man auf der Bühne ein zeitloses Gemetzel um Macht und Überleben, ohne Erinnerung an eine gute Vergangenheit oder einen Hoffnungsschimmer von der Zukunft her: »Mein Tod wird euch die Welt nicht besser machen« (St, 320) sind Macbeth' letzte Worte.

»Die Welt hat keinen Ausweg als zum Schinder.« Müller zeigt eine *Geschichte im Stillstand*. Der Grund dafür ist zu untersuchen, prägt doch dieses Bild sämtliche Züge der Bearbeitung. Was der marxistischen Kritik neben dem Aussparen der ›Perspektive‹ verdächtig sein mußte, ist der Umstand, daß in Müllers Shakespeare-Welt die Verrohung sich beim niederen Volk nicht weniger als bei den Herrschenden durchgesetzt hat. Müller zeigt das Elend der Unteren, aber er läßt nichts von ihrer oft beschworenen Menschlichkeit aufscheinen. Wo Shakespeare allgemein eine düstere ›Stimmung‹ evoziert, setzt Müller grauenhafte Realitäten ein: ein toter Bauer hängt, nurmehr »ein Skelett mit Fleischfetzen«, im Block, weil er die Pacht nicht aufbringen konnte. Seine Frau jammert um ihn, aber in die mitleiderregende Klage mischt sich eine durchs Elend erzeugte Fühllosigkeit: »Gebt mir meinen Mann wieder. Was habt ihr mit meinem Mann gemacht. Ich bin nicht verheiratet mit einem Knochen. Warum hast du die Pacht nicht gezahlt, du Idiot. *Schlägt die Leiche*.« (St, 294)

Müller zeigt nicht die Hoffnung auf die spontane Humanität der

Erniedrigten und Beleidigten, sondern nur ein ausgepreßtes und gefoltertes Volk. Auch wenn Duncan bei einer Konversation den Wohnsitz des Macbeth lobt (wie bei Shakespeare), in dem man ihn bald erdolchen wird (»Das Schloß liegt angenehm. Gastlich die Luft/Empfiehlt sich Unsern Sinnen« St, 282), verlangt die Regieanweisung gleichzeitig: »Bauer im Block«. Duncan erscheint »auf Leichen sitzend«, wie nebenbei werden Diener im Ärger getötet, einem Krüppel das Stelzbein abgeschlagen. Macduff, bei Shakespeare ein positiver Held, schneidet einem Diener die Zunge heraus, Bauern werden im Sumpf ertränkt, und man hört ihr »Brüllen«.

Auch der Krieg, den Macbeth für Duncan entscheidet, nimmt bei Müller einen anderen Charakter an als bei Shakespeare. Dort handelte es sich um eine Adelsrevolte, bei Müller entsteht durch eine Reihe kleiner Änderungen und die dauernde Präsenz der Bauern der Eindruck eines *Bauernaufstands*. Macbeth' Sieg erscheint als Sieg über die Bauern, die feudalen Herrscher sind ein isoliertes Grüppchen von Machthabern, blindwütig in Kämpfe um Machterhaltung, Rang und Stellung verstrickt.

Von Anfang an wirkte Müllers Text in der DDR als Provokation, denn es mußte die Frage auftauchen, warum die Bearbeitung in solchem Maße lichtlos, ja ›nihilistisch‹ ausgefallen war. Die ersten Stellungnahmen führten zu Müllers Verteidigung an, es gehe ihm um eine wahrhaftige, nichts beschönigende Darstellung der Zeit, die das Stück behandelt: das englische Mittelalter mit seiner Grausamkeit, einem gepeinigten, dumpf dahinlebenden Volk und dem Mangel jeder feineren Kultur.

Nun wehrte sich Müller zwar dagegen, ihn, den Autor, verantwortlich zu machen für die Greuel des Dargestellten, ließ sich aber selbst nicht zum Versuch bloßer Historisierung herbei, sondern sprach davon, gemäß seinem Ziel, die »Verbindung von Theater und *Politik*« (nicht nur Historie!) herzustellen, »daß die Geschichte eine sehr grausame Angelegenheit war *und noch ist* in großen Teilen der Welt [...] Sadistisch ist die Wirklichkeit, die da beschrieben wird.« (TdZ 1972, H. 7)

Wolfgang Heise stellte dann richtig fest, »Müller zielt nicht auf Information über das 11. Jahrhundert in Schottland«, »Macbeth« ist ein »geschichtsphilosophisches Stück«, daß den Zustand »angetaner und erlittener Gewalt« zum Thema hat, der alle »Vorgeschichte« der Menschheit prägt (TdZ, H. 9, 1972). In die gleiche Richtung zielte im selben Heft Dieckmann mit dem Hinweis, daß die inneren Führungskämpfe der Weltmacht USA, die, ob unter republikanischer oder demokratischer Regierung, Bomben auf

Vietnam warf, im Spiegel des feudalen Machtkampfs erscheinen, und daß man die Herrschaft des Macbeth auch in Analogie zur Herrschaft des Faschismus, Malcolm in Verbindung mit Adenauer bringen könne. Auch die Analogie zu Hitler und anderen Gewaltherrschern, die beauftragt sind, verfallende Systeme mit äußerster Brutalität zu halten, wurde gezogen. Allgemeine Publizität erlangte die »Macbeth«-Debatte durch ein ebenso denunziatorisches wie niveauloses Pamphlet Wolfgang Harichs, dessen Titel »Der entlaufene[!] Dingo, das vergessene Floß« inzwischen nicht ohne Ironie ist. Es diagnostizierte beim »Macbeth«-Bearbeiter Kulturverfall und Geschichtspessimismus – seither ein wirkungsvolles Schlagwort gegen die »Macbeth«-Bearbeitung und Müllers Arbeiten der 70er Jahre im allgemeinen.

Müller bricht Shakespeares Welt in zwei Teile. Ein in sich zerspaltenes Machtzentrum steht einer Masse unterdrückter und gefolterter Bauern gegenüber, die sich bei Gelegenheit erheben – und geschlagen werden. Diese Konstellation wird verknüpft mit der Einführung einer Reihe moderner politischer Vokabeln wie Staat, Staatsschatz, Kommando, Macht. So zeigt sich im Spiegel der feudalen Welt Shakespeares ein durchaus modernes Bild: Eine brutale Clique, unter sich zerstritten, watet in Blut, verroht sich selbst und die Beherrschten. Um das Übersetzungs-Verfahren zu demonstrieren, genügt das Beispiel eines Satzes aus der Szene I,1. Es heißt bei Shakespeare: »No sooner justice had with valour arm'd/Compell'd these skipping kerns to trust their heels . . .«: Gerechtigkeit zwang irische Soldaten in die Flucht. Bei Müller heißt die Stelle, Wort für Wort verändert: »Kaum hat mit Blut und Eisen die gerechte Sache Beine gemacht dem schottischen Bauern . . .« (St, 275) – Bismarcksche Politik, die geläufige Phrase von der »gerechten Sache«, ein Modernismus und die Betonung des Kampfs der Herrschenden gegen die eigenen Bauern.

Tatsächlich läßt also eine Serie von Hinweisen keinen Zweifel daran, daß es sich um eine unmenschliche, ausbeuterische Klassenherrschaft handelt, deren allgemeinste Züge auf die Zeit des geschichtlichen Macbeth ebenso zutreffen wie auf den Napalm-Terror der USA in Vietnam, auf den übrigens auch vorsichtig angespielt wird: »Die Gegend ist rasiert. Ein Sieg nach dem andern./Hier wächst kein Gras mehr.« (St, 280) Hält man mit diesen Hinweisen jedoch das Problem für erledigt, so verschließt man die Augen vor einem naheliegenden Gedanken. Warum sollte sich ein DDR-Autor der Gegenwart die Mühe machen, für sein Publikum den Nachweis der unbestrittenen Grausamkeit des imperialistischen Kriegs, des Faschismus oder gar des englischen Feudalismus des 11. Jahrhunderts zu erbringen? Muß man nicht annehmen, daß Müller, der sich in fast allen Werken mit den ›schwarzen‹ Aspekten gerade der Revolutionsgeschichte selbst, mit ihren Windungen und qualvollen Widersprüchen beschäftigt, auch in der »Macbeth«-Bearbeitung das Thema Macht und Gewalt in der *eigenen* Geschichte suchte – daß er auf Spezifischeres zielte als die Einsicht in die Roheit der Welt? Harich, dem es offenbar als Zumutung erschienen wäre, auch nur den Gedanken in Erwägung zu ziehen, »Macbeth« könne eine Befassung mit der eigenen Gewalt im Kommunismus sein, scheint doch dergleichen geahnt zu haben. Am Ende des erwähnten Pamphlets schreibt er, Heise habe nicht unrecht mit der Bemerkung, daß Müllers Bearbeitung als geschichtsphilosophisches Stück den Zuschauer mit »gegenwärtig noch mächtiger Vorgeschichte der Menschheit« konfrontiere. Dann fährt er fort:

> »Der Gedankengang müßte an diesem Punkt allerdings fortgeführt werden zu der Vermutung, daß Müller den Fehler begeht, in die ›gegenwärtig noch mächtige *Vorgeschichte*‹ die im Oktober 1917 in Petrograd unter den Salutschüssen der Aurora begonnene *Geschichte* der Menschheit unterschiedslos mit einzubeziehen . . .« (SuF 1973, H. 1, S. 218)

Nun läßt sich an anderen Werken Müllers tatsächlich der »Fehler« belegen, daß er den zum unreflektiert gebrauchten Topos herabgesunkenen Gegensatz von Vorgeschichte und Geschichte in seiner parteioffiziellen Auslegung nicht vorbehaltlos akzeptiert. Was Dogmatismus und Aufklärungsoptimismus gleichermaßen verstören muß, ist der Umstand, daß Müller in »Macbeth« eine ganz eigene Phänomenologie *auch der revolutionären Gewaltausübung* gibt, deren Applikation auf die »Geschichte« seit den Schüssen der Aurora nicht nur möglich ist, sondern nahegelegt wird. Es geht in diesem Stück um die innere Dialektik einer Erfahrung, die der absolute Souverän macht, und um die Frage, unter welchen Bedingungen Geschichte und Politik das Aussehen einer unbeweglichen, trüben Sumpflandschaft annehmen. Daß aber dieses Modell auf die Sowjetunion zu beziehen ist, verdeutlichen einige Beobachtungen. Zunächst der Kontext: 1971 entstanden, folgt »Macbeth« dem Stück »Mauser«, das den Henker im Dienst der russischen Revolution zum Thema hat. Und auf die »Macbeth«-Bearbeitung folgt wiederum ein Stück über den russischen Bürgerkrieg: »Zement« (1972). Zur Entstehungszeit der »Macbeth«-Bearbeitung lag Müller die Beschäftigung mit der Entwicklung der russischen Revolution also nicht fern.

Auch die von Müller in Shakespeares Text erst herausgearbeitete Konstellation einer *abgehobenen Macht* auf einem Meer feindlicher

Bauern läßt an die Problematik der frühen Sowjetunion denken, deren Chronisten und Theoretiker seit Lenin darin übereinstimmen, daß die isolierte Minderheitsposition der Bolschewiki (und der Arbeiterklasse) gegenüber dem nach Millionen zählenden Heer der Bauern auf niedriger Zivilisationsstufe zu jener tragischen Notwendigkeit rücksichtsloser Machterhaltung und Isolation führte, die das innere Leben der KPdSU bald ersticken sollte. Politik wurde Cliquenkampf, die Abgehobenheit gegenüber den Volksmassen nahm zu. Die bewußt betriebene Ausbeutung der Bauernschaft für die sozialistische Akkumulation bewirkte das zwanghafte Zusammenrücken. Macbeth: »Ja. Das Eis ist dünn/Auf dem wir unsere Bauern rösten. Helft/Den Thron uns halten, so hält euch der Thron.« (St, 313) Immer wieder wird die notwendige Grausamkeit, »weils der Staat braucht«, Thema. Anspielungen auf Speichelleckerei (299) und Spitzelwesen (305) lassen ebenso an pervertierte Formen der stalinistischen Bürokratie denken wie der stumme Kampf um die besten Plätze in der Nähe der Machtspitze (302). Einzelheiten wie die, daß Müller die Wut des Königs auf jene, die die bedrohlichen Geister nicht sehen wollen, zusätzlich betont, könnten daran erinnern, daß in den 30er Jahren schon als verdächtig galt, wer die ständig von »Agenten« drohende Gefahr nicht »erkennen« wollte. Und Malcolm sitzt, ähnlich wie Stalins Widersacher Trotzki, im Ausland, einer, der »pocht auf sein Erbrecht und das große Wort führt« (307). Während diese Einzelheiten für sich genommen nicht aussagekräftig wären, ergeben sie in ihrer Gesamtheit ein doch deutlich erkennbares Abbild (ins Finstere verzeichnet durch die Bühnenfolie des Macbethstoffs) der sowjetischen Staatsmacht im ›Krieg‹ gegen die Bauernmassen, zugleich bedroht vom kapitalistischen Ausland, gänzlich zurückgeworfen auf das Erhalten der Staatsmacht um jeden Preis, zugleich immer mehr von der ›Basis‹ entfremdet und isoliert, Gewalt aus Gewalt erzeugend.

Den Dramatiker und politischen Denker Müller interessiert nun in der Tragödie des Tyrannen die subjektive *und* die objektive Gestalt der Staatsmacht, wenn sie kein anderes Ziel mehr zu verfolgen vermag, als die bloße Erhaltung ihrer selbst. Nicht um einen vagen Pessimismus als Weltanschauung geht es, sondern um das Verständnis eines Zustands, in dem Politik objektiv die Form brutaler persönlicher und fraktioneller Machtkämpfe annimmt. In die düstere politische Szene trägt die »Macbeth«-Bearbeitung eine Analyse der *subjektiven Seite* absoluter Machtausübung – durch eine spezifische Gestaltung des Macbeth, die, obwohl dem alten Text treu, ganz Müllers Werk ist.

Mit »Mauser« verbindet »Macbeth« das Thema, wie die Aus-
übung der Macht über Leben und Tod auf den diese absolute
Macht Ausübenden zurückwirkt: versteinernd, entfremdend. Das
Stichwort »Arbeit«, allgegenwärtig in Müllers Werk, aber in
»Mauser« vor allem mit dem Töten gleichgesetzt, erscheint wieder.
Macbeth vor dem Mord an Duncan:

> »Ich war sein Fleischer. Warum nicht sein Aas
> Auf meinem Haken. Ich habe seinen Thron ihm
> Befestigt und erhöht mit Leichenhaufen.
> Wenn ich zurücknähm meine blutige Arbeit
> Sein Platz wär lange schon im Fundament.
> Er zahlt was er mir schuldet wenn ichs tu.«
> (St, 283)

Mauser wie Macbeth unterliegen der Logik der Brutalisierung.
Eine unheimliche Veränderung ergreift den, der andere zum
Objekt macht, tötet, und sich selbst dabei zum willenlosen
Schlächter hergibt: er selbst wird zum für Tod und Leben fühllosen
Objekt, so daß der Tod, den er ›austeilt‹, ihn selbst ereilt. Mauser,
das Subjekt der Gewalt, wird »Genosse Mauser« (Majakowski):
Revolver und Instrument, verinnerlicht die Verdinglichung. »Ich
Rad Galgen Strick Haleisen Knute Katorga . . .« (»Mauser«) –
diesem Satz antwortet in »Macbeth«:

> »Ich war sein Schwert. Ein Schwert hat keine Nase
> Für den Gestank aus offnen Leibern. Konnt ich
> Die Hand abhaun, die mich geführt hat.« (St 288)

Als Macbeth noch Duncans Werkzeug war, ließ ihn sein Morden
kalt. Nun hat er im eigenen Interesse gemordet, zum ersten Mal für
sich *selbst*. »Zum erstenmal dein eigenes Schwert warst du« (288),
erklärt ihm Lady Macbeth. Mit diesem Schritt – und darin liegt die
Akzentverschiebung gegenüber »Mauser« – bleibt Macbeth nicht
mehr nur das tödliche und tote Objekt, das »Schwert«, sondern
wird allererst zum *Subjekt* seines Schlachtens. Wenn sich in Shakespeares gesamtem Werk, wie man übereinstimmend gefunden hat,
zwischen Mittelalter und Neuzeit, Feudalismus und bürgerlicher
Gesellschaft das Individuum entdeckt, so zeigt Müller die Geburt
des Subjekts von der düsteren Seite: *Geburt des Subjekts der
Grausamkeit*. Kaum, daß Macbeth durch den Mord – Durchbre-
chung des feudalen Schemas – Subjekt geworden ist, verfällt er
einer zugleich sadistischen und verzweifelten Selbsterfahrung der
Angst, der Leere und des Nichts.

Macht des Staats, absolut gesetzt, verändern den Träger der
Macht, erzeugt aus sich die psychischen und materiellen Bedingun-

gen ihrer Perpetuierung. Die zentrale Szene 16 zeigt, wie Müller, nach dem er den in der Parteidisziplin zum Objekt werdenden »Mauser« geschrieben hat, in die dort nur gestreifte subjektive Seite der Dialektik von Macht und sadistischer Lust weiter eindringt. Macbeth kann nach der Prophezeiung der Hexen annehmen, daß seine Macht durch keine irdische Gegengewalt mehr beschränkt ist. Der Tyrann steht über dem Tod:

> »Ich bin Macbeth, König, ich kommandiere
> Den Tod in Schottland [. . .]«

Aber es folgt eine merkwürdige Wendung: Gerade ein Leben, das keinen Tod mehr fürchten muß als den »eingeborenen«, ist unmöglich: »Was nicht mehr stirbt ist tot« (St, 309). Und so jubelt Macbeth über seine unbeschränkte Diktatur nicht etwa auf, sondern fährt fort:

> »Was würgt meine Kehle.
> Die Wände schließen sich um meine Brust
> Wie soll ich atmen in dem Hemd aus Stein.
> (*Pause*.)
> Mein Grab stand offen einen Augenblick lang.« (St, 309 f.)

An dieser Stelle, von Müller in Shakespeare hineinprojiziert, liegt der Angelpunkt seiner Dialektik von absoluter Macht und Sadismus. Todenthobenheit bedeutet, daß das Leben, des Kontakts mit dem fremden Tod beraubt, erstarrt. Das in seiner Macht lebendig begrabene Ich endet in melancholischer Fixierung auf den verfallenden und doch nicht lebendigen Körper. Es ist, als greife Müller den Shakespeare geläufigen Topos der »Melancholie des Herrschers« auf, den Walter Benjamin in »Ursprung des deutschen Trauerspiels« untersuchte, um ein indirektes Plädoyer für die Selbstbeschränkung jeder, auch der revolutionären Souveränität, zu formulieren. Macbeth' Monolog macht spürbar, wie *aller* unbeschränkten Macht die Tendenz zum Mord innewohnt. Zunächst erzeugt sie eine Art »Identitätskrise«, die den Tod, auch den schändlichsten, herbeisehnen läßt:

> »Mein Fleisch riecht faulig. Bin ich der ich bin.
> Ein Hundemagen wär mir nicht zu stinkend
> Gäb er ein Schlupfloch her aus meinem Grab.« (St, 310)

Der nächste Schritt ist der Wunsch, Zeit, Geschichte, das Dasein überhaupt mit seiner Bewußtheit hinter sich zu lassen: »Könnt ich zurückgehn in das Kind das ich war.« Und dann folgt die ekelgeborene Wendung, den Tod sich zum Erlebnis zu machen, um überhaupt das eigene Leben noch zu erfahren. Gegen den Schrecken des vorm Tod gesicherten Lebens braucht der Herrscher – das Morden:

> »Ich will die Häute meiner Toten anziehn
> In Fäulnis kleiden mein hinfälliges Fleisch
> Und überdauern mich in Todes Maske.
> Ich will vermehren die Armee der Engel.
> Ein Wall aus Leichen gegen meinen Tod.« (St, 310)

Es folgt logisch der rasche Entschluß, Macduffs Familie zu ermorden. Bei Shakespeare will Macbeth nur seine Gewissensbisse betäuben, wenn er spricht von seiner »initiate fear that wants hard use« (III,4). Gewöhnung ans Morden wird bei Müller mehr: Bestätigung, daß das Subjekt der absoluten Macht noch im/am Leben ist. Die Greuel auf der Bühne demonstrieren nicht nur, welches Ausmaß von Sadismus zur Erhaltung der pervertierten Identität vonnöten ist, sondern die Allgegenwart von Worten wie Fäulnis, Speichel, Blut, abgezogener Haut, Brüllen unterbindet jede unkörperliche Auslegung der Melancholie. Die realen Bestialitäten korrespondieren der zwanghaften Introspektion des Herrschers, Introspektion wörtlich genommen: phantasmatisches Eindringen in das Innere des Körpers, Blick in den Organismus, grausige Versenkung des Ekels in die Eingeweide, die verdrängte Seite des Lebens. Darauf weist auch Macbeth' unvermitteltes Ovid-Zitat aus der Geschichte des Marsyas:

»ABER IM SCHREIEN ZOG DER GOTT DIE HAUT IHM ÜBER DIE GLIEDER UND GANZ WUNDE WAR ER MIT AUGEN SEHBAR DAS GEFLECHT DER MUSKELN DAS RÖHRENWERK DER ADERN AUFGEDECKT UND MIT DEN HÄNDEN GREIFEN KONNTE MAN DIE EINGEWEIDE. (St, 312)

So sehr ist Macbeth gefangen von der Faszination, daß er eine Weile überhaupt nicht bemerkt, daß die Folterung eines feindlichen Burgherrn, die er mit dem Zitat kommentiert, durch einen Bauern geschieht. Der hoffnungslose Versuch, dem Entzug der Beziehung zum Organischen zu entrinnen, ist die Grausamkeit. Ihr inneres Telos ist die Neigung zur Selbstzerstörung, und Macbeth geht diese Bahn bis zum Ende wie der längst verlorene Diktator in den Ruinen der Hauptstadt.

Man hat nicht versäumt zu bemerken, daß Müller eine sexuelle Bedeutung (Impotenz) für Macbeth' Grausamkeit andeutet (vgl. bes. H. Fuhrmann in: Arcadia 1978, H. 1, S. 55–71). Das ist richtig, trifft aber nicht den Kern, denn in »Macbeth« wird der Sadismus gerade auf alle Beteiligten verallgemeinert. So wichtig bei Müller der sado-masochistische Aspekt sozialer Kämpfe ist, gerade in »Macbeth« tritt dieses Motiv zurück. Der Hinweis scheint nicht überflüssig, weil Interpreten in Ost und West nicht zuletzt mit diesem Argument die ganze Bearbeitung auf eine übergeschichtliche nihilistische »Fleischer-Philosophie« reduzieren. Wenn Macbeth seinen auch sexuellen Neid auf Banquo formuliert, dessen Nachkommen die Zukunft gehören soll (»Ich will ihm kürzen sein zu steiles Glied«), verallgemeinert Müller die Vernichtungswut des nihilistischen absoluten Herrschers: »Ich will der Zukunft das Geschlecht ausreißen./Wenn aus mir nichts kommt, kommt das Nichts aus mir« (St, 297).

Diese Logik, die Macbeth noch am Ende wünschen läßt: »Wär ich dein Grab/Welt. Warum soll ich aufhörn und du nicht« (320), ist die folgerichtige letzte Konsequenz der unbeschränkten Machterfahrung, die Todeserfahrung und dann sadistisches Zerstörungs- und Untergangsverlangen wird. Das hat auch auf der objektiven Ebene seinen Sinn. Macbeth sagt Nein zur Zukunft, und damit wird die feudale Szenerie zum Modell des Problems, was aus der revolutionären Macht wurde, die die pure Selbsterhaltung im *Jetzt* über alles stellte. Das Verkommen der Politik zu Cliquenkämpfen, die Opferung der revolutionären ›Zukunft‹ waren die weitreichenden Folgen. Daß die kommunistische Staatsmacht immer wieder damit zu tun hat, um der Selbsterhaltung willen die revolutionären Ziele zu opfern, dies zu verleugnen, ist eines der Hauptziele der offiziellen Geschichtsschreibung der DDR, es zu reflektieren eine der wichtigsten Aufgaben materialistischer Dramatik. Es ist absurd, »eine Kette von Situationen als Wunschzettel des Autors« (Müller) zu lesen. Er zeigt vielmehr an Shakespeares Fabel, die er neu liest, unter welchen Bedingungen Geschichte zum stehenden Gewässer, zum Sumpf wird, Zukunft im Bewußtsein der Handelnden abstirbt. Staatsgewalt, die nur sich erhält, führt zur Geburt von Grausamkeit aus dem der Macht innewohnenden Nihilismus. Die schneidende Selbstanalyse der »Macbeth«-Bearbeitung fragt: Wie deformiert und zerrüttet der Kommunismus, der absolut über Macht und Tod verfügt, seine Zukunft, seine eigene psychische und gesellschaftliche Substanz? Diese Analyse ist Müllers konstruktiver, ›optimistischer‹ Beitrag zu jener Zukunft.

»Mauser« »Variation auf ein Thema aus Scholochows Roman ›Der stille Don‹« (20. Kapitel) ist ein Lehrstück über die revolutionäre Gewalt, das, 1970 geschrieben, in der DDR nicht veröffentlicht wurde. 1976 erschien es zunächst in einer amerikanischen Übersetzung in »New German Critique« und im Herbst des gleichen Jahres in der westberliner Zeitschrift »alternative«. Sicher hat Müller den Abdruck auch in seinem Staat versucht.

Verschiedene Fassungen kursierten: Alexander von Bormann zitiert eine frühe, in der Mauser als M (auch ein Initial des Autors!) figuriert. Im Abdruck der Rotbuch-Werkausgabe (Müllers autorisierter letzter Fassung) heißt er lediglich A, (sein Vorgänger im Amt, der sonst als A bezeichnet wurde, B), so daß der Titel des Stücks »Mauser« nicht mehr eindeutig als Name zu deuten ist. Das Wort Mauser läßt vor allem an den Revolutionsrevolver im sowjetischen Bürgerkrieg denken, den schon Majakowski besang: »Rede, Genosse Mauser« (Linker Marsch«). Mauser ist auch der Federwechsel der Vögel: »Die Feder wird meist nach einjähriger Dauer im Anschluß an die Fortpflanzungszeit durch eine rasch wachsende neue Feder aus dem Balg geschoben und ersetzt.« (Brockhaus). So ist Müllers »Mauser« einerseits gleichsam die Erfüllung von Majakowskis Aufforderung (Mauser redet, und Müllers Sprache hämmert tatsächlich in einer Weise, die das Wort »maschinengewehrartig« nahelegt) und beschreibt zugleich einen »Federwechsel« – das Auswechseln der revolutionären Berufshenker. Schlägt der Versuch, die Geschichte aus ihrer naturgeschichtlichen Determinierung zu befreien, wieder in Natur zurück? »Mauser« läßt sich lesen als ein Stück über die Dialektik der Aufklärung, die das Opfer zum Sprechen bringt.

In den frühen 20er Jahren der Sowjetunion steht ein Henker vor dem Tribunal, der im Auftrag der Partei »Feinde der Revolution« getötet hat, zu denen B, sein Vorgänger im Amt, gehört, der liquidiert werden muß, weil er einen Bauern, den er als »Feind« erschießen sollte, laufen ließ, weil er im »Feind« den Klassenbruder erkannte, das verängstigte und unterdrückte Volk. Auch A beschleichen während seiner »Arbeit« Zweifel, doch die Partei entläßt ihn nicht aus seinem Auftrag, weil jeder Revolutionär seine Pflicht an dem Ort zu erfüllen hat, an den ihn die Revolution gestellt hat. A spürt an sich Veränderungen: Er wird zunehmend zur gefühllosen Maschine. Aber auch die erneute Bitte um Entlassung erfüllt ihm die Partei nicht. Mehr noch: Sie verweigert ihm sogar letzte Gewißheit über den Sinn seiner Arbeit. A soll selber als

Mitglied der Partei die historische Berechtigung seines Auftrags wissen. Seine Frage »Wird das Töten aufhören, wenn die Revolution gesiegt hat./Wird die Revolution siegen. Wie lange noch.« (M, S. 63 f.) gibt die Partei an ihr Mitglied zurück. A tötet weiter, und an einem bestimmten Punkt verwandelt er sich aus einem mechanisch in einen orgiastisch tötenden Henker. Dieser Verlust des Bewußtseins wird von der Partei mit seiner Erschießung geahndet, zu der er – jetzt als »Feind der Revolution« betrachtet – sein Einverständnis geben soll. Es bleibt offen, ob Mauser in seinem Schlußsatz – dem Erschießungskommando »Tod den Feinden der Revolution« – sich selbst einbezieht, oder das Einverständnis zu seiner Liquidation verweigert.

Der Text ist einem Rollengedicht vergleichbar. Reimlose Verse bilden einen maschinell gleichbleibenden Sprachfluß in fugenartig komponierten Themenblöcken. Ganze Zeilengruppen und einzelne Begriffe kehren, musikalischen Motiven vergleichbar, hämmernd wieder. Die vieldeutige Syntax erzeugt zusätzliche Verwirrung durch die Verschachtelung der Zeitebenen: Der ganze Prozeß wird aus der Rückschau vergegenwärtigt, dadurch gehen die beiden Henker-Gestalten A und B ineinander über. Als über A zu Beginn das Urteil verhängt wird, beginnt der Bericht über seine Geschichte als Parteihenker, die mit der Erschießung Bs begann, so daß, als am Ende das Urteil durch A selbst vollstreckt wird, sich das Stück – ein dramatisierter Bericht – wie ein Kreis schließt: Die Sterbeszene, die das ganze Stück ist, mündet in sich selber.

»*Mauser*, geschrieben 1970 als drittes Stück einer Versuchsreihe, deren erstes *Philoktet*, das zweite *Der Horatier*, setzt voraus/ kritisiert Brechts Lehrstücktheorie und Praxis«, schrieb Heiner Müller in einer Anmerkung zu dem Stück, das Brechts Lehrstück von 1930, »Die Maßnahme«, zur Folie hat und um ein vielfaches radikaler als Brecht, auch als noch Müllers »Philoktet«, die Frage nach den Kosten der Revolution stellt.

Brecht hatte die Frage aufgeworfen, welche persönlichen und politischen Opfer in der Gegenwart zu rechtfertigen sind, um der endgültigen Revolution willen. Daß die Antwort des Kontrollchors der «Maßnahme» (»Wir sind einverstanden mit eurer Arbeit«) eine positive Rechtfertigung der Partei darstellt, ist möglich aus zwei Gründen: einerseits führt die Gewaltsamkeit dieser Rechtfertigung gerade durch ihre extreme Härte zum Zweifel (Brecht relativiert so durch ein ästhetisches Moment das ideologische), andererseits wäre es dem Autor der »Maßnahme« keinen Augenblick lang in den Sinn gekommen, die Mittel der Revolution

könnten deren Gehalt selbst *vernichten*. Genau dieser Zweifel aber
ist der Dreh- und Angelpunkt des Lehrstücks »Mauser«:

> »Wozu das Töten und wozu das Sterben
> Wenn der Preis der Revolution die Revolution ist
> Die zu Befreienden der Preis der Freiheit.« (M, S. 59)

Die Frage ist schon der fortwährenden Bezeichnung des Tötens
als »Arbeit« immanent, umfaßt doch auch diese die beiden
Aspekte, Tätigkeit auf ein Ziel, ein Produkt *hin* zu sein, aber auch,
als Re-Produktion, nur die auf einen Sinn nicht befragte Fortdauer
ihrer selbst zu ›produzieren‹ (vgl. in »Bau« Barka und Donat). Das
Motiv Töten =Arbeit hat daher einigen Interpreten »Mauser« als
radikalisiertes »Produktionsstück« erscheinen lassen (vgl. Schivelbusch und Bathrick/Huyssen), das das Thema: Töten als Parteiauf-
trag und Arbeit in dem Kontext »Entfremdung« oder »Verdinglichung« im Sozialismus stellt.

Das Stück führt vor, wie der Revolutionär durch die Ausübung
von Gewalt, die er aus Einsicht bejaht, von der Archaik infiziert
wird, die jeder Gewalt innewohnt. Gerade durch die Identifizierung mit der Rationalität des historischen Auftrags (A und Chor
sprechen oft mit einer Stimme) schlägt Rationalität in Archaik um,
denn die Stimme der subjektiven Vernunft muß verstummen.
Archaik aber kulminiert in der Befreiung von der moralischen Last
der Toten und in der Lust am Töten. Das andauernde Morden
spaltet Mauser, der vor einer fast unlösbaren Aufgabe steht:
zugleich als willenloses Opfer/Tötungsinstrument der Partei zu
fungieren und doch die *Differenz* des subjektiven Empfindens
nicht zu verlieren. Sein Platz, der Platz jedes einzelnen Kämpfers
oder Henkers muß, so sagt die Partei, mit jener minimalen Differenz zwischen Bewußtsein und Handeln ausgefüllt werden, die es
möglich macht, zu töten, damit das Töten aufhört.

> »Zwischen Finger und Abzug der Augenblick
> War deine Zeit und unsre. Zwischen Hand und Revolver die Spanne
> War dein Platz an der Front der Revolution
> Aber als deine Hand eins wurde mit dem Revolver
> Und du wurdest eins mit deiner Arbeit
> Und du hattest kein Bewußtsein mehr von ihr
> Daß sie getan werden muß hier und heute
> Damit sie nicht mehr getan werden muß und von keinem
> War dein Platz in unserer Front eine Lücke
> Und für dich kein Platz mehr in unserer Front.« (M, S. 67)

Nur der Apparat darf fühllos sein, das Individuum nicht. A
jedoch hält diese Diskrepanz nicht aus. Er macht sich eins mit dem

Apparat, kenntlich daran, daß er sich dem moralischen Bewußtsein entzieht: »In meinem Nacken die Toten *beschweren* mich nicht mehr« (64, Hervorhebg. vom Verf.) und die Partei wird ihm vorhalten: »Schrecklich ist die Gewohnheit, tödlich das *Leichte*« (67, Hervorhebg. v. Verf.). Aber die Impulse entziehen sich der rationalen Kontrolle:

> »Ich tanze auf meinem Toten mit stampfendem Tanzschritt,
> Mir nicht genügt es zu töten, was sterben muß
> Damit die Revolution siegt und aufhört das Töten.
> Sondern es soll nicht mehr da sein und ganz nichts
> Und verschwunden vom Gesicht der Erde
> Für die Kommenden ein reiner Tisch.
> (M, S. 64)

A hat die Spanne zwischen tierischer Vorzeit und dem leeren Bild des zukünftigen Menschen nicht ertragen. Er ähnelt in diesem Moment dem Bild des faschistischen Henkers, das Adorno/Horkheimer in der »Dialektik der Aufklärung« zeichnen:

> »In der teuflischen Demütigung des Häftlings im Konzentrationslager, die der moderne Henker ohne rationalen Sinn zum Martertod hinzufügt, kommt die sublimierte und doch verdrängte Rebellion der verpönten Natur herauf. [...] Er macht nun alles zu einem, indem er es zu nichts macht, weil er die Einheit in sich selbst ersticken muß. Das Opfer stellt für ihn das Leben dar, das die Trennung überstand, es soll gebrochen werden und das Universum nur Staub sein und abstrakte Macht.« (Ffm. 1969, S. 250)

Die Feinde der Revolution sollen, sagt Mauser, nicht nur tot sein, sondern für das Gedächtnis ausgelöscht, was die Partei weder verlangt noch akzeptiert. Zu ihrer Integrität gehört es, die Gewalt bewußt auszuüben und andererseits das Risiko auf sich zu nehmen, ohne sicheres Wissen über das Ziel der Revolution, vergeblich Opfer zu produzieren. Denn:

> »Nicht eh die Revolution gesiegt hat endgültig
> In der Stadt Witebsk wie in andern Städten
> Werden wir wissen, was das ist, ein Mensch.
> Nämlich er ist unsere Arbeit, der unbekannte
> Hinter den Masken, der begrabene im Kot
> Seiner Geschichte, der wirkliche unter dem Aussatz
> Der lebendige in den Versteinerungen
> Denn die Revolution zerreißt seine Masken, tilgt
> Seinen Aussatz, wäscht aus dem steinharten Kot
> Seiner Geschichte sein Bild, der Mensch, mit
> Klaue und Zahn, Bajonett und Maschinengewehr
> Aufstehend aus der Kette der Geschlechter
> Zerreißend seine blutige Nabelschnur

Im Blitz des wirklichen Anfangs erkennend sich selber
Einer den andern nach seinem Unterschied
Mit der Wurzel gräbt aus dem Menschen den Menschen.
Was zählt ist das Beispiel, der Tod bedeutet nichts.«
(M, S. 63)

Es gibt kein Wissen jetzt, sondern nur die revolutionäre Praxis
selbst, die tödliche und tötende. Die Arbeit der Revolution erst
wird den Menschen produzieren. Vorläufig ist er eine Mischung
aus Tier und Maschine im Niemandsland der Revolutionszeit. A
jedoch hält es in dieser Ungewißheit, in der der Tod nichts
bedeutet, weil er keine Menschen trifft, nicht aus. »Ich Lücke in
meinem Bewußtsein, an unserer Front«, hält er zunächst die
natürliche Solidarität mit dem Leben innerhalb des Schlachtfeldes
aufrecht und damit ein Prinzip, um dessentwillen die Revolution
begann. A fragt gegen die Erkenntnis der Partei mit der »eigenen
Stimme« nach einem Sinn des Tötens, den die Partei nicht geben
kann, weil sie im Hinblick auf das Wissen ganz im Gegensatz zu
Brechts Partei mit den 1000 Augen nichts anderes als A ist: »Du
weißt was wir wissen, wir wissen was du weißt.« Gerade diese
Identität führt A in den Zustand einer Depersonalisation, ohne
Bewußtsein von einem Sinn, ohne Gewißheit auf eine Zukunft als
Arm der Revolution zu töten, als bloßes Teil von ihr, mit ihrer
Gewalt identisch. In falscher Unmittelbarkeit übernimmt er das
rein negative Bild des Menschen:

»Ein Mensch ist etwas, in das man hineinschießt
Bis der Mensch aufsteht aus den Trümmern des Menschen.«
(M, S. 64)

Nicht anders konnte A den Orakelspruch verstehen. Die Tragik
besteht wie in der Antike darin, daß die Wahrheit (der Partei, des
Gottes), obwohl dem Wortlaut nach unverändert, mit ihrem Subjekt ihre Bedeutung ändert. Die Brutalität gegen die Lebenden
kann als Element revolutionärer Praxis einer Maschine (dem Partei-
apparat) zugestanden werden. Gleicht das *Subjekt* sich ihr an, wird
aus einer Logik des Kampfes um Befreiung die sadistische Men-
schenverachtung des Henkers. »Mauser« stellt die Frage nach dem
Ort, dem Subjekt revolutionärer Wahrheit und fragt zugleich, ob
der einzelne überhaupt sich anders verhalten kann als A.
A beginnt seinen Tanz auf den Toten und wird als Wahnsinn-
iger, als Kannibale, als Tier ausgemerzt von seinem Auftraggeber,
ohne zu begreifen, warum. Die Partei klagt ihn an, wofür sie selbst
die Verantwortung trägt. Mit A tilgt sie ihre eigene Blutspur: er
(sie) ist Täter und Opfer zugleich.

> »Mit vielen Wurzeln in uns haust das Vergangene
> Das auszureißende mit allen Wurzeln
> In unsrer Schwäche stehn die Toten auf
> Die zu begraben wieder und wieder.
> Uns selber müssen wir aufgeben jeder eine
> Aber einer den andern dürfen wir nicht aufgeben.
> Du bist der eine und du bist der andre
> Den du zerfleischt hast unter deinem Stiefel
> Der dich zerfleischt hat unter deinem Stiefel
> Du hast dich aufgegeben einer den andern
> Die Revolution gibt dich nicht auf. Lern sterben.
> Was du lernst, vermehrt unsre Erfahrung.
> Stirb lernend. Gib die Revolution nicht auf.«
> (M, S. 67)

In einer unbeachteten Notiz zu den Lehrstücken schreibt Brecht einmal, es »soll das sterben gelehrt werden« und: »individuum nur unsterblich möglich [...] die lehre vom nichtsterben [...] stirbt es, so hat es höchste eisenbahn sich zu entindividu[alisieren] [...]« (edition Suhrkamp Ffm. 751, S. 58). Diese Motive wie die Formel vom »Aufgeben« knüpfen »Mauser« eng an das »Badener Lehrstück vom Einverständnis«, in dem es um die Annahme eines besonderen Todes geht: Sterben muß das »Eigentümliche«, damit das Individuum, als Teil der Masse, lernt, den Tod zu ertragen. Der Mensch *ist* nur in der Praxis (»Wenn man ihn verändert, gibt es ihn./Wer ihn braucht, der kennt ihn« – Brecht, GW, 2,608). Aufgefordert werden die Zuschauer angesichts der Erkenntnis des gelernten Chors (GW, 2,609: »Aber/Wer nicht sterben kann/Stirbt auch.«) den Tod als »Arbeit« zu begreifen:

> »Erhebt euch
> Sterbend euren Tod wie
> Ihr gearbeitet habt eure Arbeit.«
> (Brecht, GW, 2,610)

Wie der gestürzte Flieger bei Brecht, beharrt A auf seinem »Eigentümlichen«: »Mein Leben gehört mir.« und wird belehrt: »Das Nichts ist dein Eigentum.« Brechts Flieger ruft: »Ich kann nicht sterben«, Müllers A: »Ich will nicht sterben.«

A will nicht sterben (lernen). Er hält sein Leben für sein Eigentum, über das die Partei nicht verfügen kann, während sie doch in allen Fällen, da er ihr Tötungsinstrument war, die Herrscherin über Leben und Tod gewesen war. Sie beansprucht für sich das Recht auf das Paradox, das vordem nur dem mythischen Fatum zukam.

>»Wissend, das tägliche Brot der Revolution
Ist der Tod ihrer Feinde, wissend, das Gras noch
Müssen wir ausreißen, damit es grün bleibt.«

Dieser Refrain, der wie unter Wiederholungszwang, das Stück durchzieht und das Subjekt, auf das er sich mit dem partizipalen Beginn bezieht, immer wieder wechselt, zeigt das Paradox, in dem die Revolution sich bewegt. Es ist die ›Wahrheit‹, die zwischen den verschiedenen Instanzen des Wissens (Partei, A in den verschiedenen Etappen seiner Arbeit, B) zirkuliert und durch achtmalige Wiederholung dem gesamten Text den Anstrich einer Litanei gibt, die an ein Requiem denken läßt. Gerade als Schluß (vor dem Tötungskommando) erzeugt er die Offenheit in der absoluten Geschlossenheit des Tötungsreigens: A sagt nicht Ja, aber er tut, was man von ihm verlangt – eine Selbstliquidation mit demselben Wissen, das ihn mit der Partei verbindet. So verknüpft Müller die Darstellung der Notwendigkeit des ehernen Gangs der Geschichte mit einer paradoxen ›Öffnung‹ ihres Sinns.

»DAMIT ETWAS KOMMT MUSS ETWAS GEHEN DIE ERSTE GESTALT DER HOFFNUNG IST DIE FURCHT DIE ERSTE ERSCHEINUNG DES NEUEN DER SCHRECKEN«, schrieb Müller in der Anmerkung zu »Mauser« (M, S. 68 f.). Das revolutionäre Subjekt muß ohne positive Sicherheit, ohne festen Glauben an die letzte Wahrheit der Partei auskommen, den man in Brechts »Maßnahme« noch findet, auch wenn dieses Lehrstück mißverstanden wird, wo man es als Apologie stalinistischer Liquidationspraktiken auslegt. Bei Brecht wird der gutwillige junge Genosse, dem die nötige Disziplin fehlt, von drei Agitatoren getötet, weil sein spontanes, politisch unverantwortliches Verhalten die Revolution gefährdet. Er selbst gibt sein Einverständnis zu diesem Tod. Mauser besitzt keine eigene politische Logik, wie der junge Genosse als Vertreter des Spontaneismus. Er formuliert den Zweifel des *Körpers,* der inneren Spaltung, der den Tod (den eigenen und den der anderen) verweigert. Während bei Brecht die revolutionäre Gewalt eine Figur der Rationalität ist, verliert sie bei Müller beinahe jeden positiven Inhalt: die Blutspur der Geschichte gewinnt von neuem mythische Dimension. Der Satz des Kapitalisten aus der »Maßnahme«, »Weiß ich was ein Mensch ist«, wird in »Mauser« der Partei in den Mund gelegt! Die Gefühle des Revolutionärs aus Brechts »Mutter« angesichts seiner Liquidation durch die Gegenrevolution, die von fehlgeleiteten Klassenbrüdern repräsentiert wird:

> »Ihn aber führten seinesgleichen zur Wand jetzt
> Und er, der es begriff, begriff es auch nicht.«
> (GW 2, S.879)

wird noch unerträglicher, wenn die Partei selber an die Stelle der
Konterrevolution tritt:

> »Mich aber führen meinesgleichen zur Wand jetzt
> Und ich der es begreift, begreife es nicht
> Warum.«
> (M, S. 65)

Mausers geschlossene Welt kritisiert tatsächlich radikal Brechts
Lehrstücktheorie und -praxis, die die Dialektik im Spiel aufs Spiel
setzt, um die Reflexion über die Kosten der Revolution in Gang zu
setzen. Gerade weil das Recht des revolutionären Individuums vor
dem Geschichtsprozeß, den die Partei repräsentiert, nichtig wird,
betont das Lehrstück Brechts seine Position, bringt sie zur Sprache, ohne die Rationalität der Partei in Frage zu stellen. Das ist der
Sinn des Einverständnisses. Der Begründungszusammenhang zwischen dem ›Fehler‹ des einzelnen und der ›Korrektur‹ durch Aus-
schluß/Liquidation wird vorgeführt, das Publikum soll gespalten
werden, welcher Seite es recht gibt. Eine ›Lösung‹, wie sie in der
politischen Praxis als Entscheidung in Machtzusammenhängen
gefordert wird, hat Brechts Lehrstück nicht anzubieten. Es eröffnet die politische Diskussion über politische Entscheidungen zwischen subjektivem Impuls (Gefühl der Gerechtigkeit, Einsicht in
die eigene Schwäche) und der objektiven Instanz des Wissens über
die Geschichte, der sich die Individuen aus Einsicht unterworfen
haben.

Diese historische Vernunft, »die auf der Bühne des Brechtschen
Lehrstücks den Schatten des Schreckens warf, aber eben doch
existierte, ist im Schattenreich der Mauser-Szene kaum mehr vorhanden«. (Lehmann/Lethen, »Ein Vorschlag zur Güte«, edition
Suhrkamp 929, S. 316) Müllers Blick auf die revolutionäre Gewalt
in der Geschichte ist geprägt von der Erfahrung mit der kommuni-
stischen Politik, wo der Marxismus weniger als Befreiungsphiloso-
phie, denn als Machtkalkül wirkt. Dennoch ist »Mauser« kein
Stück gegen die Revolution, auch keines gegen die kommunistische
Partei: Mauser behält gegen sie nicht recht – aber es fällt auch kein
Glanz auf sie. Das ist eine Erklärung für das Schweigen, das über
»Mauser« in der DDR verhängt wurde, obwohl sich der Autor das
Werk gern als Lehrstück für die Parteihochschule vorgestellt hätte.

Fraglich bleibt am Ende, ob es in der »winzigen Spanne« des
Nichts – »Zwischen Finger und Abzug der Augenblick« – über-

haupt auszuhalten ist, ob die Revolution den Menschen nicht prinzipiell überfordert und daher im Prozeß ihrer Verwirklichung sich selbst zerstören muß. Der Apparat vermag mit dem Paradox zu leben, Gras auszureißen, damit es grün bleibt. Aber hält das Subjekt es aus, sich die Toten »beschwerlich« bleiben zu lassen, seine Last nicht als »Beute« (65) zu sehen? Und wenn diese Subjekte selber den Apparat tragen? Wenn es in der politischen Praxis keinen positiven Hinweis auf das Andere der Gewaltmaschine gibt? Andererseits hat die Ideologie der individuellen Moral sich als verantwortungsloser Rückzug erwiesen, verurteilt, wer rein bleiben will, sich zur Passivität und individuellen Mitschuld. Sucht man nach einer Möglichkeit, diese Paradoxien des modernen Kommunismus zu denken, so stößt man auf das Werk Maurice Merleau-Pontys. Mit seinem analytischen Blick von 1946 auf die Moskauer Prozesse von 1936 ließe sich Müllers Geschichtsverständnis vergleichen. (Als die Antizipation der Prozesse hatte man schon Brechts »Maßnahme« von 1930 gelesen und nicht zuletzt das Schicksal solcher Parteihenker wie Jagoda und Berija wird dem marxistischen »Mauser«-Leser einfallen.) Merleau-Ponty erblickt das Problem dieser Prozesse weniger in ihrem »Terror«, als in der Bemäntelung siegreicher revolutionärer Justiz durch die Maske des bürgerlichen Strafrechts:

»Denn dadurch, daß man die Gewalt verbirgt, gewöhnt man sich an sie und institutionalisiert sie. Wenn man sie hingegen beim Namen nennt und ohne Vergnügen ausübt, wie es die Revolutionäre immer taten, besteht noch Aussicht, sie aus der Geschichte zu vertreiben.« (Humanismus und Terror, Bd. 1, S. 77)

Und an anderer Stelle:

»Der Marxismus gibt uns keine Utopie, keine im voraus bekannte Zukunft, keine Geschichtsphilosophie. Aber er entschlüsselt die Fakten, er enthüllt eine ihnen gemeinsame Bedeutung, er gewinnt somit einen Leitfaden, mit dessen Hilfe wir die Richtung der Ereignisse zu unterscheiden vermögen, ohne deshalb von einer erneuten Analyse jeder Periode entbunden zu sein. Gleich weit entfernt von einer dogmatischen Geschichtsphilosophie, die den Menschen mit Feuer und Schwert eine visionäre Zukunft aufzwingt, und einem Terror ohne Perspektiven, wollte er zu einer *Wahrnehmung der Geschichte* verhelfen, die in jedem Augenblick die Kraftlinien und Vektoren der Gegenwart sichtbar werden läßt. Wenn er also eine Theorie der Gewalt und eine Rechtfertigung des Terrors ist, so ruft er die Vernunft der Unvernunft ins Leben, und die Gewalt, die er legitimiert, muß ein Zeichen tragen, das sie von der rückschrittlichen Gewalt unterscheidet.«
(a.a.O. S. 141 f.)

Ein solches »Zeichen«, dem Kantischen Begriff des »Geschichtszeichens« nicht fremd, scheint dem real existierenden Sozialismus immer noch zu fehlen. »Mauser« ist auch die Frage eines Marxisten nach diesem Zeichen.

Müller hat zu »Mauser« – wie zu »Philoktet« und »Horatier« – Materialien beigefügt. Neben einer Passage aus Raymond Chandlers Roman »Playback«, in der der eigene Tod phantasiert wird, sind es zwei eigene Texte Müllers, »Herakles 2 oder die Hydra« und die 1977 geschriebene »Absage« an Reiner Steinweg, sich weiterhin mit dem Lehrstück zu beschäftigen, weil der Glaube an eine revolutionäre Partei und geschichtliche Heilserwartung nicht mehr gegeben sei. »Die christliche Endzeit der *Maßnahme* ist abgelaufen«.

»Die Schlacht« ist Müllers erstes Stück über die deutsche Geschichte. 1951 gibt er als Entstehungsdatum an, 1974 als Zeitpunkt einer Überarbeitung. In diesem Jahr gab es auch Veröffentlichung und Inszenierung in Ost und West. Die Schlußszene »Das Laken« wurde schon 1966 (gekürzt um die Schlußdialoge, das Eintreffen der Roten Armee) in »Sinn und Form«, Sonderheft 1 veröffentlicht und 1974 gesondert uraufgeführt. »Traktor«, 1955–61 entstanden, über ein neues, ziviles Heldentum nach den großen Kriegsschlachten, ist erst zusammen mit der »Schlacht« – gleichsam als dessen Fortsetzung – uraufgeführt worden. Von Müller als Doppelstück verstanden, in der DDR auch so inszeniert und interpretiert, hat sich von »Schlacht/Traktor« in der Bundesrepublik nur die »Schlacht« durchsetzen können. »Traktor« galt, ähnlich wie die »Bauern« und der »Bau«, als ein ausschließlich auf die DDR-Geschichte und ihre Probleme zugeschnittenes Werk – der Zusammenhang zur »Schlacht« wurde in der Bundesrepublik wie in der DDR nur so gesehen, daß als positiver Kontrapunkt zu den Greuelreihen, die die »Szenen aus Deutschland« unter dem Namen »Schlacht« vereinen, »Traktor« eine grundlegend veränderte Szene, den Beginn eines neuen Deutschland, zeigt.

»Die Schlacht« schildert in fünf Schlaglichtern den Alltagsfaschismus in den ›natürlichen‹ menschlichen Beziehungen: zwischen Brüdern, Kameraden, Eheleuten, in der Familie und der »Schicksalgemeinschaft« einer zufälligen Menschengruppe im Moment der gemeinsamen Niederlage. Dies sind die fünf Konstellationen, in denen sich in einer historischen Szenenreihe eine Maschinerie der Selbstzerfleischung in Mord und Selbstmord, Gemeinheit und Entmenschung bis zum Kannibalismus durchsetzt. Unverkennbar handelt es sich, gerade an den Analogien wird es deutlich, um einen Gegenentwurf zu Brechts »Furcht und Elend des 3. Reichs«, das, Ende 1938, also noch vor den Greuln der Vernichtungslager und des 2. Weltkriegs geschrieben, in einen Appell zum Widerstand mündet. »Die Schlacht« ist nach 1945 geschrieben – wie das »Antigone«-Vorspiel Brechts, das bei der 1. Szene der »Schlacht«, »Die Nacht der langen Messer«, deutlich Pate gestanden hat. Diese für Müllers Werk aufschlußreiche »Urszene« paradox zugespitzter Widersprüche zeigt eine groteske Begegnung feindlicher Brüder, eine Situation der Schuldverstrickung, die die moralische und politische Eindeutigkeit der Vorlage – Brechts Szene aus »Furcht und Elend«: »Der Entlassene«, – nicht mehr kennt.

In der Nacht des Reichstagsbrands 1933 tritt ein ehemaliger

Kommunist im Nazi-Braunhemd in die Wohnung seines kommunistischen Bruders und bittet ihn um den Tod:

> *A*: Und als die Nacht war Tag vom Reichstagsbrand
> Stand in der Tür ein Bruder und ich gab ihm nicht die Hand.
> *B*: Ich bin dein Bruder.
> *A*:   Bist du der.
> Und wenn du der bist, warum kommts du her
> Vor mein Gesicht mit deinen Händen rot
> Vom Blut der Unsern. Wärst du dreimal tot.
> *B*: Das will ich, Bruder, darum komm ich her.
> *A*: Nennst du mich Bruder. Und ich bins nicht mehr.
> Zwischen uns geht ein Messer das heißt Verrat
> Und der bist du der das geschmiedet hat.
> *B*: Und bin ich der und meine Hand ist rot
> Gib mir was ich dich bitte meinen Tod.
> (U, S. 7)

B ist nicht fähig, selber Hand an sich zu legen; er braucht zu seinem Selbstmord den Bruder als Mörder, will ihn zum Mörder machen, um selbst zu sühnen. B war von der Gestapo nach der Machtübernahme Hitlers gefoltert worden, hatte aber die Namen der Genossen nicht verraten. Wieder freigelassen, machte er eine grausame Erfahrung: die Genossen schnitten ihn aus Vorsicht, er könne unter der Folter zum Verräter geworden sein. B wurde im Gestapokeller die »Wahrheit des Feinds« auf den Leib geschrieben: ein Hakenkreuz ist in seine Brust gebrannt – Brandmal des Gefolterten und Kainsmal des Verräters zugleich, der seine Brüder unter diesem Zeichen preisgeben soll. So wird er als Opfer der Nationalsozialisten selber einer: Träger der gegnerischen Wahrheit.

Das Zeichen auf der Brust wird in Müllers Szene zum Indiz der unerträglichen Wahrheit, daß man aus dem Kommunisten einen Nazi machen konnte. Eine ähnliche Funktion erfüllt das Braunhemd, das B in der Öffentlichkeit zu tragen gezwungen wurde: ohne Verräter zu sein, sieht er für die Genossen aus wie einer, und niemand bestätigt ihm seine Identität als standhafter Kommunist, »Mann ist Mann«. Was unter dem Hemd, unter der Haut ist, zählt nicht mehr. In einer nur abstrakten Moralität und Identität aber kann man nicht leben. B wird also zum Verräter, als der er erst nur gezeichnet wurde, durch das Mißtrauen der Genossen nicht weniger, als durch die Qual, die der Feind ihm bereitete. Wenn seine Identität zerbrochen ist, so trägt der kommunistische Bruder daran ebenso Schuld wie die Nationalsozialisten – eine Zumutung für den, der im Getümmel der Geschichts-Schlacht klare Fronten sucht. Bei Müller, dem Verfechter der »unreinen Wahrheit« (»Der

Horatier«), findet er sie nicht. Mord, Selbstmord, Tod des Körpers und Tilgung der Identität werden ununterscheidbar:

> *B*:   Ich hab mir auf den Grund gesehn
> Die Nacht der Langen Messer fragt wer wen.
> Ich bin der eine und der andre ich.
> Einer zuviel. Wer zieht durch wen den Strich.
> Nimm den Revolver, tu was ich nicht kann
> Daß ich kein Hund mehr bin, sondern ein toter Mann.
> *A*: Und als die Unsern in den Kellern schrien
> Die Langen Messer schnitten durch Berlin
> Hab ich getötet den Verräter, meinen Bruder, ihn.
> (U, S. 8)

B kann *sich* ohne Identität nicht töten. Die Reflexivität auf *ein* Subjekt funktioniert nicht mehr. »Ich bin der eine und der andre ich./Einer zuviel.« Der kommunistische Bruder als der eine Teil seiner ehemaligen Identität soll nun »den Strich ziehen« durch den »Hund« im Fell des Braunhemds. B will im Tod wieder (wie) A werden, wieder Opfer – jetzt aber der richtigen Seite: Töte mich, weil ich der bin, der ich geworden bin! Aber diese Reue bedeutet auch: Nimm den Fluch des Brudermords auf dich, nachdem du mich zu dem gemacht hast, was ich bin, akzeptiere deine Verantwortung und vollziehe du meinen Tod, der bei dir schon in Verwahrung ist! So ist ganz wörtlich das »Geben« in Bs Bitte zu lesen: »Gib mir was ich dich bitte meinen Tod.«

Verweigert ihn A zu Beginn – »Machs selber« –, wie er die Anrede »Bruder« verweigert, solange er den gezeichneten Körper Bs nicht gesehen hat, so bleibt auch der Schluß sonderbar zweideutig: A *sagt,* er habe B getötet, doch kein Schuß ist in der Szenenanweisung vorgeschrieben. A's Versuch, die Reinheit zu erhalten, die Verantwortung zurückzuweisen und den Dreck der Geschichte B aufzuladen, mißlingt. Mit der Bitte seines Bruders holt ihn die Verstrickung in Gewalt ein. Tötet er seinen Bruder nicht, wird dieser als SA-Mann die Genossen foltern, erfüllt er die Bitte um den Gnadenschuß – wird er selbst zum Mörder. Diese Verschlingung, in der der Brudermord noch nachträglich Wahrheit werden soll, verknüpft das ideologische Problem, das sich sprachlich noch fixieren ließe, mit der sprachlosen Qual der Folter. B wurde, was er ist, durch ihre jedes moralische Urteil zweifelhaft machende, jede Denkordnung destruierende Wirkung. Der körperliche Schmerz, die un-denkbare Größe, setzt die verfügende Sprache etwa einer aufklärerischen Geschichtsschreibung, die dieses Dunkel verleugnet, außer kraft. Müller treibt die körperliche und psychologische Unauflösbarkeit des Vorgangs so weit, daß sich historische Wahrheit wieder einem mythischen Modell zu nähern scheint: die Spaltung der deutschen Arbeiterbewegung, dann Deutschlands, wird zur beklemmend ›ewigen‹ Szene des Bruderkampfs, die politischen Konflikte erscheinen auf der äußersten Spitze ihrer gedanklichen Durchdringung wieder als Urgemetzel: der Bruder mordet den Bruder (selbst).

Die nächsten Szenen der »Schlacht« verlaufen nach ähnlichem Muster: drei Soldaten verzehren im schon verlorenen Krieg in Rußland einen schwachen vierten aus Hunger (»Ich hatt einen Kameraden«); ein Nazi-Kleinbürger bringt Frau und Tochter um, weil Hitler sich auch das Leben genommen hat (»Der Führer ist tot. Leben ist Hochverrat«), entzieht sich aber selbst dem kollektiven Suizid; als die Russen kommen, tötet eine Frau ihren Mann (»Fleischer und Frau«), der sich seinerseits durch Selbstmord der Verantwortung entziehen will für einen Mord, den er in seiner SA-Vergangenheit begangen hat. Sie tötet ihn in dem Moment, als sie den Ertrinkenden retten will – der sie mit sich in die Tiefe zu ziehen droht: »Ich hab ihn umgebracht. Er oder ich./Das Wasser wärs gewesen ohne mich auch.«

Die letzte Szene der »Schlacht« spielt in Berlin, April 1945. Es ist der Tag, an dem die Sowjetarmee einmarschiert. Zufällig in einem Keller versammelte Menschen müssen entscheiden, ob sie zum Zeichen der Kapitulation ein weißes Laken hissen sollen. Es würde vielleicht die einmarschierenden Sowjets besänftigen – kann aber das Leben kosten, falls die SS den Siegern in letzter Minute zuvorkommt. Schließlich hängt ein desertierter junger Soldat im Auftrag der andern das Laken hinaus. Er wird von der SS gestellt und die andern Kellerinsassen erklären ihn einhellig zum Alleinverantwortlichen. So retten sie ihr Leben, die SS hängt den jungen Soldaten. Die dann folgende Schlußpointe ist 1966 in »Sinn und Form« nicht abgedruckt worden, vielleicht ist sie erst später entstanden. Als wenige Minuten später sowjetische Soldaten den Leichnam in den Keller tragen und mitleidig glauben, eine der Frauen sei die Mutter des Toten, bestätigt sie das, obwohl es nicht stimmt, und die Gruppe erhält zur Belohnung Brot – Lohn für Feigheit, Anpassung, Lüge und einen Quasi-Mord. Über dem Toten, dem sie das Brot verdanken, werden die Menschen augenblicklich wieder zu Feinden, die schweigend um das Brot kämpfen. Eine »unbefleckte Empfängnis« hat Müller im Untertitel der Szene »Das Laken« blasphemisch das erste Zusammentreffen der Sowjetarmee mit der deutschen Bevölkerung genannt: Deutschland kam zum Sozialismus wie die Jungfrau zum Kinde.

All diesen »Szenen aus Deutschland« ist gemeinsam, daß gegenseitiges Abschlachten als selbstverständliche Bedingung des eigenen Überlebens erscheint. Es gibt keine Instanz, die über Unmoral und Ungerechtigkeit richtete. Alle Überlebenden sind selbst Mörder: Leben heißt Töten. Müller fragt nicht, wie alles so hat kommen können, sondern: wie es endet. Nationalsozialismus, Weltkrieg und Auschwitz sind für ihn keine absoluten Zäsuren, sondern bei aller politisch-historischen Analyse, auch die Fortschreibung der mythischen Gewalt, von der sich die Menschen noch immer nicht befreit haben. Das zwingt sie wieder und wieder zur Selbstzerfleischung, zu einer Verwicklung von Zerstörung und Selbstzerstörung – von Kain und Abel, von den Nibelungen in Etzels Saal bis zum deutschen Proletariat am Ende der Weimarer Republik, das in SPD, KPD und SA unwiederruflich zerfallen, sich selbst in den Untergang führte. Dieser Blick auf die Geschichte, auf ihren unwiderstehlichen Zug zum Ende, ist als »Störung« des offiziellen Geschichtsoptimismus in der DDR produktiv. Jede Rezeption hat darauf zu reflektieren, daß solche Bilder als Disput mit marxistischer Theorie und Praxis, und als Figuren einer Selbstbefragung zu verstehen sind.

»Traktor« (1955/61/74) wurde 1974 an der Berliner Volksbühne zusammen mit der »Schlacht« aufgeführt, eine einleuchtende Kombination, denn »Traktor« wird in der Zusammenstellung mit der »Schlacht« als deren Fortsetzung und Widerlegung erkennbar. Die 1. und 2. Szene schließt an den letzten Satz der »Schlacht« an: »Über dem Toten beginnt der Kampf der Überlebenden um das Brot.« Über dem Toten – dem Vergangenen, Begrabenen, Abgestorbenen – beginnen die Menschen den Aufbau, kämpfen aus dem Willen zum Überleben um die Erhaltung und neue Nutzung der Erde.

Der Inhalt der Szenenfolge: noch in den letzten Kriegstagen (Szene 1) wird ein Soldat als Hochverräter gehängt, weil er sich weigert, ein Kartoffelfeld zu verminen, damit der Feind nur unbrauchbares Land erobern kann. Auch dieser Tote liegt dem Aufbau buchstäblich zugrunde, der nach 1945 mit einer Art von Heldentum in Gang gesetzt wird, von Helden in einer friedlichen Schlacht ums Überleben. Kannte die »Schlacht« keine Helden mehr, so benötigt die neue Schlacht ums Brot »Helden der Arbeit«. Ein Traktorist wird von Bauern aufgefordert, Brachfeld zu pflügen, damit Kartoffeln gesät werden können; das Land hungert, aber der Boden trägt vielleicht immer noch Minen, einige Traktoristen sind bei ihrer Arbeit ›gefallen‹ oder wurden schwer verletzt. Wie im Krieg werden Menschen als Opfer einer ›großen Sache‹ zu Helden. Der Traktorist in Müllers Stück will jedoch kein Held sein, sondern weigert sich (»Und wenn die halbe Welt vor Hunger stirbt/Mir ist dein Acker meine Leiche nicht wert«). Im folgenden Monolog, »Aufforderung zum Tanz oder der Kampf mit dem Engel«, erliegt der Egoismus, bedrängt vom Gedanken an die Toten, am Ende unvermittelt dem Kampfeswillen: der Traktorist nimmt den Kampf des Menschen gegen Natur und Schicksal auf, kann sich nicht entziehen. Der anschließende Monolog »Minenpflügen« zeigt in mythischer Übersteigerung, daß der Traktorist, unklar warum, sich in die Reihe der Helden, die, den Tod vor Augen, ihre Arbeit tun, eingereiht hat:

> »Die Welt ein Brachfeld. Der einzige Pflüger ich.
> Der ewige Traktorist, wie lang ist ewig.
> [...]
> Das Brachfeld nimmt kein Ende unterm Pflug
> Kein Ende nimmt am Feldrain das Spalier
> Der hohlen Mägen, aufgespannt nach Futter.
> [...]

Und einer aus dem andern Aas auf Aas
Fortpflanzen sich die Toten in den Himmel.
(P 2, S. 13 f.)

Der Traktorist gerät auf eine Mine, verliert ein Bein, wie im
biblischen Mythos Jakobus für die Auserwählung und Umtaufung
in Israel mit der lädierten Hüfte bezahlt. Aber ein Held will
Müllers Traktorist nicht sein. Er will sein Bein wiederhaben. Sein
Körper, den er durch den Krieg gerettet hat, wurde in der Produktionsschlacht der Nachkriegszeit zerrissen. Nur mit großen Widerständen läßt sich der »Held der Arbeit« überzeugen, daß sein
Opfer im Nachkrieg einen Sinn hat: der Hunger wird durch seinen
Mut gelindert.

Traktiert vom kommunistischen Bewußtsein, klagt der Traktorist sein abgerissenes Bein ein (Szene 6: »Krankenhaus«). Doch so
wenig Müller eine sozialistisch-realistische Mär von Helden und
Opfern erzählt, so wenig wird der beharrliche Verweis auf das
Leiden als Ideologie affirmiert. Nachdem der Kommunist Reden
über den notwendigen Kampf gegen die Faschisten und für den
Aufbau gehalten hat, hält der Traktorist zwar an seiner ›Uneinsich-
tigkeit‹ fest:

> »Wenn ich dir meinen Beinstumpf zeig, was siehst du.
> (Pause. Traktorist lacht)
> Und wenn du dir das Maul zu Fetzen predigst:
> Mein Beinstumpf ist der Mittelpunkt der Welt.«
> (P 2, S. 20)

Aber in den folgenden Szenen hält er einem zynischen Arzt
entgegen: »[...] ein Held spart den nächsten.« (21), stellt sich
erneut zur Verfügung, erfindet das »Kolonnenpflügen«, was die
»Helden überflüssig macht« und wird am Schluß zum Agitator. Er
redet einem Bauern zu, sich der Vernunft der großen Maschine zu
unterwerfen und der Kollektivierung zuzustimmen, in der sie sich
entfalten kann; der Traktor »braucht Auslauf«.

Müller hat »Traktor« wie »Schlacht« als Selbst-Bearbeitungen
veröffentlicht, ohne daß zu rekonstruieren wäre, was als »Urtext«
und was als Bearbeitung zu lesen ist: 1951/74 sind die Daten der
»Schlacht«; 1955/61, Kommentar und Montage 1974 sind die
Daten von »Traktor«. Hier scheint durch den unterschiedlichen
Druck das Konstruktionsprinzip durch: die sechs Szenen, die die
Geschichte des Traktoristen vortragen, sind in Versen geschrieben.
Kursiv sind Texte einmontiert, die als Kommentare zur Szene
verstanden werden können: Verse von Pu Sung Ling über das
Heldentum; Auszüge aus Grünbergs »Helden der Arbeit«, in der

die authentische Geschichte der Traktoristen als Aktivisten der ersten Stunde protokolliert ist; ein Leninzitat über die selbstlose Arbeit, die den Kommunismus kennzeichnet; ein Zitat Dsiga Vertovs über die Aufgabe des Films, zu ermöglichen, daß alle Arbeiter sich wechselseitig in ihren voneinander abhängigen Arbeitsprozessen *sehen*; eine eigene Version des Mythos von Sisyphos; die Darstellung des Empedokles von der Entstehung des Menschen durch allmähliche Zusammensetzung der einzelnen glücklich-zufällig zusammenpassenden Glieder. Diese Texte, deren Funktion im einzelnen noch der Deutung harrt, stellen eine Überhöhung der Produktion dar, die als neuer Mythos erscheint. Nicht anders der »ewige Traktorist« unter der Last des »Todesbewußtseins« und die Arbeit des Produzenten als Qual des Sysiphos. Zugleich stellen sie nüchterne historische Faktizität bereit. Müllers Text reflektiert durch die Form des Auto-Kommentars indirekt auf die Stellung der Kunst zwischen Geschichtsschreibung einerseits, die von den Zitaten aus historischen Quellen repräsentiert wird, und der Welt der Mythologie. Die Verssprache grenzt sich gegen beide ab und versucht zugleich, beiden ihr Recht widerfahren zu lassen. »Traktor« liquidiert nicht den Mythos zugunsten der Geschichte, sondern läßt sich auf das Spiel zwischen beiden ein.

Daß eine nur ›historische‹ Lesart – »Traktor« als Beendigung der »Schlacht« – nicht ausreicht, wird auch durch den Umstand bezeugt, daß in der Rotbuchausgabe »Traktor« nicht im Kontext der »Schlacht« abgedruckt wird, sondern zwischen einem der wichtigsten poetologischen Texte Müllers, »Bilder«, und der »Prometheus«-Bearbeitung steht, in der der intellektuelle Kämpfer für die Emanzipation Thema ist. Dieser Zusammenhang rückt an »Traktor« die genau in der Mitte placierte Szene, »Der Schrei«, und den ihr vorangehenden Monolog des Autors über »Das Gefühl des Scheiterns, das Bewußtsein der Niederlage beim Wiederlesen alter Texte . . .« in ein neues Licht, einen Text, der mit dem Empedokles-Zitat über die Entstehung der Menschen als Collage kommuniziert:

> »Wo nun alles zusammenkam, wie wenn es zu einem bestimmten Zwecke geschähe, das blieb erhalten, da es zufällig passend zusammengetroffen war. Alles aber, was sich nicht so vereinigte, ging und geht zugrunde.« (P 2, S. 22)

Ein Bild auch für die Entstehung des Textes »Traktor«.

Das Stück liest sich von seiner Mitte her als Selbstreflexion und Selbstdarstellung des Autors, der als Versemacher die Sprache durchpflügt, an seiner eigenen (Schreib-)Maschine Schaden nimmt und vom Kolonnenpflügen träumt, wo der einzelne Autor/Held abgeschafft wird und das Kollektiv der Produzenten den einzelnen Körper schützt. Am Ende steht der Traum davon, daß er das (Bauern-)Volk überzeugen kann, angesichts der kollektiven Möglichkeiten das Eigentum preiszugeben: Textproduktion als gesellschaftlicher Akt, der seinen Sinn erst durch ein gesellschaftliches Publikum bekommt. In diesem Zusammenhang ist an die Etymologie des Worts Vers zu erinnern, zu der übrigens auch Müllers Selbstverständnis als »Maulwurf« im »verminten Gelände« paßt (vgl. »Verabschiedung des Lehrstücks« 1977): *versus* bedeutet das Umwenden, die gepflügte Furche, das Umwenden der Erde durch den Pflug und die dadurch entstandene Erdfurche – das Wort Traktor gehört in diesen Zusammenhang (trahere = [mit sich] ziehen, verteilen, fortschleppen, *hin und herzerren*; tractare = bearbeiten, behandeln, untersuchen, [später: mißhandeln]; tractor: ich werde bearbeitet). Die Versus-Arbeit des Traktoristen und die subversive des Maulwurfs sind Bilder für die Textarbeit Müllers. Sie haben ihre Entsprechung in den Monologen des Traktoristen, die in der Mitte des Stücks dessen Höhepunkt markieren.

Der eine, »Minenpflügen«, spricht vom grauenvoll durchdringenden Blick in den »Totenacker« mit Bildern, die ihre Herkunft aus der Sprache des Expressionismus nicht verleugnen. Das schreibende Ich kann sich den Bildern des Todes und der Qual nicht entziehen, weiß nicht, »Warum ich«, und weiß doch, daß seine literarische Produktion nichts anderes ist als die inneren Zersprengungen:

> »Und eine Mine nach der andern sprengt
> Von meiner Flugschar aufgerissen mich.
> Der Acker ist aus Glas, die Toten starrn
> Zu mir herauf aus leeren Augenlöchern
> Heil durch den Toten aus dem letzten Krieg
> Scheinen die Toten aus den andern Kriegen
> In langen Reihen treiben sie vorbei
> Vom Grundwasser gewaschen. Warum ich.«
> (P 2, S. 13)

Der andere Monolog mit dem Titel »Der Schrei« versucht gleichsam *das Schreien* des durch die Mine Zerrissenen in der Nacht zwischen schmerzhaftem Bewußtsein und Tod *Sprache werden zu lassen.* Er stellt sich damit neben die letzte Szene von »Gundling«, wo ebenfalls der fast schon erstickte Schrei das Symbol eines noch möglichen künstlerischen Ausdrucks wird.

Im Kontext dieser beiden Monologe berichtet einer, das Ich des

Autors wohl, über das »Gefühl des Scheiterns, das Bewußtsein der Niederlage beim Wiederlesen alter Texte«:

»Das Bedürfnis nach einer Sprache, die niemand lesen kann, nimmt zu. Wer ist niemand. Eine Sprache ohne Wörter. Oder das Verschwinden der Welt in den Wörtern. Stattdessen der lebenslange Sehzwang, das Bombardement der Bilder (Baum, Haus, Frau), die Augenlider weggesprengt. Das Gegenüber aus Zähneknirschen, Bränden und Gesang. Die Schutthalde der Literatur im Rücken.
(P 2, S. 14) – (Vgl. dazu »Bilder« 1955, »Lessings Schlaf Traum Schrei« in »Leben Gundlings . . .« 1977 und »Hamletmaschine« 1978.)

Das abgerissene Bein des Traktoristen wie die weggesprengten Augenlider beim Bombardement der Bilder produzieren einen Schrei, der in der Literatur Sprache wird.

Die Rede des Traktoristen gleicht den Monologen Hamlets, spricht die Sprache barocker Vanitas, verknüpft durch die bäuerliche Bildwelt die Ruinenlandschaft nach dem 2. Weltkrieg mit dem Deutschland nach dem 30jährigen Krieg. Zudem weckt der sprachliche Anklang an Expressionismus und Büchnerschen Nihilismus die Erinnerung an die deutsche Literatur im Umfeld gescheiterter Revolutionen:

> »Das Unkraut nimmt den Traktor in die Zange
> Die grünen Kiefer kaun den Stahl zu Schrott
> Die Toten lachen aus verfaulten Bäuchen
> Jeder sein Stockwerk Leichen im Gepäck
> Dann nimmt der Acker mich unter den Pflug
> Dann sind wir eins ein Klumpen Aas und Schrott
> Der sich im Leeren dreht auf keiner Stelle.
> (P 2, S. 14)

Nur in den letzten Teilen von »Traktor« scheint eine freilich höchst gebrochene Utopie auf: zunächst im Sinne Walter Benjamins »messianische« Lesart der Revolution, wenn der Autor den unendlich langsamen Prozeß der Revolution als Erlösung der Toten und Befreiung der Lebenden von der Last der Toten zu deuten scheint (»Die Befreiung der Toten findet in der Zeitlupe statt«). Dann folgt die Utopie der Technik, das Kolonnenpflügen, das Heldenopfer so überflüssig macht, wie es Brecht zufolge in der besseren Gesellschaft Tugenden überhaupt sein werden. Und endlich die Schlußszene: Hier will der Traktorist den Bauern von der Kollektivierung überzeugen (»Der Traktor, Mensch, braucht Auslauf.«) und erzählt die Geschichte von einem sowjetischen Bauern, der auf der Kolchose von deutschen Hitlersoldaten gejagt, sich nach der Laune eines Leutnants »Sein letztes Loch auf seinem eigenen Feld schippt«:

>Wir fragen, wo sein Feld ist. Sagt der Alte:
HierallesmeinFeld. Wir: wo sein Feld war
Eh alles kollektiv war. Der zeigt bloß
Wie ein Großgrundbesitzer ins Gelände
Wo kilometerbreit brusthoch der Mais stand.
Der hatte wo sein Feld war glatt vergessen*.«
(P 2, S. 24)

Mit der Kollektivierung siegt der Ermordete (der 1. Szene)
gleichsam nachträglich:
»*Und siegte mancher der schon nicht mehr war
Wie Gras wächst aus den Toten früh im Jahr.*«
Zugleich ist die poetologische Parallele auch in diesem Schluß
anwesend, denn der Abschaffung des Eigentumbewußtseins korre-
spondiert in »Traktor« die Utopie der Abschaffung des Autors.
Der Text wird dann – was sich in diesem Stück andeutet –
Zusammenstellung von Texten aus entfernten Zeiten, Ländern,
Gebieten: China, Antike, politische und ästhetische Theorie,
Reportage, Kommunistische Agitation, Poesie. Das vergesellschaf-
tete Feld der Weltliteratur soll von allen bestellt werden können.

---

* Dieser Text taucht ebenso wie die anderen Motive des Traktoristen-
Stoffs in den »Bauern« wieder auf. Zur Vorlage gehörte neben »Helden der
Arbeit« auch die Geschichte »Der Traktorist« von Anna Seghes (»Friedens-
geschichten«).

»Germania Tod in Berlin« gehört, wie »Schlacht«/»Traktor«, in die Reihe der Selbstbearbeitungen. 1956 (das Jahr des XX. Parteitags der KPdSU) und 1971 (das Jahr des Beginns der Honecker-Ära nach dem VIII. Parteitag der SED) sind die Entstehungs- bzw. Bearbeitungsdaten. Auch die Linie zum Preußenstück »Leben Gundlings« liegt thematisch und formal nahe – aber die Technik der Collage und Montage, die Müllers Werk der 70er Jahre äußerlich kennzeichnet, dient hier dem Versuch, Vorgeschichte und Aktualität der DDR gegenüberzustellen: das Preußische in der DDR, die Geschichte Deutschlands in der DDR, die Niederlage der Arbeiterbewegung in der DDR.

Germania ist die Verkörperung des deutschen Volkes in der Gestalt einer Frau im Waffenschmuck, ein Land der Krieger wie das alte Rom, ein Volk der Selbstzerfleischung wie die Nibelungen, ein Volk in Waffen, an denen es am Ende selbst zugrunde geht: Tod im (gespaltenen) Berlin.

In der Form einer Abhandlung, eines Traktats über dieses Thema Germania/DDR ist die Szenenfolge geordnet. Zu fast jedem Titel gibt es zwei sich spiegelnde Szenen, wobei die zweite immer eine Alltagsszene aus der DDR darstellt. Diese Szenen umspannen die Periode vom Gründungstag 1949 über den Todestag Stalins im Februar 1953 bis zu den Ereignissen um den 17. Juni. In der jeweils ersten Szene findet man ein oft rätselhaftes Pendant einer historischen, surrealen, poetischen Szenerie aus der Geschichte (Deutschlands, der kommunistischen Bewegung), aus der Welt-Literatur und aus dem eigenen Werk Müllers: ein gigantisches Spiegelkabinett von Bezügen.

Das Stück beginnt mit der Niederlage der Novemberrevolution nach dem 1. Weltkrieg (»Die Straße 1«). »Die Straße 2« zeigt den gleichen Schauplatz am Gründungstag der DDR, die das demokratische Erbe der bürgerlichen 48er Revolution und der Novemberrevolution zu Ende führen wollte.

Was beide Szenen verbindet, ist die Hervorhebung derjenigen Kräfte, die der Revolution im Wege stehen: der (vor allem am Kleinbürgertum festgemachte) Opportunismus, die Kälte der Geschäftemacher, die Geldgier, das unbelehrbar reaktionäre Denken. Zwischen Prostitution und Opportunismus wird die Parallele gezogen, aber nicht verfestigt: gegen die Polizei üben die eben noch sich in den Haaren liegenden Huren Solidarität. Die Besonderheit der Szene besteht vor allem darin, daß Müller aller Feierlichkeit vorbeugt, indem er die Staatsgründung der DDR im Spiegel dieses Milieus zeigt.

Die Schwierigkeiten der Erneuerung, die das erste Szenenpaar vorführt, werfen die Frage nach jener Klasse auf, die ihr 1918 wie 1949 den heftigsten Widerstand entgegensetzte. Müller läßt daher die Geschichtsuhr rückwärts laufen und erzählt von der Geschichte des deutschen, mit dem Preußentum unlöslich verfilzten Bürgertums – allerdings in vieldeutiger Verhüllung.

»Brandenburgisches Konzert 1« führt zwei Clowns in der Manege vor. Sie spielen Friedrich II. und den Müller von Potsdam. Allegorisch wird hier die deutsche Misere durchgespielt: der Feudalabsolutismus in Kontrast/Bündnis/Sieg über das Bürgertum, das sich zunächst als gleichberechtigter Partner wähnt, mitspielen will, die Aristokratie nachahmt und zuletzt, unter dem Kommando des Feudalismus als Militarismus, sich masochistisch unterwirft, am Krückstock aufgerichtet, den es gegessen (verinnerlicht) hat, »Haltung annimmt« und in den Krieg mitmarschiert. Die bürgerliche Kunst der Produktion (Müllers Mühle) konnte vor der feudalen Präsentationskunst nicht bestehen. Nur als beide Clowns vor dem plötzlich auftauchenden Löwen (dem kämpferischen Proletariat) auf ein Seil flüchten – die Zirkusnummern überkreuzen sich, die Geschichte (der Ablauf) scheint für einen Augenblick gestört –, da halten sie für kurze Zeit zusammen, um dann aus Mangel an Selbstdisziplin das rettende Seil nach oben loszulassen. Sie fallen auf den Löwen, der sich als kraftlose Maskerade erweist, sich spaltet und nach zwei Seiten (der Geschichte) abgeht.

»Brandenburgisches Konzert 2« zeigt eine andere Art, mit Friedrich II., dem Repräsentanten des Feudalabsolutismus, umzugehen. Ein Maurer in der jungen DDR hat als Aktivist im Auftrag des neuen Staates das Denkmal des großen Preußen von seinem angestammten Platz gerückt, aber er tat es auf genuin preußische Weise: durch Pflichterfüllung über Gebühr. Für die Weltbestzeit im Verschieben des Denkmals wird er als Held der Arbeit von der Staatsmacht zum kalten Buffet auf Schloß Sanssouci geladen, verdirbt sich aber den Magen mit den ungewohnten Speisen. Für kurze Zeit allein gelassen, setzt er sich auf den berühmten Armsessel, in dem der alte Fritz starb und wird von ihm in Gestalt eines Vampirs heimgesucht. Mit Friedrichs eigener Krücke kann sich der Aktivist der verschiedenen Angriffe und Offerten mühsam erwehren. Erst als ein Genosse mit einem proletarischen Mahl für den Arbeiterhelden auftritt, verschwindet der Vampir, aber die neue Regierung tritt in seine Spur: das Volk/die Untertanen werden mit billigen Zugeständnissen geworben, damit sie sich an den Staat gewöhnen.

Die Paarung der Szenen macht also die Differenz und Kontinuität zugleich deutlich. Die preußische Bürokratie, die Bestechung der Produzenten durch eine herrschende Kaste hat aufgehört, denn es gibt eine sozialistische Staatsmacht. Andererseits setzt das »Brandenburgische Konzert« sich fort: neupreußische Bürokratie und der Widerstand großer Schichten des Volks gegen den Sozialismus lassen ahnen, daß der Vampir der alten Verhältnisse noch umgeht: Restauration ist nicht ausgeschlossen.

Der Reigen der Assoziationen wird fortgesetzt, indem nach den Widerständen gegen die Revolution, nach dem Thema Bürgertum und Preußen eine reale Figur und zugleich symbolische Inkarnation der in und aus Gewalt nur geborenen und damit widersprüchlichen Revolution erscheint: »Hommage à Stalin« (1 und 2) heißen die nächsten beiden Szenen, in denen Stalin als Vorbild der Künstler erscheint, der Sozialismus in einem Lande als ästhetisches Modell, der Staat als Gesamtkunstwerk, der Sozialismus als kollektiver Kult um eine (mythische) Person. »Hommage« ist aber auch der Treueeid der Vasallen, wie ihn die Nibelungen bis zur Konsequenz der Selbstzerfleischung halten. Nibelungentreue als deutsche (politische) Tugend hat auch in der Arbeiterbewegung nach der Novemberrevolution zu grausigen Folgen geführt. Die Hörigkeit der deutschen Kommunisten, die ihrer eigenständigen Führer durch die Konterrevolution beraubt worden waren, und aus Pflichtgefühl und Unselbständigkeit die sowjetischen Staatsinteressen vor die eigene politische Analyse stellten, hat den Widerstand der beiden Arbeiterparteien gegen den Faschismus sabotiert. Stalin selbst hat dessen Sieg begünstigt, weil er ihn für historisch unvermeidlich erklärte und nach seinem notwendigen Zusammenbruch den automatischen Sieg der sozialistischen Revolution prognostizierte.

Die beiden Hommage-Szenen sind durch »Lärm« miteinander verbunden. Die erste endet mit dem Lärm der Schlacht, dem Bruderkampf, der Selbstzerfleischung der Nibelungen im Kessel von Stalingrad:

»Schlagen einer den andern in Stücke. Einen Augenblick Stille. Auch der Schlachtlärm hat aufgehört. Dann kriechen die Leichenteile aufeinander zu und formieren sich mit Lärm aus Metall, Schreien, Gesangsfetzen zu einem Monster aus Schrott und Menschenmaterial.« (G, S. 51)

Der Lärm geht in den Lärm des neuen Deutschland über: »Kneipe. Sirenen. Glockenläuten«, die einen Einschnitt markieren:

Sirenen und Glockenläuten signalisieren den Todestag Stalins – Trauer, Erleichterung und Warnung zugleich.

Wieder wird der Tod des Alten und die Geburt des Neuen, wie bei der Schilderung der sozialistischen Staatsgründung, im Kneipenmilieu angesiedelt. Ein Betrunkener schwärmt von den Kriegserlebnissen und stellt so eine direkte Verbindung zur vorangegangenen Szene her: »In Stalingrad im Kessel/Haben sie mich ausgekocht. [...] Der Krieg ist nicht zu Ende. Das fängt erst an./Mich kratzt es nicht mehr. Ich kenn den Arsch der Welt/Von innen wie von außen.« (G, S. 55)

Die Entmenschlichung durch die »Schlacht« läßt einen reinen Neubeginn nicht zu. Der Tod wird in das neue Germania/DDR als düsteres Erbe hineingetragen, die Menschen sind verroht und opportunistisch nur aufs Überleben bedacht. Bitter ist diese »Hommage« à Stalin: ohne es zu wissen und zu wollen, erweisen die von der Realität zynischer Machtkämpfe geprägten Individuen ihm in jedem ihrer Verhaltensweisen die Ehre.

Da der Sozialismus selbst sich vom allgemeinen Gemetzel nicht mehr abhebt, sondern tief in ihn verstrickt ist, sind alle Hoffnungen überschattet von Trauer und Skepsis, und diese Wahrheit findet Ausdruck durch die geheimnisvolle Figur des »Schädelverkäufers«, der plötzlich in der realistischen Szenerie der Kneipe erscheint. Marx nannte das revolutionäre Proletariat den »Totengräber« der bürgerlichen Gesellschaft. Der Marxist Müller nimmt dieser hoffnungsträchtigen Denkfigur ihre Zukunftsgewißheit. Müllers barocke Figur ist zugleich Allegorie auf den melancholischen Marxisten, der in alle Zukunftsprojektionen das Memento Mori einträgt. Dem jungen Maurer, der eine Hure für eine Jungfrau hält und sie heiraten will (deutlich läßt sich im Folgenden diese Hure als die kommunistische Partei entschlüsseln), bietet er fürs »neue Heim« einen Totenschädel als Erinnerungsstück an, der der naiven Euphorie des Aufbaus und des Neubeginns entgegengehalten wird: Wie kann man dem Marxismus noch vertrauen, der sich in der Analyse des Faschismus so gründlich täuschte?

»*Under Bluomen unde Gras*. Wir arbeiten nachts. Unter Alkohol, wegen der Infektionsgefahr. *Graut Liebchen auch vor Toten*. Für mich eine Tätigkeit von einiger Pikanterie: Ich war Historiker. Ein Fehler in der Periodisierung, das Tausenjährige Reich. Sie verstehn. Seit mich die Geschichte an die Friedhöfe verwiesen hat, sozusagen auf ihren theologischen Aspekt hin, bin ich immun gegen das Leichengift der zeitlichen Verheißung.«

In der Zeit Stalins und der Weltschlächterein fällt ein langer Schatten auf alle utopischen Hoffnungen, daher wird gegen den

Geschichtsoptimismus das Memento Mori gesetzt – nicht der Geschichtspessimismus. Die Identifikation mit der barocken Melancholie, *nachdem* die Geschichte abgelaufen ist, ermöglicht die Erinnerung an die Opfer der Geschichte ohne Ressentiment und Wehleidigkeit. Deutlich porträtiert der Autor Müller sich selbst, gerade auch als Verfasser von »Germania Tod in Berlin«.

Die Beiden folgenden Szenen 7 und 8 »Die Heilige Familie« und »Das Arbeiterdenkmal« greifen das von der finsteren Figur des Schädelverkäufers nahegelegte Thema des Weiterwirkens der reaktionären Kräfte auf, in einer grotesken (westlichen) und einer tragischen (östlichen) Variante. Im Westen sieht man, wie die militärische Niederlage des Hitler-Faschismus sein Weiterleben in veränderter Form nicht ausschließt. An der DDR wird im Kontext des 17. Juni gezeigt, wie stark auch dieses Germania noch bedroht ist.

Szene 7, »Die heilige Familie« führt in chaplinesker Parodie die Geisterstunde der deutschen Geschichte vor: Im Führerbunker Hitlers wird im Verwechselspiel die heilige Familie zur Produktionsstätte eines Welterlösers: Hitler als Gottvater, Josef Goebbels als Maria, Germania als Stammutter Hitlers und Hebamme beim gebärenden Goebbels, der einen Contergan-Wolf (die BRD) zur Welt bringt, einen mißgestalteten Nachkommen, dem die alliierten drei Könige trotz seines grauenhaften Anblicks mit Gaben huldigen. Germania, das deutsche Volk, ist keine kämpfende Frau und Mutter mehr, sondern wird, nachdem sie ihre Geburtshilfe geleistet hat, gefoltert und vernichtet von dem, den sie selber großgezogen hat.

Szene 8, »Das Arbeiterdenkmal«, ist eine Verarbeitung des 17. Juni 1953, des »Tags der Einheit«, der in Wahrheit die endgültige Entzweiung Germanias, ihren Tod in Berlin gebracht hat. Es handelte sich zunächst um einen Aufstand von bewußten, an die Kampftradition der Arbeiterbewegung anknüpfenden Arbeitern, die nicht den Sozialismus, nicht den Staat DDR angreifen wollten. Sie machten von ihrem verfassungsmäßigen Streikrecht Gebrauch und verlangten die Rücknahme der erhöhten Normen, die den »Neuen Kurs« garantieren und realisieren mußten, der eine Steigerung des Lebensstandards vorbereiten und den forcierten Aufbau der Schwerindustrie verlangsamen sollte. Gerade die nicht-proletarischen Schichten wurden von der Arbeiterregierung begünstigt und umworben, nur die Arbeiter selbst sollten – als staatstragende Klasse – mit Opfern diesen Kurs ermöglichen. So ergab sich das Paradox, daß ausgerechnet die »herrschende« Arbeiterklasse wieder die Benachteiligte sein mußte, die sie immer schon gewesen war. In der gespaltenen Hauptstadt, dem Herzen der Nation, stirbt, nach Müllers Text vorläufig endgültig, die Kraft der deutschen Arbeiterbewegung, stirbt auch Deutschland – Germania(s) Tod in Berlin. Mit den Paradoxien des 17. Juni setzt Müller seinen Schlußpunkt unter eine Szenenreihe, in der die neuere deutsche Geschichte als Abfolge nationaler und politischer Todeskrämpfe erscheint.

Viele Arbeiter sind ehemalige Nazis; u. a. weil Nationalsozialisten im Rahmen der Entnazifizierung 1945 aus den Ämtern in die Produktion geschickt wurden. Dadurch sollte der Staatsapparat freigemacht werden für die Übernahme durch Kommunisten und zunächst auch Sozialdemokraten. Die Arbeiterklasse in der Produktion ist also wie in der Vorkriegszeit gespalten. Im Augenblick der Krise bricht das Verdrängte wieder hervor. Darum läßt Müller in dieser Szene die ehemaligen Nazis die ersten sein, die einen Streik begrüßen – unter demagogischer Berufung auf die alte Proletariertradition. Mit Unterstützung aus dem Westen meinen sie rechnen zu können: der »Russenstaat« soll gestürzt werden, die deutsche Nation soll leben.

Der Bauarbeiter Hilse, die zentrale Figur auf dem Bauplatz (der DDR) am 17. Juni, ist eine tragische Weiterführung der Figur des Aktivisten aus der Szene »Brandenburgisches Konzert 2« und der Garbe-Gestalt aus dem »Lohndrücker«. Es ist der Arbeiter, der an seine Regierung glaubt und den spontanen Aufstand sabotiert, weil er sieht, daß Antikommunisten und alte Nazis den Streik wollen. Aber er übersieht, daß auch junge Arbeiterkollegen, Kommunisten sich daran beteiligen. Staats- und regierungstreu wie die Arbeiter der Sozialdemokratie steht er auf der verlassenen Baustelle mit zwei Kellen, als müsse er für die Kollegen mitarbeiten; Rocker fordern ihn zum Streik auf und steinigen ihn nach seiner Weigerung zum »Arbeiterdenkmal«, zum Märtyrer einer unbegriffenen Geschichte.

Szene 10 spielt in einem Gefängnis der DDR am selben 17. Juni. Ein oppositioneller Kommunist wird eingeliefert. Er trifft hier jedoch nicht auf Gesinnungsgenossen, sondern auf Saboteure, Gewalttäter und – wiederum – seinen Nazi-Bruder, den er, wie Müllers Selbstzitat (vgl. »Die Schlacht«: »Die Nacht der Langen Messer«) deutlich macht – in der Nacht des Reichstagsbrands nicht wirklich, sondern nur ›für sich‹, für sein Bewußtsein, sein Gedächtnis getötet hatte*. Die Konstellation hat sich noch weiter

---

* Vgl. S. 119 ff., sowie zu diesem Themenkomplex: Verf., »Something is rotten in this Age of Hope« in: Merkur 5, 1979.

zugespitzt. Legte in der Bruderszene aus der »Schlacht« die menschliche Seite an einem Nazi nahe, daß sich der Zuschauer in ihn einfühle, so werden in den *kommunistischen* Verhören die alten Narben der Gestapofolter wieder aufgerissen und damit die Wunden, die sich die feindlichen Brüder in ihrer Selbstzerfleischung geschlagen haben.

Die Sowjetarmee, die als Besatzer erst nach langem Zögern der Regierung zu Hilfe kommt, spielt in diesem Schauspiel eine traurige Rolle: reaktionär wälzen ihre Panzerketten die Arbeiter und ihre Forderungen nach einem eigenen Weg zum Sozialismus nieder, progressiv verhindern sie den Sturz des intentional sozialistischen Systems. Es ist diese Tragik der deutschen Geschichte, die Müllers Kommunist im DDR-Gefängnis erfährt, als er am Tag des Aufstands draußen die Parolen »Freiheit-Deutsch-Totschlagen-Aufhängen« hört und verzweifelt erkennen muß, daß sein Ideal, die Freiheit der Arbeiterklasse und der Menschheit im Kommunismus, nur in der Unfreiheit ›aufgehoben‹ ist, bei den russischen Panzern und den Gewehren, die auf Arbeiter zielen: »Warum schießen sie nicht. Das kann nicht wahr sein. (Trommelt an die Tür) Genossen, haltet das Gefängnis. Schießt.« Unschwer ist in dem Gefängnis eine Allegorie der DDR zu erkennen, das Dilemma des Kommunismus, der mit fremden Panzern verteidigt werden muß. Die Feinde des Systems und der Nazi-Bruder erschlagen den »Vaterlandsverräter« und »Russenknecht« in dem Augenblick, als der Aufstand unterdrückt wird. Wie im Fall des Nazi-Bruders in der »Schlacht«-Szene wird niemand erfahren, wer der Erschlagene wirklich war. Die Häftlinge treffen in ihm den Kommunisten, der für sie die staatliche Unterdrückung verkörpert; die Kommunisten an der Macht wiederum kerkerten ihn als den potentiellen Bündnispartner des Klassenfeinds ein, der er in ihren Augen objektiv ist, nicht anders als die Häftlinge, die ihn töten. »Wer bin ich« – ›Ich bin der eine und der andre ich‹: so kann der Kommunist im Gefängnis seines eigenen Staates von seinen Gegnern niedergeschlagen werden. Müller hat diesen Augenblick auch in einem kurzen Prosatext festgehalten:

»*Schotterbek*, als er, an einem Junimorgen 1953 in Berlin, unter den Schlägen seiner Mitgefangenen aufatmend zusammenbrach, hörte aus dem Lärm der Panzerketten, durch die preußisch dicken Mauern seines Gefängnisses gedämpft, den nicht zu vergessenden Klang der Internationale.« (G, S. 15)

Die Spiegelszene »Die Brüder 1« ist ein Text aus Tacitus' »Annalen« über Germania. In ihm wird von 2 Brüdern berichtet, Flavus, dem Klugen, der den eigenen Vorteil sucht und sich deswegen in fremdem Dienst bewährt, und dem prinzipientreuen Armenius, der die Ehre des Vaterlandes über alles stellt. Verkehrt wird die Konstellation der feindlichen Brüder gespiegelt, in der der umsichtige Oppurtunist der Nazi ist und der KPD-Bruder als standfester Ehrenmann auftritt – diesmal nicht im Dienst der Nation, sondern der Partei, der übergeordneten Sache.

Vor das letzte Szenenpaar »Tod in Berlin« 1 und 2 hat Müller ein »Nachtstück« gesetzt, eine Mischung aus surrealer Prosa und Anweisung zu einer Pantomime. Titel und Anlage der Pantomime wecken mancherlei Assoziationen. Zunächst ist die Szene Müllers frappierende Antwort auf den fragenden Aufschrei des Kommunisten am Ende der vorangegangenen Szene: »Wer bin ich«. »Nachtstück« ist ein Begriff aus der Musik (Notturno) und Malerei (ein Bild, dessen nächtliche Dunkelheit durch Mondschein oder Feuer ein wenig erhellt ist), der an den Nihilismus der grotesken »Nachtwachen« des Bonaventura oder an E. T. A. Hoffmanns oft grausige »Nachtstücke« denken läßt, auch an Figuren Müllers, wie Kleist und Lessing in »Leben Gundlings« oder Ophelia/Elektra in der »Hamletmaschine«. Zu vergleichen ist die Pantomime zudem mit Brechts »Badener Lehrstück vom Einverständnis«, in dem ein Mann sich von zwei Clowns nach dem Bibelspruch »Wenn dich dein Auge ärgert, reiß es aus« Stück für Stück demontieren läßt.

Der »Mensch« des »Nachtstücks« ist »vielleicht eine Puppe«, überlebensgroß, mit Plakaten bekleidet, einem Gesicht ohne Mund, die sich im Verlauf der Szene selbst zerstückelt. Am Ende weint sie mit jedem Auge eine Träne und bekommt dann (dem antiken Ödipus bei Erkenntnis der Wahrheit seines Schicksals gleich) die Augen mit zwei Beckett-Stacheln ausgestochen (vgl. Becketts »Spiel ohne Worte«): »Aus den leeren Augenhöhlen des Menschen, der vielleicht eine Puppe ist, kriechen Läuse und verbreiten sich schwarz über sein Gesicht. Er schreit. Der Mund entsteht mit dem Schrei.« (G, S. 75) Unentscheidbar, ob diese groteske Selbst-Demontage Bild für Germania selbst, für den Kommunisten, das Bewußtsein des Autors, oder all dies zusammen ist. Deutlich ist nur eine poetische Logik, nach der alle Figuren der Selbstzerstörung, Fragmentierung und verzweifelten Trauer hier noch einmal in einer Pantomime zusammengefaßt werden.

»Tod in Berlin« 1 und 2 zeigt nach dem letzten Aufschrei das Ende Germanias in ihrer Hauptstadt, nachdem sie wie im Nachtstück in ihre einzelnen Glieder nach und nach zerrissen wurde. Die 1. Szene besteht nur aus einem Zitat. Georg Heyms Sonett von 1910, »Berlin VIII« (III), antizipiert das Scheitern der Novemberrevolution im Bild der niedergeworfenen Jakobinerherrschaft, Symbol für den Untergang aller »roten« Volksaufstände, von der Pariser Kommune bis zur Degeneration der kommunistischen Revolution in unserem Jahrhundert. Robesspierres Strickweiber stricken »zu den Klängen der Marsaillaise«, »dem alten Sturmgesang« auf dem Armenfriedhof den Toten Mützen aus Ruß.

»Tod in Berlin« 2 führt in Analogie zum Schluß von G. Hauptmanns Drama »Die Weber« das Schicksal Hilses zu Ende und schließt die Ereignisse um den 17. Juni symbolisch ab, wobei der Text kreisförmig auf seinen Anfang zurückgeht, die gescheiterte Novemberrevolution, die Spaltung der Arbeiterbewegung und dann Deutschlands. Damit wird das Generalthema der vielen Assoziationsräume von »Germania Tod in Berlin« angeschlagen: das Scheitern aller revolutionären Aufstände in Deutschland vom Weberaufstand 1844, über die Januarkämpfe des Spartakus 1919, der die kommunistische Partei ihre beiden Führer kostete, bis zum Unvermögen der deutschen Arbeiter, den Nationalsozialismus zu bekämpfen und zu besiegen, so daß selbst nach der Niederlage des Faschismus der Wille zur sozialistischen Revolution keineswegs allgemein war, der verlorene Weltkrieg nicht zu Bürgerkrieg und Revolution führte.

Hilse, das »Arbeiterdenkmal«, liegt im Sterben. Doch nicht die Steine der Feinde, die ihn zum Denkmal machten, sondern ein bis zu diesem Augenblick verborgener Krebs, den die Ärzte bei seiner Einlieferung entdeckten, ist die Ursache seines Todes. Das Geschwür im Kommunismus macht den alten Proletarier todkrank, während die Steine, die ihn trafen, diese Erkenntnis nur beschleunigten.

Der Krebs in Hilse aber ist, daß er richtig und falsch zugleich gehandelt hat und sich in diesem Widerspruch, den er nicht begreift, zerreißt. Während sich Hauptmanns Hilse durch Gottesglauben aus der Geschichte heraushalten will und von der Gewalt der Geschichte tödlich getroffen wird, stirbt Müllers Hilse am Glauben an die Staatspartei und ihre richtigen Entschlüsse, während er in der Tradition der Arbeitersolidarität zu stehen meint.

Den Sterbenden besucht der junge Maurer zusammen mit der Hure 1, um die er immer wieder hartnäckig geworben hat. Der alte Arbeiterveteran hört, wie der junge Maurer – sein Nachfolger gleichsam – in seiner Braut eine Hure erkannt und – akzeptiert hat: »Was soll ich machen. Sie ist eine Hure./Ich hab gedacht, sie ist die Heilige Jungfrau.« (G, S. 76) Gleich darauf zieht er selbst die Parallele zwischen Hure und Partei:

>Wenn dir zum Beispiel einer sagt, deine
Partei, für die du dich geschunden hast,
Und hast dich schinden lassen, seit du weißt
Wo rechts und links ist, und jetzt sagt dir einer
Daß sie sich selber nicht mehr ähnlich sieht
Deine Partei, vor lauter Dreck am Stecken
Du gehst die Wände hoch und ohne Aufzug.
Komm zu mir aus dem Rinnstein. Gestern hat sies mir
Gesagt. Alles. Und ich hab nicht gewußt
Bis gestern, wie lang eine Nacht ist. Und jetzt
Kommt das Verrückte: alles ist wie vorher.
Ich bin besoffen, wenn ich sie bloß anseh.
Komm zu mir aus dem Rinnstein. Bloß manchmal wird mir
Ein Messer umgedreht zwischen den Rippen.«*
(G, S. 77)

Der Alte kann und braucht diesen Schritt der Anerkennung der
Realität (die sich auch auf die Situation der jungen Parteiintelligenz
nach der Erschütterung durch den XX. Parteitag der KPdSU
beziehen mag) nicht mehr nachvollziehen. Der schmerzlose Tod
ermöglicht ihm eine utopische Vision: die Hure/Braut der jungen
Arbeiterklasse sieht er als Jungfrau, als die von geschichtlicher
Gewalt und Realpolitik unberührte Rosa Luxemburg, eine poetische Vision der roten Rosa als Ophelia (»Das Wasser hat dich nicht
behalten, Rosa«), und eine politische Vision von einem Tag der
Einheit, an dem Germania, das deutsche Volk, friedlich unter roten
Fahnen »über Rhein und Ruhr« ein neues Deutschland aufbaut.

Mädchen: Manchmal hören wir die Kinder spielen.
   Sie spielen Maurer und Kapitalist.
Hilse (lacht): Und keiner will der Kapitalist sein.
Mädchen: Ja. (Der Herzton hat aufgehört. Stille.)
(G, S. 78)

---

* Eine Anspielung auf den Schluß von Kafkas »Prozeß«.

138

»Leben Gundlings«, Müllers »Greuelmärchen« über Preußen,
ist 1977 geschrieben und in beiden Teilen Deutschlands veröffentlicht worden. In der DDR wurde es als »monströse Geschmacklo-
sigkeit« (Radio DDR 28. 1. 78) qualifiziert. Nur das Verdienst, die
Möglichkeiten der künstlerischen Collage, der ästhetischen
Produktion und Wahrnehmung bereichert, schöpferisch entfaltet
und damit »kräftig herausgefordert zu haben«, gestand man Müller
zu (J. Fiebach im Nachwort zur DDR-Ausgabe). Doch wurde ihm
einseitige und pessimistische Darstellung, ohnmächtiges Verhalten
zur Geschichte vorgeworfen. Im Westen (Frankfurt) uraufgeführt,
provozierte das Stück hier zur spontanen Auseinandersetzung.
Henning Rischbieter bescheinigte Müller, ein »talentierter Hasser«
zu sein, der die Verquickung von Staatsfetischismus und Intellekt
im Geist Preußens denunziert und die subjektive Lage des Intellektuellen Müller in den Vexierbildern Gundling, Kleist und Lessing
spiegelt.

In »Leben Gundlings« treffen zwei Motivketten von Müllers
Werk zusammen: die Selbstdarstellung des Intellektuellen im Verhältnis zur Macht, die zwar Gewalt, für den marxistischen Intellektuellen aber auch mögliche Emanzipation des Menschen bedeutet –
und die Bewältigung der deutschen Geschichte, die in die katastro-
phale Niederlage gerade jener humanistischen Tradition mündete,
die das Zeitalter der Aufklärung in Gang setzte.

Der kumulative Titel »Leben Gundlings Friedrich von Preußen
Lessings Schlaf Traum Schrei« beinhaltet kondensiert den Inhalt
der Szenenfolge: die drei (historischen) Figuren stellen die Konstellation von drei Aspekten des Intellektuellendaseins im Verhältnis
zur Staatsmacht dar. War die Aufgabe der Aufklärer die Produktion humanistischen Denkens, Erziehung und kulturelle Hebung
des Volks und der Herrschenden, die Verbalisierung der noch
verborgenen Träume, die Entwicklung der Phantasie, das Denken
der menschlichen Würde, so zeigt »Leben Gundlings«, daß und
wie all dies nicht stattfand. In Deutschland entsteht die Intelligenz
als Träger demokratischen und humanistischen Denkens im
18. Jahrhundert zugleich mit der spezifisch preußischen (militari-
stischen) Form des Absolutismus. Ihre Identifizierung mit einem
Deutschland als Kulturraum wurde erschwert durch die kulturelle
Dominanz Frankreich, die in »Leben Gundlings« durch die Verweise auf Racine, Friedrichs Verbindung zur französischen Kultur,
präsent bleibt. Die Geschichte der deutschen Intelligenz ist geprägt

von einem besonderen Verhältnis zur Obrigkeit. Anders als in den Demokratien England und Frankreich entwickelt sich in Deutschland kaum der Typus des politisch engagierten *homme de lettres* Lessing bleibt eine der seltenen Ausnahmen.

Müller behandelt die Frage, welche Auswirkungen die deutsche Misere auf die innere Konstitution des Intellektuellen hatte. Dieses historische Problem interessiert ihn einerseits als Spiegel der heutigen Situation der Intelligenz in der DDR, andererseits als wichtige Kapitel der weiterwirkenden deutschen »Vorgeschichte«.

Das Stück beginnt mit einer Szene aus dem Leben des Professors für Geschichte und Rechtswissenschaft, späteren Oberzeremonienmeister und Präsidenten der Akademie der Wissenschaften Jacob Paul Gundling. Gezeigt wird seine Demoralisierung am Hof Friedrich Wilhelms I., der den angesehenen Gelehrten systematisch demütigte, in den Alkohol trieb und schließlich in einem Weinfaß mit der Aufschrift begraben ließ: »Hier liegt in seiner Haut / Halb Schwein, halb Mensch, ein Wunderding.« Werner Hegemann berichtet in seinem Buch »Das steinerne Berlin« (1930) über Friedrich Wilhelm I.:

»Nie hat sich ein Mächtiger roher gegen seine Gäste benommen. Als Opfer waren ihm am liebsten Gelehrte, die zu verachten er den preußischen Adel lehrte. Er befahl sie zu seinen Saufgelagen und peinigte sie zum Beweis seines berühmten ›derben Humors‹ bis aufs Blut. Mehrere von ihnen, denen die Flucht nicht gelang, endeten in geistiger Umnachtung oder in der Geistesverfassung des königlichen Hofes.« (Zit. nach: Spectaculum 26, Anhang zu »Leben Gundlings«, S. 292)

Die Szene zeigt, wie Offiziere und der Soldatenkönig im Beisein Friedrichs, der noch ein Kind ist, den durch aufgezwungene Trunkenheit hilflosen Hofnarren kujonieren. Gundling wird mit sadistischen Späßen gedemütigt und mißhandelt. Seine Versuche, »Bildung« zu beweisen, werden lächerlich gemacht. Am Ende schlagen die Offiziere auf den am Boden liegenden ihr Wasser ab, der kleine Friedrich wird dazu gezwungen. Kurz zuvor hatte der König bei der Quälerei Gundlings seinen Sohn belehrt:

»Nehm Ers als ein Exempel, was von den Gelehrten zu halten. Und für die Regierungskunst, die Er lernen muß, wenn ich zu meinem Gott eingehe, wie der Hofprediger sagt, oder in mein Nichts. Dem Volk die Pfoten gekürzt, der Bestie, und die Zähne ausgebrochen. Die Intelligenz zum Narren gemacht, daß der Pöbel nicht auf Ideen kommt. Merk Er sichs. Er Stubenhocker, mit seinem Puderquasten- und Tragödienkram. Ich will daß Er ein Mann wird. Kaut Er wieder Seine Nägel? Ich werd Ihm.« (STG S. 76)

Zunächst scheint der Gehalt der Szene in der Demonstration der Brutalität zu liegen, mit der primitive Macht den Geist unterdrückt. Indessen ist zu beachten, daß Müller in dem folgenden Stück »Hamletmaschine« den sich in Ekel und Melancholie selbstgenügsam ergehenden Intellektuellen auch kritisieren wird. Auch Gundling zitiert schon Hamlet: »O what a noble mind is here / O' erthrown« und macht sich so als Typus des Melancholikers kenntlich. Bezeichnenderweise geht es in diesem Zitat um Hamlets Wahnsinn – der historische Gundling fiel wirklich in geistige Umnachtung. Die Szene führt kritisch den Realitätsverlust des Intellektuellen vor Augen; seine Entwürdigung ist auch Folge der Unfähigkeit, ein reales Verhältnis zur Macht zu gewinnen. Die »Lust am Stiefel« führt zur Zerstörung der menschlichen Substanz. Gundlings Beispiel führt vor, wohin der Versuch, sich zum »Diener des Staates« machen zu wollen, den Intellektuellen führen kann. Wer sich der Macht andient, wird vom Nihilismus der Macht infiziert – ein Thema, das an R. M. Lenz' »Hofmeister« und den Lenz-Bewunderer Büchner erinnert.

Der erste Teil des Stücktitels lautet: »Leben Gundlings Friedrich von Preußen«. Nicht umsonst klingt diese Zusammenstellung wie ein einziger Name. Statt nämlich das Leben Gundlings weiter zu erzählen, läßt Müller spiegelverkehrt in den folgenden Szenen Friedrich den Großen, der in der ersten Szene als vom Vater gequältes Kind auftrat, die verschobene Parallele zum Leben Gundlings vor Augen stellen. Das Leben Friedrichs von der Kindheit bis zum Tod nimmt das Zentrum des Stücks ein, die Szenenfolge »Preußische Spiele« 1 bis 3, »Ach wie gut daß niemand weiß . . .«, »Herzkönig Schwarze Witwe«, »Et in Arcadia Ego: Die Inspektion«, »Friedrich der Große«.

In der zweiten Szene, den »preußischen Spielen«, werden dem jungen Friedrich gewaltsam alle kulturellen, geistigen, spielerischen und rebellischen Aspirationen ausgetrieben: es ist der psychologische Aspekt der Macht, die Triebunterdrückung, was die Szenenfolge zur Darstellung bringt. Vor allem das Spiel – die Kinder spielen Tragödie mit Rollen- und Geschlechtertausch* – unterliegt der Verfemung, und die Folgen werden in den nächsten Etappen (Friedrich als König von Preußen) deutlich: das verdrängte Tragödienspiel kehrt wieder als grausam blutiges, reales Kriegsspiel. Unterdrückte Kindlichkeit wird Infantilismus; die Szenen zeigen einen zunehmend infantilen König an der Grenze zur Verrücktheit. Friedrich hat sich anders als Gundling aus der De-Personalisierung gerettet. Wohin aber? In die Identifizierung mit eben der Macht, die ihn quälte: Das ist der Preis der Selbster-

haltung, den zu zahlen Friedrich gezwungen. In seiner Verrücktheit kehrt die vom Vater verdrängte Phantasie wieder; der brutale
Sadismus, der dem Kind Friedrich wiederfährt. Prügel, Demütigung, Erschießung des geliebten Freundes Katte als systematische
Identitätszerstörung des jungen Friedrich (»Sire, das war ich«)
prägen später als einer blutige »Wiederkehr des Verdrängten«
(Freud), als Mord, Totschlag und sinnloses Opfer des großen
Friedrich die Geschichte Preußen–Deutschlands mit seiner »Zu-
rückgebliebenheit«.

Die »Preußischen Spiele« bestehen aus: Bild 1 – die Geschwister
Friedrich und Wilhelmine spielen mit Katte Blindekuh und Racines
»Phädra«; Bild 2 – Friedrich muß die Exekution Kattes ansehen;
Bild 3 – der ›neue‹ Friedrich führt blutigen Krieg und läßt sich an
den Abenden nach der Schlacht Racine vorlesen, nun nicht mehr
aus der Liebestragödie »Phèdre«, sondern der heroischen Tragödie
»Britannicus« über die Tyrannis des Nero, das »monstre naissant«.
Es folgt die Szene »Ach wie gut daß niemand weiß, daß ich
Rumpelstilzchen heiß – oder Die Schule der Nation, ein patrioti-
sches Puppenspiel«. John Bull und Marianne sind die »erwachsenen« Nationen, besitzen in der Realität die Welt (Kolonien),
während Friedrich mit seinen Soldatenpuppen nur Krieg spielt und
traurige Kinderlieder singt. Die Szene ist als Film, der vorwärts,
rückwärts, dann wieder vorwärts läuft, konzipiert; Geschichte
erscheint, unabhängig von Chronologie, als richtungslose, groteske Bewegung, Spielerei in der Hand der Mächtigen. Untermalt
wird das Spektakel durch das »Musikalische Opfer«, das J. S. Bach
dem Flöten-Spieler Friedrich dargebracht hatte, Symbol für die
zweispältige Rolle des Künstlers, der untertänig einen »Auftrag«
entgegennimmt und sein Mütchen am Herrscher nur so kühlt, daß
er ihm die eigene Überlegenheit auf dem Gebiet der Kunst beweist.

Die scheinbar wirre Collage erweist sich der näheren Analyse als
strikt konzipierte, an historisch authentisches Material angelehnte
Allegorie auf zwei ineinander gespiegelte Varianten des Verhaltens
zur Macht. Als Rettung aus der Hilflosigkeit des Intellektuellen in
der besonders geistfeindlichen Umgebung des absolutistischen
Preußen stehen psychologisch zwei Möglichkeiten offen: den
Widerspruch zur Macht ›vergessen‹ und sich ihr andienen, ist der
masochistische Weg Gundlings. Die zweite Verarbeitung des
Zwiespalts repräsentiert der ähnlich gedemütigte junge Friedrich,
dem jede der Norm soldatischer Disziplin nicht entsprechende
Triebregung ausgetrieben wird. Mit der Exekution Kattes wird in
Friedrich (wie in Gundling) der Wille zur Autonomie gebrochen.
Nur geschieht seine Rettung umgekehrt: durch das Einswerden mit

der Macht. Reduktion des Selbst auf ein Nichts oder, mit Freud zu reden, die »Identifizierung mit dem Angreifer«, erscheinen als zwei Varianten, auf die Entwürdigung und Vernichtung der Subjektivität zu reagieren. Aber Müller sieht die Schuld nicht nur auf der Seite der Inhaber der Macht. Die Konstruktion des Stücks zeigt vielmehr, daß den Opfern (Gundling, der kleine Friedrich) jene Gewalt, die sie vernichtet, nicht absolut fremd ist.

Der blutigen Gewalt wird nicht die Reinheit des Geistes entgegengesetzt: die Homosexualität, mit der Friedrich charakterisiert wird, ist, wie Freud dargelegt hat, auch eine triebdynamische Grundlage der gesellschaftlichen Institutionen, vor allem des Militärs. Der Lebensüberdruß, die Melancholie Gundlings kehrt wieder in der nihilistischen Lebensverachtung der Mächtigen in der Staatsmaschine. Friedrich führt Krieg, um eine Großmacht zu schaffen; der Exekution seines Freundes Katte durch den Vater entspricht die von ihm selber angeordnete Exekution eines sächsischen Deserteurs (Szene »Herzkönig Schwarze Witwe«, wohl eine Anspielung auf Lessings »Minna von Barnhelm«). Zusammen mit der »Witwe« sieht er der Erschießung zu. Friedrich selber ist unter der Last der aufgebürdeten Herrschaft zum Melancholiker geworden: »Darf ich die Augen schließen, wenn mein Wort/Gewalt wird? *Wär ich blind.*« (STG, S. 86, He4rvorhebg. v. Verf.) Doch als der Schuß fällt, fasziniert ihn das spritzende Blut.

Lebensverachtung korrespondiert der Verachtung der Kunst. In der Szene »Et in arcadia ego: Die Inspektion.« (ein Tableau, wie es in der Malerei des 19. Jahrhunderts gerne benutzt wurde – vgl. R. Warthmüller »Der König überall«, Berlin 1886) führt Friedrich dem Philosophen-Gast Voltaire sein Land vor, und die großen Geister des »humanistischen Erbes« stehen als hilflose Narren da, die den ideologischen Schein zu erzeugen haben, zugleich aber in ihrem illusionären Selbstverständnis als Verbesserer und ästhetische Erzieher des Menschen in den Augen der Mächtigen nur lächerlich erscheinen und mißhandelt werden wie alles Volk. Schiller rezitiert zwischen Hustenanfällen den »Spaziergang«, während Beamte ihm einen Sack über den Kopf stülpen, um ihn mundtot zu machen. Schadow meißelt an einer klassischen Skulptur. Ein Knabenchor nimmt Aufstellung zum Gesang: »Kein schöner Land in dieser Zeit, als hier das unsre weit und breit.« Maler postieren ihre Staffelein. Währenddessen arbeitet unter körperlichen Strapazen eine Bauernfamilie, hierarchisch strukturiert, der Vater ein strenger Antreiber. Sie sollen dem kargen märkischen Acker Südfrüchte entlocken und schaffen es nicht – so muß die Rübe fiktiv zur

Orange ›veredelt‹ werden*, um den Ausruf von Horaz und später Goethes angesichts der lieblichen südlichen Landschaft auch hier glaubhaft zu machen. Der Bauer wird gezwungen, die Rübe als Orange zu bezeichnen. Zynisch protzt Friedrich mit Versatzstücken politischer Theorie, die die Unterdrückung als humanistische Aufklärung hinstellen sollen, den absoluten Herrscher als volksverbunden:

> »In der Tat: kein Schauspiel erfreut das Auge eines Königs mehr, als eine blühende Provinz, bevölkert mit fleißigem Landvolk, das in Frieden seiner Arbeit nachgeht. Neben der Feldfrucht gedeihen die Künste . . . O die karge Schönheit meines Preußen! Ich gebrauche das Possessivpronomen nicht als solches, mein lieber Voltaire, vielmehr in betracht der Einheit unité von Staat und Volk, als von welcher Preußen der Welt das Beispiel gibt. Das Volk bin ich, wenn Sie wissen, was ich meine.« (STG, S. 94 f.)

Nachdem er die Bauern nach seiner Flöte tanzen läßt, straft Friedrich einen Maler, dessen Bild offenbar nicht ›klassizistisch‹ genug ausgefallen ist: »Kunst ist Schönheit. Zehn Stockhiebe für den Kleckser«. Im Zerrspiegel dieser Szene wird sicher auch das Bild des Künstlers unter einer rigiden, sich philosophisch selbst beglaubigenden Staatsmacht, wie sie die DDR als gegenwärtiges Preußen darstellt, gegeben. Ist doch seine Situation der des bürgerlichen Intellektuellen im 18. Jahrhundert sonderbar verwandt: Ohnmacht gegenüber einem allmächtigen Staat, der die objektiven Fortschrittsinteressen zu vertreten beansprucht, und Hoffnung auf eine Art ›Fürstenerziehung‹ durch die Intellektuellen, deren Resultate dem Volk zugute kommen sollen. Auch der Intellektuelle der DDR steht vor der Wahl, entweder im besser verstandenen Emanzipationsinteresse seinen Staat zu kritisieren und ihm die sozialistischen Ideale entgegenzuhalten oder die machtpolitisch degenerierte Gestalt des realen Sozialismus zu internalisieren, sich zum »Rädchen und Schräubchen« (Lenin) des sozialistischen Kulturbetriebs zu machen und damit Teilhabe an der Macht zu erringen – unter Preisgabe von Substanz an emanzipatorischer Phantasie.

Es gibt in der historischen Bewegung zum Ende hin, die »Leben Gundlings« zeigt keine Spur mehr von der Denkfigur der »kleinsten Größe« früherer Stücke (»Philoktet«), in denen die Selbstnegation des Subjekts noch als potentiell sinnvolles Handeln vorgestellt wurde. In »Leben Gundlings« stehen sich allegorisch zwei Wege der *Verfehlung* des intellektuellen Daseins gegenüber: entweder sucht der Geist ein Verhältnis zur politischen Macht (die

---

* Friedrich II. sprach bekanntlich von Voltaire als einem Intellektuellen, den man auspresse wie eine Orange und nach Gebrauch fortwerfe.

einzig imstande wäre, seine Idee der Emanzipation soziale Realität werden zu lassen), indem er sich ihr andient – dann erleidet er Melancholie, Demütigung und Wahnsinn. Oder er gibt die Feindschaft gegen die Gewalt auf, indem er sich gleichmacht. Dann ereilt ihn das Schicksal des Wahnsinns und Selbstverlusts nicht weniger: Infantilismus hinter der Fassade Macht. Konsequent ist daher die Koexistenz des aufgeklärten Absolutismus Preußens mit dem modernen Irrenhaus, in dem wiederum Zynismus, Weltverleugnung, Nihilismus und Leere das letzte Wort behalten: »Lieber Gott mach mich fromm / Weil ich aus der Hölle komm«, heißt die Szene in der Mitte des Stücks, in der eine Gruppe Studenten von einem Professor durch ein preußisches Irrenhaus geführt werden. Der deutsche Idealismus wird als Wahnsystem vorgestellt, die Dialektik als Zwangsjacke, in Preußen ersonnen. Es wird der Kampf der ›Vernunft‹ gegen den rohen Naturtrieb vorexerziert, geführt unter der lauten Klage, daß der Mensch – leider – keine Maschine sei (La Mettrie). Frei nach Michel Foucault führt Müller die gegenseitige Bedingtheit von Wahnsinn und Gesellschaft vor, wobei er Zitate und Assoziationen häuft. Um nur einige zu nennen: Hegel, Kant; Büchners »Woyzeck«; Peter Weiss' Stück »Die Verfolgung und Ermordung Jean Paul Marats dargestellt durch die Schauspielgruppe des Hospizes zu Charenton unter Anleitung des Herrn de Sade« und »Hölderlin«; Schrebers »Denkwürdigkeiten eines Nervenkranken«. Und wie zur Bebilderung der »Dialektik der Aufklärung« wird eine Masturbationsmaschine vorgeführt, die die sadistische Freude an der Beherrschung des schwächeren Körpers demonstriert.

In dieser Irrenhaus-Szene wird ein Grundthema des gesamten Stücks deutlich: die Angst vor der Gewalt des Vaters und die gewalttätigen Folgen dieser Angst. Der »Fall Schreber« zeigt, wie die extreme Beherrschungssucht, die die Kinder als Objekte väterlicher Gewalt versteht und sie systematisch der Strafe und Demütigung unterwirft, Wahnsinn produziert. Alle Helden dieses Stückes sind von diesem Wahnsinn bedroht. Den Schluß der Szene bildet eine Blasphemie nach Schreber*, wo ein Patient »Zebahl« (Zebaoth) auftritt:

---

* In der Szene wird das Selbstlob auf die Masturbationsbandage des Gartenerfinders Daniel Gottlieb Schreiber kombiniert mit den Aufzeichnungen des geisteskrank gewordenen Sohnes Daniel Paul Schreber: »Denkwürdigkeiten eines Nervenkranken« (Leipzig 1903), die in den letzten Jahren im Zusammenhang mit dem Interesse an der Psychose wieder aufgelegt und kommentiert worden sind.

Student: Ich höre, Sie haben Welt erschaffen, Herr Zebahl.
Zebahl: Ja, es ist meine Schuld. Alles ist meine Schuld, Ich bin allmächtig
[...] Ich bin die Fleischbank, Ich bin das Erdbeben. Ich bin das Tier. Der
Krieg. Ich bin die Wüste.
(Schrei. Schwarze Engel bevölkern den Zuschauerraum und fallen lautlos
über das Publikum her).« (STG, S. 93)

Die Szene im Irrenhaus hat Müller *vor* die Schilderung von
Friedrichs Tod gesetzt, die mit dem Herablassen des Vorhangs mit
dem Bild eines großen schwarzen Adler endet. Hier ist eine
deutliche Zäsur gesetzt. Vom 18. Jahrhundert bleibt das unheil-
drohende Preußentum. Als Zwischenakt, bevor das Spiel um den
Aufklärer Lessing beginnt, schiebt Müller die Pantomime »Heinrich von Kleist spielt Michael Kohlhaas« ein, in dem sich Kleist mit
einer Kleistpuppe, seinem Geschöpf, mischt, die Puppe zerstört,
sich selbst zerreißt, zerfleischt. Diese private Zerstörungs- und
Todesorgie spielt wohl auf die Problematik von Anarchie und
Konservatismus, Politik und Poesie an, die in der Novelle über
Michael Kohlhaas, »eine[n] der rechtschaffensten zugleich und
entsetzlichsten Menschen seiner Zeit«, Thema ist. Die romantische
Intelligenz spiegelt sich im Bild des Aufrührers, der die Staatsmacht zur Gerechtigkeit zwingen wollte und dabei sich selbst,
seine Frau, seinen Besitz zerstört und der bekämpften Staatsmacht
am Ende eine glanzvolle Affirmation ermöglicht. Das Sujet des
anarchistischen Terroristen, des Selbsthelfers, der zum Selbstzer-
störer wird, verkörpert einen Aspekt der scheiternden romantischen Intelligenz, und Müller kontaminiert wohl daher in der
Pantomime die Zerstörung des Manns aus Kohlhaasenbrück mit
Kleists Selbstmord. Logisch ist die Verbindung, wenn man an
Kleists Verhältnis zum preußischen Offizierstum denkt, logisch
auch, wenn man die innere Problematik des romantischen Denkens
auch als Konsequenz jenes 18. Jahrhunderts liest, das »Leben
Gundlings« darstellt.

Gundling, Friedrich, Kleist/Kohlhaas folgt in den letzten Szenen
mit dem Titel »Lessings Schlaf Traum Schrei« der Dichter der
Aufklärung, die Inkarnation der Rationalität, das Urbild des Aufklärers. Er, der für ein deutsches Nationaltheater kämpfte und
unbeirrt die Ideale der Humanität verfocht, könnte als Ausweg aus
der deutschen Misere erscheinen. Doch auch hier zeigt Müller, daß
die unter diesen Bedingungen gewonnene Autonomie eine Lücke
aufweist.

Müller führt Lessing als allegorischen Repräsentanten der rationalistischen Aufklärung ein, die keine Nacht kennt, keinen Traum.
Den »Schlaf der Vernunft«, in dem die Monster erwachen, stellte

Lessings Zeitgenosse Goya dar, und Schink berichtet in seiner Chrakteristik Lessings von 1817, *Lessing habe nie geträumt*. In einem dunklen Zeitalter der psychischen Qualen und grausamen Kriege ist der Dichter der Aufklärung mit einer traumlosen Schlafsucht gesegnet. Die ständige Enttäuschung über die nicht erfüllten Tagträume macht ihm das Wachsein immer mehr zur Last.

Bei Gundling und Friedrich hing das Scheitern eng damit zusammen, daß sich ein masochistischer (Gundling) bzw. sadistischer Impuls (Friedrich) unter den spezifischen Bedingungen der preußischen Macht verwirklichen will. Diese Lust bleibt aber gleichwohl ein Motor auch der Ratio, die ohne den Trieb ihre tiefste Antriebskraft, den Traum verliert. So ist bei Müller auch die Legende vom fortschrittsgläubigen Aufklärer verdorben. Er hat, ähnlich wie Müller, einen »Traum vom Theater in Deutshland« geträumt – zu früh:

»30 Jahre lang habe ich versucht, mit Worten mich aus dem Abgrund zu halten, brustkrank vom Staub der Archive und von der Asche, die aus den Büchern weht, gewürgt von meinem wachsenden Ekel an der Literatur, verbrannt von meiner immer heftigeren Sehnsucht nach Schweigen. [...] Ich fange an, meinen Text zu vergessen. Ich bin ein Sieb. Immer mehr Worte fallen hindurch. Bald werde ich keine andre Stimme mehr hören als meine Stimme, die nach vergessenen Worten fragt.« (STG, S. 99 f,)

Im zweiten Tableau des Lessing-Triptychons »Schlaf-Traum-Schrei« ist der Dichter in die amerikanische Gesellschaft der Gegenwart/Zukunft versetzt, wo er »auf einem Autofriedhof in Dakota den letzten Präsidenten der USA« trifft, begleitet von der Musik der Pink Floyd »Welcome my son, welcome to the machine«. Der Alp-Traum geht weiter: Lessings dramatische Gestalten tauchen auf, Emilia Galotti bittet den Vater um den Dolch, damit sie ihrer Sinnlichkeit nicht unterworfen werde, ungerührt rezitiert Nathan zur gleichen Zeit die Ringparabel. Die zur Phrase gewordene Toleranz soll die aufgewühlten Gefühle besänftigen; ein Aufstand, wie ihn Virginias Ermordung durch den Vater in Rom provozierte, worauf Emilias Worte anspielen, soll nicht stattfinden. Die Maschine der staatlichen und familiären Ordnung läuft weiter.

In »Apotheose Spartakus« (3. Bild) erwacht Lessing aus dem Traum, doch »Spartakus« blieb ein Fragment Lessings wie auch ein Fragment der Revolutionsgeschichte. Die Büste, die die Arbeiter Lessing aufsetzen, gilt der Verehrung der Toleranz – unter ihr soll Lessings Schrei erstickt werden, der auf den Alptraum der durchtechnisierten Zivilisation, die Öde des modernen Amerikanismus, des gigantischen Spätprodukts der Aufklärung, folgt.

Was vom sterbenden Lessing bleibt, sind nicht nur »einsame Texte, die auf Geschichte warten«. Im Schlußtableau des Stücks zeigt Müller an, was noch zu machen ist: Lessing, der unter der eigenen Klassiker-Büste erstickt, vermag noch zu schreien. Dieser *Schrei* bleibt hörbar.

Doch am Ende hat sich keine der möglichen Verhaltensweisen bewährt, die Arbeit des Intellektuellen scheint von einem unauflöslichen Paradox geprägt zu sein. Immerhin deutet Müller im Vorspiel für die Inszenierung in Frankfurt a. M. durch das ausführliche Zitat aus Lautréamonts »Gesängen des Maldoror« an, in welcher Richtung weiter zu gehen ist. Die Anrufung des *Hasses* verweist auf eine Literatur der radikalen Negation, die sich von jener gebändigten Kritik, die das Instrument des Aufklärers war, unterscheidet. Die Sprache der Kunst kann nicht mehr die solcher Kritik sein, der »Ausgeburt« des 18. Jahrhunderts, sondern muß die Sprache des Hasses suchen: radikal subjektivierter Kritik.

1977 schreibt Müller zwei Texte, die sich mit der Selbstreflexion des politischen Schriftstellers, des marxistischen Intellektuellen befassen: »Leben Gundlings« und »Hamletmaschine«. In beiden regiert das literarische Zitat und Selbstzitat; kaum ist nachprüfbar, welche Stellen vom Autor Müller, welche vom Leser Müller herrühren. Geschichte wie Literatur werden einer subversiven, destruktiven Lektüre unterzogen. Das geschieht mit unterschiedlichem Akzent: während »Leben Gundlings« die Resignation des *deutschen* Intellektuellen vor dem Hintergrund der preußisch-deutschen Misere exponiert, pointiert die »Hamletmaschine« die Problematik des *marxistischen* Intellektuellen angesichts der kommunistischen Geschichte in Europa.

»Hamletmaschine« ist ein Text, in dem das schreibende Subjekt sich in einer Serie von Identitäten, die ineinander übergehen, zersetzt: Shakespeare, Ophelia, Hamlet, Vater, Mutter, Hure, Sohn; Aufständischer und Machthaber. Wenn eines der Themen der »Hamletmaschine« ist, daß Geschichte nicht mehr als Drama zu denken ist, so entspricht dem die Form des Textes: ein Drama, das als Prosagedicht konzipiert ist, changiert zwischen dialogischen Szenen, Pantomime und monologischer Prosa. Neben »Leben Gundling« bietet es dem Verständnis vielleicht die größte Schwierigkeit durch die Fülle versteckter oder halbversteckter Verweise, Anspielungen und Zitate. Am weitesten scheint diese Leseart zu führen: »Hamletmaschine« ist eine Selbstreflexion des marxistischen Intellektuellen im Spiegel der Hamlettragödie mit fünf Akten – oder soll man wie im barocken Trauerspiel von Abhandlungen reden? –, die sich von fern an den motivischen Ablauf bei Shakespeare halten.

»Ich war Hamlet. Ich stand an der Küste und redete mit der Brandung BLABLA, im Rücken die Ruinen von Europa.« Das sind die ersten Sätze der »Hamletmaschine«. Das Ich spiegelt sich in einem Namen, einem Text der Vergangenheit, als es, auch und gerade als handlungsunfähiges, literaturfähig war, Held einer tragischen Geschichte. Müller betrachtet Shakespeares Text nicht mehr als Haus, in dem das Bewußtsein sich niederlassen kann, sondern als Ruine, wie hier zu Beginn Hamlet das ganze alte Europa. Und so sehen die Stationen des Gangs durch die Trümmerlandschaft aus:

Nummer 1, FAMILIENALBUM: Hamlet, das Ich, erinnert sich; der einsame Melancholiker am Meer. Beim Staatsbegräbnis des Vaters, (»das Gespenst, das mich gemacht hat«) stoppte er den

Leichenzug, warf Leichenteile als grausige Nahrung unter das Volk: orgiastische Übersteigerung des Ekels an der Ehe von Mörder und Witwe, wie sie Shakespeares Dänenprinz zu Beginn seines Dramas zur Schau stellt. Ein Leitmotiv ist das Wort *Fleisch* – die lüsterne, eklige, todgeweihte, faulende, verschlungene Fleischlichkeit; das tierische Leben ekelt Hamlet an, der sich weigert, vom Gespenst des Vaters sich in die Geschichte zerren zu lassen. Müller, dessen Theater mit dem des Barock durch viele unterirdische Verbindungsgänge kommuniziert, übersetzt den naturgeschichtlich-maschinellen Ablauf des Trauerspiels der Welt, wie es dem Blick des Melancholikers des 17. Jahrhunderts sich darbot, in eine moderne Konstellation. Gerade der marxistische Intellektuelle hat einen Röntgenblick in den Geschichtsablauf gewonnen – und keineswegs muß das Ergebnis Optimismus sein. Seinem analytischen Sehen kann auch ein Gerippe sichtbar werden, die Geschichte als eklig-unheimliche Zeugung, unkeusche Paarung von Mörder und Witwe.

In maßloser Verachtung will Hamlet alle Geschichte rückgängig machen. Die Geburt wird revoziert. (»Der Mutterschoß ist keine Einbahnstraße«), alle Produktion/Geburt rückgängig gemacht. Doch nur als Wunschbild. Erst die Ophelia/Elektra der letzten Nummer in der »Tiefsee« wird diese Haltung erreichen. Hamlet, jede Verantwortung verweigernd, will – das symbolisiert der Inzest mit der Mutter – aus der Geschichte zurück in einen zeitlosen Raum der willfährigen Natur, die sich ihm, statt der Geschichte, hingeben soll.

»Dann laß mich dein Herz essen, Ophelia, das meine Tränen weint« ist eine Anspielung auf jenen Moment absoluter Verweigerung, über den Fords »Tis Pitty Shees a Whore« berichtet: »Und er tötet seine Geliebte und reißt ihr das Herz aus, als wolle er sich weiden an ihm inmitten eines Festmahls, bei dem die Gäste vielleicht ihn selbst zu verzehren hofften.« Die Verschmelzung Hamlets mit Ophelia strukturiert den Text: Ophelia/Hamlet werden zu zwei Aspekten einer Szenerie des Bewußtseins, die immer wieder in ihre Teile zerfällt: in der die eine (weibliche) der Wunsch der anderen (männlichen) ist: in der aus dem männlichen-menschlichen Ekel eine (maschinelle) Kraft werden soll. »Hamletmaschine« zeigt, daß dieser Prozeß mißlingt.

Im Bild 2, DAS EUROPA DER FRAU, wird Europa als »Enormous room« (nach E. E. Cummings gleichnamigen Roman) zum gigantischen Gefangenenlager, in dem sich die Frau von der Selbstmörderin zur Mörderin emanzipiert. Wenn ihr Herz eine Uhr ist, die im Rhythmus einer Zeit des Körpers schlägt und zu schlagen aufhört, dann tritt sie aus der Geschichtszeit heraus. Immer wieder erniedrigt und getötet, bezieht sie aus Haß und Aggression gegen sich selbst die Kraft zur Zerstörung, die Hamlet fehlt. Die Frau, nachdem ihr Gewalt widerfuhr, bringt sich selbst auf das Niveau der Gewalt, das Hamlet nie erreicht. Aber die Stimme Ophelias ist zugleich auch die des Chors und Hamlets – die Personenangabe im Text: »Ophelia (Chor/Hamlet).« Im Chor mit dem Mann Hamlet artikuliert die Stimme der Frau den Wunsch, zur Gewalt greifen zu können, oder, wie der Hamletdarsteller im 4. Bild es will, gleich Macbeth, Richard III. und Raskolinkoff Mörder zu sein. Diese Ophelia wird in ihrem Schlußmonolog zum bösen Racheengel, zur Elektra, die ihren Haß nicht – wie die Elektra in Sartres »Fliegen« – zurücknimmt, sondern als Schlußfanal artikuliert. Jedoch: vermummt in Mull, umschwommen von Müll, den Leichenteilen, verkörpert sie am Ende eine Welt des Schweigens.

Ophelia ist so die weibliche Hamletmaschine, maschinelle, stumme, mörderische und selbst mortifizierte Kraftapparatur zur Übertragung eines Energiestroms, wie es Hamlet, in seinen Ekel versunken, nicht werden kann:

»Ich zerstöre das Schlachtfeld das mein Heim war. Ich reiße die Türen auf, damit der Wind herein kann und der Schrei der Welt. Ich zerschlage das Fenster. Mit meinen blutenden Händen zerreiße ich die Fotografien der Männer die ich geliebt habe und die mich gebraucht haben auf dem Bett auf dem Tisch auf dem Stuhl auf dem Boden. Ich lege Feuer an mein Gefängnis. Ich werfe meine Kleider in das Feuer. Ich grabe die Uhr aus meiner Brust die mein Herz war. Ich gehe auf die Straße, gekleidet in mein Blut.« (M, S. 91 f.)

Ein SCHERZO (Nr. 3) unterbricht die Tragödie. Tote Philosophen (unter ihnen die marxistischen Klassiker, die später als Frauen ›lebendig‹ werden) bewerfen Hamlet mit Büchern. Das Ballett der Selbstmörderinnen kann von Hamlet nicht kontemplativ betrachtet werden: die toten Frauen reißen ihm die Kleider vom Leib. Nackt wie Ophelia in ihrem Zerstörungs- und Selbstzerstörungsmonolog, trifft er auf Ophelia als Hure, die wie/als seine Mutter, zusammen mit Claudius, aus einem Sarg tritt. Der Sarg enthält mit der Aufschrift HAMLET 1 die Identität von Mörder und Opfer, Hure, Jungfrau und Mutter, Hamlet als Vater und Hamlet als Sohn, Theaterfigur und Zuschauer. In diesem Gruselkabinett der Identitätsmischungen will Hamlet zur Frau werden und wird von Ophelia zur Hure geschminkt. Wie ein Gottesgebot ertönt die Stimme aus dem Sarg, als Freund Horatio mit der Hure Hamlet einen Tanz beginnt: »Was du getötet hast, sollst du auch lieben.«

Es ist nicht möglich, alle Bedeutungselemente dieses kaum verständlichen Textes anzugeben, oder ihren Zusammenhang stringent zu entwickeln. Der Leser fühlt sich entfernt an die Szenen um Ophelias Grab bei Shakespeare erinnert. Christliche Ikonographie um die beiden Frauen Eva und Maria und sexuelle Symbolik umschreiben in vielfältigen Anspielungen das Thema Frau/Mann – eine ›absurde‹ Variante shakeapearescher Geisterszenen.

Hamlets Versuch, den Mann in sich zu töten, vom Ekel an der Geschichte zum Haß, wie ihn Ophelia hat, zu kommen, scheitert in Nummer 4 (PEST IN BUDA SCHLACHT UM GRÖNLAND), wenn er aus seiner Rolle aussteigt und zum *Hamletdarsteller* wird, um sich aus der »Literatur«, dem nur literarischen Dasein zu emanzipieren. Indem er jedoch die trivale Realität des politischen, immer unpolitischer werdenden Alltags kontemplativ erfaßt, packt ihn selbst von neuem der altbekannte Ekel. Er steht im Bann seiner Rolle als Melancholiker, seine Sprache führt ihn erneut auf diese Rolle hin, und am Ende nimmt er sie wieder auf sich. Es geschieht kein Ausbruch aus dem Text der Tradition, der Sprache, der Literatur.

Es ist die schlechteste Zeit, worst time, für einen Aufstand auch gegen den politischen Vater, das Gespenst, die leere Rüstung. Die literarische und sprachliche Gefangenschaft und die Befangenheit in der politischen Gewaltgeschichte werden untrennbar. Das »Ich« befindet sich im Zeitalter der »Erkältung«, a bad cold, nach dem Tauwetter: »Der Ofen blakt im friedlosen Oktober.« Der Ungarn-Aufstand im Oktober 1956 (Pest in Buda – deutsch: Ofen – d. h. in Budapest) scheiterte unter anderem, weil es weltpolitisch die »schlechteste Zeit« war: das zeitliche Zusammentreffen mit der Suezkrise verschärfte auch die Situation in Ungarn.

Angesichts der realen Geschichte wird, was der ohnmächtige marxistische Intellektuelle sagt, zur nichtigen »Literatur«. So legt er probeweise das Hamletkostüm ab; Hamlet erkennt die Belanglosigkeit seiner Rolle und »steigt aus«:

> »Ich bin nicht Hamlet. Ich spiele keine Rolle mehr. Meine Worte haben mir nichts mehr zu sagen. Meine Gedanken saugen den Bildern das Blut aus. Mein Drama findet nicht mehr statt. Hinter mir wird die Dekoration aufgebaut. Von Leuten, die mein Drama nicht interessiert, für Leute, die es nichts angeht. Mich interessiert es auch nicht mehr. Ich spiele nicht mehr mit.« (M, S. 93)

Das Ich spielt keine Rolle mehr. Das Bewußtsein kann sich nicht mehr als Subjekt/Held/dramatis persona verstehen, wenn die Geschichte nicht mehr als Drama repräsentierbar ist. Auch sie nimmt den Charakter einer Maschine an, das Subjekt wird in ihr verteilt, umgelenkt, plaziert, deplaziert.

Die Szene, in welcher der marxistische Intellektuelle steht, ist sehr konkret: Stalins Tod und die Folgezeit. Der Name Stalin wurde zum Inbegriff der Spaltung des ›linken Bewußtseins‹, das sehen muß, wie der Kommunismus, die Theorie und Praxis der Emanzipation, sich verwandelt hat in blutigen Terror, der nicht nur die Körper, sondern auch das Bewußtsein zerrüttet. Und doch kann nur Naivität sich der Anerkennung, ja Bewunderung der ›praktischen Gewalt‹, die sagt: »wissend, das Gras noch / Müssen wir ausreißen, damit es grün bleibt« (Mauser), ganz entziehen.

»Die Dekoration ist ein Denkmal. Es stellt in hundertfacher Vergrößerung einen Mann dar, der Geschichte gemacht hat. Die Versteinerung einer Hoffnung. Sein Name ist auswechselbar. Die Hoffnung hat sich nicht erfüllt. Das Denkmal liegt am Boden, geschleift drei Jahre nach dem Staatsbegräbnis des Gehaßten und Verehrten von seinen Nachfolgern in der Macht.« (M, S. 93)

Doch hinter dem Sprecher, der nicht mehr Hamlet sein will, wird, »vom Hamletdarsteller unbemerkt«, eine andere Dekoration aufgebaut als die, welche er beschreibt. Die Bühnenarbeiter stellen Fernseher und Kühlschrank, die Requisiten des Wohlstands, auf, der zum Agenten der Geschichte wird und den Repräsentanten der Ideologie und der blutigen Realgeschichte ablöst.

Der vom Nachfolger gemordete Vater ist der praktisch gewordene Marxismus in der Gestalt Stalins, ein »Hoher Kadaver«, der als Gespenst, das Hamlet – den marxistischen Intellektuellen – gemacht hat, das »beredte Schweigen« (Louis Althusser) nach seinem Tod auslöste, eine »Zement« gewordene Hoffnung. Die Mutter als Jungfrau, Geliebte und Hure ist in dieser Allegorie nichts anderes als die kommunistische Partei, die es auch mit dem Nachfolger an der Macht hält und ihre »Söhne« anhält, den Vatermord zu vergessen und dem NEUEN DÄNEMARK (Deutschland) schön zu tun. Der reale Hintergrund für die politische Allegorie ist zweideutig. Der XX. Parteitag der KPdSU 1956 stellte für die in Stalinschen Kategorien denkende junge Parteiintelligenz einen schweren Schock dar: die Befreiung bedeutet für sie paradoxerweise zugleich eine tiefe Erschütterung ihres politischen Weltbilds. Dieser Schock wurde so wenig ›durchgearbeitet‹ wie der Stalinismus selbst. Beides wurde begraben oder auch nur unter dem Gras der Geschichte verscharrt.

Wie der gesamte Text der »Hamletmaschine«, so ist die Historie im 4. Bild bis zur Unkenntlichkeit komprimiert. Der 17. Juni 1953, der Posener und der Ungarnaufstand werden ununterscheidbar, werden zusammengepreßt zu einer verworrenen Figur der

Geschichte des Marxismus zwischen Humanismus und Terror. Müller zeigt, wie der marxistische Intellektuelle sich bemüht, der »Leiche« Herr zu werden. Diese Leiche (des Vaters Stalin, der Geschichte, der Deformation des Sozialismus, der blutigen Gewalt) ist untrennbar von der inneren Last einer intellektuellen, kulturellen und literarischen Tradition. Wie Hamlet am Ende dieser Szene wieder in die Geschichte ›einsteigt‹, die Verweigerung nicht durchhält, so schlüpft er zugleich auch wieder in die literarische Rüstung. Die Leiche auf dem Rücken (immer wiederkehrender Topos in Müllers Werk) ist nicht abzuwerfen. Das Volk, das die von Hamlet zerstückelte Leiche zum Essen vorgeworfen bekommt, kann sie damit vergessen, nicht aber der Intellektuelle, der, mit dem stumpfen Schwert als Tranchiermesser, von Ekel geschüttelt, in ihrem Bann bleibt. Haß und Verehrung für die Kraft, die Geschichte machen kann, spalten ihn:

> »Mein Platz, wenn mein Drama noch stattfinden würde, wäre auf beiden Seiten der Front, zwischen den Fronten, darüber. Ich stehe im Schweißgeruch der Menge und werfe Steine auf Polizisten Soldaten Panzer Panzerglas. Ich blicke durch die Flügeltür aus Panzerglas auf die andrängende Menge und rieche meinen Angstschweiß. Ich schüttle, von Brechreiz gewürgt, meine Faust gegen mich, der hinter dem Panzerglas steht. Ich sehe, geschüttelt von Furcht und Verachtung, in der andrängenden Menge mich, Schaum vor meinem Mund, meine Faust gegen mich schütteln [...] Ich bin mein Gefangener [...] ich bin die Datenbank. Blutend in der Menge. Aufatmend hinter der Flügeltür. Wortschleim absondernd in meiner schalldichten Sprechblase über der Schlacht.« (M, S. 94 f)

Shakespeares Drama, dramaturgisch mißlungen, wie Müller einmal sagt, und aus eben diesem Grund groß, zeigt die Verhinderung des vorgesehenen, üblichen Rachedramas. Ein Nicht-Drama, und zwar trotz aller Fremdheit verblüffend analog dem des Elisabethaners, hat noch expliziter, unter Verzicht auf den Dialog selbst, Müller geschrieben. Die Sprache konstituiert nicht dialogische Subjekte, sondern geht mit ihren Spaltungen und Verwerfungen quer durch die Sprecher hindurch. Oberflächlich als Monolog geschrieben, erweist sich das Stück mit dem hämmernden parataktischen Satzbau als polyphoner Text (M. Bachtin), unter dessen monologischer Oberfläche viele Stimmen sich kreuzen und verschmelzen. Ophelia wird nach Hamlets Abgang in die Zeit der Geschichte und der Gewalt seine verstummte Sprache aufnehmen im zeitlosen Fluten einer sprechend schweigenden Verweigerung, die der Mann nicht erreicht.

Hamlet nämlich tritt zurück in die Rüstung. Angesichts der

ekelhaften Wirklichkeit, des ekelhaften ›ungeteilten Selbst‹ geht das Ich nach Haus, akzeptiert seine Individuation, lebt und macht mit:

> »Fernsehn Der tägliche Ekel
> Am präparierten Geschwätz Am verordneten Frohsinn
> Wie schreibt man GEMÜTLICHKEIT
> Unsern Täglichen Mord gib uns heute
> [...]
> Ein Königreich
> Für einen Mörder (M, S. 95)

Der Hamletdarsteller wird zum Hamlet: es bleibt beim Wunsch, beim Gebet um einen Mörder. Die Tat bleibt aus, und die Kontemplation wird zum Wunsch nach Selbstauflösung:

> »Ich will nicht mehr essen trinken atmen eine Frau lieben einen Mann ein Kind einTier. Ich will nicht mehr sterben. Ich will nicht mehr töten . . . Ich will eine Maschine sein. Arme zu greifen Beine zu gehen kein Schmerz kein Gedanke.«

Der Hamletdarsteller will nicht mehr wissen, daß sein Rückzug – ein Privileg wie sein Ekel – auf zerbrochenen Leibern beruht: der realen geschichtlichen Gewalt auf der Welt, in die der Intellektuelle nicht automatisch – wie die körperlich Unterdrückten – hineingezogen wird. Während Marx, Lenin, Mao als Frauen in ihrer jeweiligen Sprache ihren Text sprechen: ES GILT ALLE VERHÄLTNISSE UMZUWERFEN IN DENEN DER MENSCH . . . (ein geknechtetes Wesen ist – Marx), legt der Hamletdarsteller wieder Kostüm und Maske an und kriecht, »ein beleibter Bluthund«, in den Panzer.

Man kann diese sonderbare Konstellation so deuten: Die Revolutionäre repräsentieren jene Kraft zum haßerfüllten, rücksichtslosen, unzweideutigen ›Umwerfen‹, den Müller mit der Frau (Ophelia, Elektra) assoziiert. Wie bei Shakespeare das lange Zaudern unmittelbar überwechselt in grausames Gemetzel, so daß am Ende ein Berg von Leichen das Resultat ist, so stürzt sich unter dem Lockruf der babylonischen Sprachverwirrung der Geschichte der »Hamletdarsteller« wieder in sein Kostüm und zugleich auch in die Rüstung: er mischt sich ein in die Aktion, die die gewalttätige Maschinerie der Geschichte in Gang hält und spaltet mit dem Beil (die Mordwaffe des andern Verräters Ägisth) die Schädel der Frauen Marx, Lenin und Mao. So verrät er (»knapp vorm dritten Hahnenschrei«) die Verweigerung, er wird Stalins Double, blindwütig rasend wie der blutige Vater und der Hamlet Shakespeares (*fat and scant of breath*«, V,2).

Die Panzer (Budapest, Prag, Berlin), die militärische Rüstung, der Ich-Panzer – diese Maschine läuft weiter. Die von Hamlet verratene Rolle übernimmt die Frau, immer verraten und zerstört, indem sie aus der Geschichte in den Raum der zeitlosen Tiefsee geht, Zeit und Bewegung negiert (im Rollstuhl) und das Schweigen der Verweigerung zum Sprechen bringt.

Ophelias Schlußwort (Akt 5) nimmt in seinem Titel das vorangegangene Bild auf: »WILDHARREND / IN DER FURCHTBAREN RÜSTUNG / JAHRTAUSENDE« wird die »Nymphe« (Shakespeare) im Rollstuhl von Männern in Arztkitteln eingeschnürt (vgl. die Ophelia im Irrenhaus in den »Nachtwachen« des Bonaventura). Während sie ihren Haßmonolog auf die Welt hinausschleudert, werden die Männer sie zur Mumie verbinden. Ihre Reglosigkeit wird total. Die Szenenanweisung heißt »Tiefsee« – das Wasser, das nach Schnee und Eiszeit kommt, mythisches Element der Frau und Symbol des Schweigens, das in Analogie zu Hamlets letzten Worten, »Der Rest ist Schweigen«, gesetzt ist. Ophelia artikuliert es als Schrei des Racheengels im Akt der Fesselung – keine positive Utopie der Befreiung.

Die sanfte Ophelia – identifiziert mit der hassenden Elektra – soll mit ihrem Haß den Ekel Hamlets ablösen und wird erstickt. Beide intellektuellen Haltungen werden in der Einsamkeit ausagiert, und die Schlußwendung zeigt die Alternative, Ophelia als jene Hamletmaschine, die Hamlet und Hamletdarsteller nicht werden können«

Ophelia: Hier spricht Elektra. Im Herzen der Finsternis. Unter der Sonne der Folter. An die Metropolen der Welt. Im Namen der Opfer. Ich stoße allen Samen aus, den ich empfangen habe. Ich verwandle die Milch meiner Brüste in tödliches Gift. Ich nehme die Welt zurück, die ich geboren habe. Ich ersticke die Welt, die ich geboren habe, zwischen meinen Schenkeln. Ich begrabe sie in meiner Scham. Nieder mit dem Glück der Unterwerfung. Es lebe der Haß, die Verachtung, der Aufstand, der Tod. Wenn sie mit Fleischermessern durch eure Schlafzimmer geht, werdet ihr die Wahrheit wissen.« (M, S. 97)

Kein Zweifel, daß die Stimme der Frau hier in ähnlicher Weise wie für Rimbaud zum Inbegriff einer anderen, neuen Sprache wird:

»Wenn einmal die endlose Versklavung der Frau gebrochen ist, wenn sie für sich und aus sich selbst lebt, da der Mann – erbärmlich bisher – ihr den reinen Widerschein ihres Wesens gibt, so wird auch sie Dichter sein! Die Frau wird Unbekanntes finden! Werden die Welten ihrer Gedanken sich von den unseren unterscheiden? – Sie wird fremdartige, unergründliche, abstoßende, kostbare Dinge aufdecken; wir werden sie entgegennehmen, wir werden sie verstehen.« (Rimbaud)

Ophelia/Elektra ist die Allegorie auf die Textpraxis des Autors, dessen Bild zu den Worten des Hamletdarstellers zerrissen worden war. Sprechend in ihrer weißen Verpackung – letzte Worte vor der totalen Einschnürung durch angemaßte Heilpraktiker oder auch Irrenärzte – gleicht sie dem Lessing im Schlußtableau von Müllers »Leben Gundlings Friedrich von Preußen Lessings Schlaf Traum Schrei«, der unter einer ihm aufgestülpten Klassikerbüste inmitten seines Fragments über die Rebellion der Unterdrückten »Apotheose Spartakus«, zu schreien beginnt.

»Was bleibt: einsame Texte, die auf Geschichte warten« schreibt Müller in seiner »Verabschiedung des Lehrstücks«. Die Ophelia-Allegorie erinnert an eine verbissene Fähigkeit, sich dennoch zu artikulieren, das Verstummen auszusprechen. Sie erinnert an die Vorstellung, die Antonin Artaud vom noch möglichen Sinn des Schreibens gab:

> »So gilt es auch zu verstehen, daß es sich, wenn wir das Wort Leben aussprechen, dabei nicht um das durch die Äußerlichkeit der Tatsachen bestimmte Leben handelt, sondern um jene Art zarten, lebhaften Feuers, an das keine Form rührt. Wenn es überhaupt etwas Infernalisches, wirklich Verruchtes in dieser Zeit gibt, so ist es das künstlerische Haften an Formen, statt zu sein wie Verurteilte, die man verbrennt und die von ihrem Scheiterhaufen herab Zeichen machen.« (Artaud, Das Theater und sein Double Ffm. 1969, S. 15)

Die komplizierte Textmaschine Müllers bildet eine merkwürdige Verkettung mit der alten tragical historie vom Melancholiker, 9 Seiten, 5 Nummern lang. Und am Ende wird abgeschaltet: Ton aus, es bleibt Ophelia, »reglos in der weißen Verpackung« in einer »Tiefsee«, »verschnürt« im Gewebe (Textur) der weißen Mullbinden. Vom BLABLA zum Schweigen also, das doch kein wirkliches Schweigen ist, denn die Maschine wird hier zwar abgestellt, doch sie lief 5 Nummern lang, den Akten der klassischen Tragödie entsprechend, ab. Von der Ruine Europas hinab in die Tiefsee, auf deren Brandung Hamlet zu Beginn des Textes blickt.

Müllers Zerr-arbeitungsmaschine stückelt und verteilt den »Hamlet«; Material wird eingegeben, und die Grübelmaschine unterhöhlt und durchfurcht das Terrain der Literatur. Die Maschine foltert, nicht nur die Wahrnehmung des Lesers – auch das Verarbeitete selbst. Müllers Maschine geht in Trümmer. Sie folgt nicht einem Plan, sondern zugleich und abwechselnd mehreren, die sich durchkreuzen, schneiden, annullieren, bestätigen. Solche Verkettung von Lesen, Umdeuten, Einordnen, Verformen läßt die Tradition in Trümmer gehen, rückt sie aber im selben Moment wieder in den Zusammenhang wirklicher Produktion, der sie durch offizielle Kultur- und Erbeaneignung immer nichtssagender wurde.

Dabei wird die Chronologie zerstochen, denn der Text Shake-

speares zirkuliert durch Müllers Text des gegenwärtigen Bewußtseins: Polemik sowohl gegen das Räderwerk der Kulturpolitik, als
auch gegen die Wahrung abendländischer Werte. Hier wie dort
verschwindet der authentische Ausdruck unter einer verordnenden
Kritik, die den Gehalt des Tradierten immer schon zu wissen
glaubt. »Hamletmaschine« rotiert, um das ideologische Zeitkonti-
nuum zu zersetzen, in dem alles seinen Sinn immer schon vorgeschrieben bekommt.

»Der Auftrag – Erinnerung an eine Revolution« ist 1979 geschrieben und bald darauf in der DDR und der Bundesrepublik veröffentlicht worden. Das Stück verwendet Motive einer Erzählung von Anna Seghers (»Das Licht auf dem Galgen«; in: A. S. Der Bienenstock. Ges. Erzählungen in 3 Bd., Bd. 3, Aufbau-Verlag 1963, S. 259–375) über den mißglückten Versuch dreier Emissäre der Regierung zur Zeit der französischen Revolution, einen Aufstand der Sklaven auf der Kolonie Jamaika zu organisieren. Müllers Werk versucht an diesem Stoff das linke Bewußtsein der Gegenwart zu beschreiben: die ›verratene‹ Revolution durch einen Usurpator (Napoleon/Stalin), die dem Auftrag der drei willkürlich ein Ende setzt, ist nur die eine Hälfte des Problems. Die andere umfaßt die Autonomie der 3. Welt, die Emanzipation der versklavten Völker von den weißen Herren ebenso wie von den weißen Helfern und die Möglichkeiten und Grenzen der Solidarität. (In SuF erschien der »Auftrag« im Kontext der Problemstellung »3. Welt«).

Das Stück beginnt mit der Übergabe eines Briefes, den einer der drei Emissäre auf dem Totenbett geschrieben hat, um seinem Auftraggeber in Paris die Rückgabe des Auftrags zu melden. Sein schwarzer Mitkämpfer, Sasportas, ist gehängt worden, der weiße Debuisson ist zum Verräter an der Sache geworden. Das Unternehmen ist gescheitert.

Antoine, der Auftraggeber, ist vom Boten, einem Matrosen, nur mit Mühe aufzufinden und verleugnet sich schließlich, »verrät« den Schreiber: »Ich kenne keinen Galloudec«. Erst als der Matrose nicht nur vom Todeskampf Galloudecs, sondern vom gehängten Sasportas berichtet, gibt Antoine seine Identität zu erkennen, und erklärt seine Lage: das Ende der Revolution zwingt ihn zur Tarnung seiner Vergangenheit. Als der Matrose geht, bricht Antoine zusammen: der ehemalige Auftraggeber im Namen des Konvents weist die Last der Verantwortung für die Toten zurück:

> »Wo ist dein Bein, Galloudec. Warum hängt dir die Zunge ausdem Hals, Sasportas. Was wollt ihr von mir. Kann ich für deinen Beimstumpf. Und für deinen Strick. Soll ich mir ein Bein abschneiden. Willst du, daß ich mich daneben hänge. Frag deinen Kaiser, Galloudec, nach deinem Bein. Zeig deinem Kaiser die Zunge, Sasportas. Er siegt in Rußland, ich kann euch den Weg zeigen. Was wollt ihr von mir. Geht. Geht weg. Verschwindet.« (SuF 1246)

Die Gespenster der Vergangenheit, die Last der Geschichte (der »Sieger in Rußland« läßt mehrere Deutungen zu) soll der Beischlaf

besänftigen, so wie in Büchnes »Dantons Tod« Julie den unter dem
Alp der Septembermorde leidenden Danton beruhigt. Doch während
des Beischlafs tritt ein »Engel der Verzweiflung« auf. Die
Rettung liegt in der Rache für die Toten, nicht in der Zuversicht
der Lebenden.

Die erste Szene gibt mit der Aufnahme des Briefes für den
Zuschauer gleichsam die Rezeptionssituation für das folgende
Stück vor, das den am Anfang gezeigten resignativen Bewußt-
seinsstand der Gegenwart durch die Schilderung des Vorgefallenen
erläutert. Die Briefzustellung, die kontrastiv im Matrosen einen
zielstrebigen Erfüller seines Auftrags vorstellt, zeigt den geschichtlichen Stand an: nicht nur die Beauftragten haben eine Niederlage
erlitten – auch der ehemalige Auftraggeber ist aus der Geschichte
gefallen.

Der 2. Akt zeigt die erste Anprobe der konspirativen Masken,
die die Revolutionäre für ihre »Arbeit« brauchen. Wie in Brechts
»Maßnahme« sollen die Masken die Arbeit gewährleisten. Doch
anders als bei Brecht wird in Müllers Stück das Maskenaufziehen
eher als theatralischer Akt, denn als politischer vorgestellt. Dem
entspricht, wenn Debuisson am Ende des Stücks »Unser Schauspiel
ist zu Ende« sagt, als er die Gruppe aus dem Auftrag entläßt wie ein
Theaterdirektor. Jedoch die Maske ist auch eine philosophische
Figur. Während bei Brecht zwischen dem Gesicht (der wahren
Identität) und der Maske (dem politisch notwendigen Verbergen
der Wahrheit) unterschieden wird, ist in Müllers Szene die Schwierigkeit des Maskenaufsetzens Thema: Maske und Gesicht sind
nicht reinlich zu unterscheiden.

Debuisson ist der Intellektuelle, der die andern in ihre Masken
einweist, während er selber mit der Maske seiner *Vergangenheit*
identisch werden muß:

>»Ich bin der ich war: Debuisson, Sohn von Sklavenhaltern auf Jamaika,
>mit Erbrecht auf eine Plantage mit vierhundert Sklaven. Heimgekehrt in
>den Schoß der Familie, um sein Erbe anzutreten, aus dem verhangenen
>Himmel Europas, trüb vom Qualm der Brände und Blutdunst der neuen
>Philosophie, in die reine Luft der Kariben, nachdem die Schrecken der
>Revolution ihm die Augen geöffnet haben für die ewige Wahrheit, daß alles
>Alte besser als alles Neue ist.« (SuF, 1248)

Weil Debuisson die Sprache seiner »Maske« so glatt von der
Zunge geht, drängt sich der Verdacht auf, er sei mit ihr identisch,
aber er beherrscht auch die anderen Tugenden der revolutionären
Arbeit, wie sie in Brechts »Maßnahme« gelehrt werden: er warnt
vor Ungeduld und spontanem Mitleid. Als Galloudec den Farbigen

Sasportas spielerisch provoziert, einen dem Tod geweihten, gefolterten Neger, der bei ihrer Ankunft in einem Käfig sitzt, zu befreien, rät Debuisson ab. Die Position des Jungen Genossen aus der »Maßnahme«, einem Leidenden »sofort« zu helfen (womit er die Revolution als Ganze gefährdet) wird nurmehr zitiert – hier geht es um eine andere Problematik. Sasportas: »Wenn ich von hier weggehe, werden andere in den Käfigen hängen, mit weißer Haut bis die Sonne sie schwarz brennt. Dann wird vielen geholfen.« (SuF, 1247)

Klassenkampf wird zum Kampf gegen die Weißen. Sasportas, der Schwarze, sieht sich selbst inmitten seiner weißen Mitstreiter in einer doppelten Auftragstellung: in den Sklaven die Farbigen zu befreien. Galloudec ahnt diese Radikalisierung: »Wir sind nicht hier, um einander unsre Hautfarbe vorzuhalten, Bürger Sasportas.« Müller ließ an einer Stelle im Manuskript Sasportas sagen: »Der Tod ist die Maske der Revolution« und Debuisson antworteten: »Die Revolution ist die Maske des Todes«. Während für den Schwarzen der Tod nur *eine* Maske, *ein* Gesicht des Aufstandes ist, ist die Revolution für den weißen Intellektuellen selber nur eine von vielen Masken des Todes, die dem Melancholiker zur Verfügung stehen. Im Manuskript war hier auf ein Grundmotiv der Auseinandersetzung der weißen Intellektuellen mit der schwarzen Revolution angespielt: den grundlegenden Unterschieden der spontanen Wünsche, die beim Weißen mit der gleichen revolutionären »Arbeit« verbunden sind. Debuisson führt seine Mitkämpfer in die an Brecht erinnernde Lehre der Mitleidslosigkeit ein:

»Viele werden in diesem Käfig sterben, bevor unsre Arbeit getan ist. Viele werden in diesem Käfig sterben, weil wir unsre Arbeit tun. Das ist, was wir für unsersgleichen tun mit unsrer Arbeit, und vielleicht nur das. Unser Platz ist der Käfig, wenn unsre Masken reißen vor der Zeit.« (SuF, 1249)

Die Szene schließt mit dem Sprechtext, der wie ein Gewebemuster das doppelte Grundmotiv des Stückes wiederholt: DIE REVOLUTION IST DIE MASKE DES TODES DER TOD IST DIE MASKE DER REVOLUTION. Der Text läuft aus in die folgende Szene, den 3. Akt, die Achse des Stücks, die surreale Spiele zwischen den drei Protagonisten vorführt. Die Stimme einer »ErsteLiebe« empfängt den kleinen Sieger aus Paris, Victor Debuisson, als das ungezogene Kind, das Revolution gespielt hat und nun reumütig in den Schoß der ErstenLiebe (der Geliebten, der Mutter, der Familie, der Kindheit) zurückkehrt, nachdem es sich im fernen Europa bei der zweiten Liebe, der Revolution, verirrt hat. Der Monolog von

ErsteLiebe, der von der Verführung zur Rachephantasie übergeht, zeigt die verlassene Frau als Penthesilea und Gottesgebärerin (Tiger-Christus), die den Verrat Debuissons nicht verwindet. »Das ist der Mensch: seine erste Heimat ist die Mutter, ein Gefängnis«, resümiert ErsteLiebe einen Bericht von Sklaven, die ihren Befreier, der ihnen auch die Geborgenheit nahm, töteten. Debuisson nimmt diese Geschichte als Lehre mit: »Tod den Befreiern der Revolution« – hält er am Ende für den letzten Ruf der Revolution.

Die Stimme der Verführung und der reaktionären Rache am Klassenverräter wird vom Theater der weißen Revolution abgelöst, in dem Sasportas die Rolle Robesspierres und Galloudec Danton spielt. Keiner der beiden Revolutionsspieler kann beanspruchen, die Revolution zu repräsentieren, zu sehr sind beide Opfer ihrer Leidenschaften und Laster. Ein Szenenwechsel bereitet dem Schauspiel ein Ende: der Zuschauer Debuisson wird vom Thron gezerrt, Sasportas inthronisiert und gekrönt – jedoch nicht zum Zuschauer, sondern zum Agenten der Szene: »Das Theater der weißen Revolution ist zu Ende. Wir verurteilen dich zum Tode, Victor Debuisson. Weil deine Haut weiß ist. Weil deine Gedanken weiß sind unter deiner weißen Haut.« (SuF 1253) Sasportas examiniert den weißen Intellektuellen und Besitzererben Debuisson nach dem Muster des Badener Lehrstücks, übt ihn in das Sterben ein:

»Das Elend mit euch ist, ihr könnt nicht sterben. Darum tötet ihr alles um euch herum. Für eure toten Ordnungen, in denen der Rausch keinen Platz hat. Für eure Revolutionen aus Geschlecht. Liebst du diese Frau. Wir nehmen sie, damit du leichter stirbst. Wer nicht besitzt stirbt leichter. Was gehört dir noch. Sag schnell, unsre Schule ist die Zeit, sie kommt nicht wieder und kein Atem für Didaktik, wer nicht lernt stirbt auch. [...] Jetzt gehört dir nichts mehr. Jetzt bist du nichts. Jetzt kannst du sterben. Grabt ihn ein.« (SuF, 1253)

In Sasportas spricht die Stimme der dritten Welt – sie beendet das Theater der weißen Revolution und tötet seine Protagonisten. Ein neues Theater, eine neue Wirklichkeit steht noch aus.

Die nächste Szene (Akt 5) ist ein einziger Sprechtext ohne Rollenangabe (sie erinnert als eigenständiger Prosatext an Kafkas Parabeln, etwa »Eine alltägliche Verwirrung« und »Die Kaiserliche Botschaft«). Eine neue Stimme (die des Autors, des Intellektuellen, Weißen, Mannes) spricht – vielleicht die Stimme des »toten« Debuisson – heute. Sprach Sasportas für die Masse der »Neger aller Rassen«, so ertönt jetzt die Stimme des (weißen) Individuums, traumwandelnd durch das Auf und Ab der sozialen Hierarchie und die endlose Weite der Fremde und der Zukunft. Es spricht ein Ich, das zunächst in einem Fahrstuhl einen imaginären Chef (»Nummer

Eins« – Schlüssel für Stalin in A. Koestlers »Sonnenfinsternis« als auch für Honecker, in dem Dezember 1978 im ›Spiegel‹ veröffentlichten ominösen Manifest eines oppositionellen Bundes Demokratischer Kommunisten in der DDR) zu erreichen sucht, weil es einen Auftrag zu empfangen hofft. Doch weder funktioniert der Fahrstuhl wie erwartet, noch die Zeit – das Ich kann den Chef nicht erreichen. So verläßt es den Fahrstuhl, wechselt in surrealem, traumhaftem plötzlichen Szenenwechsel aus der Vertikalen in die Horizontale einer Landschaft und – befindet sich auf einer Dorfstraße in Peru, wo es als Weißer die Feindseligkeiten der Einwohner fürchtet. Das Ich formuliert die Einsicht in die Vergeblichkeit, weiterhin einem Auftrag nachzugrübeln: es gibt keinen mehr. So kann es heiter seinen Weg zu Ende gehen, die Widrigkeiten und Drohungen können ihm nichts mehr anhaben, es fühlt sich begehrt von der Frau – auch wenn es sie nicht mehr besitzen kann. Kindern, die mit einer »Kreuzung aus Dampfmaschine und Lokomotive« auf einem »grasüberwachsenen Bahndamm auf einem abgebrochenen Gleis« basteln, verleiten das Ich nicht zur Belehrung, zur Hilfestellung. Mit diesen zerbrochenen Symbolen eines industriellen Fortschritts wird nur noch gespielt.

»Ich Europäer sehe mit dem ersten Blick, daß ihre Mühe verloren ist: dieses Fahrzeug wird sich nicht bewegen, aber ich sage es den Kindern nicht, Arbeit ist Hoffnung, und gehe weiter in die Landschaft, die keine andere Arbeit hat als auf das Verschwinden des Menschen zu warten. Ich weiß jetzt meine Bestimmung. Irgendwann wird DER ANDERE mir entgegenkommen, der Antipode, der Doppelgänger mit meinem Gesicht aus Schnee. Einer von uns wird überleben.« (SuF, 1259)

Der melancholische Europäer verfällt der Todessehnsucht, das romantische Motiv des Doppelgängers geht in die Formel ein: der Tod, Maske der Revolution, wird überleben – oder die Maske des Todes: die Revolution. Die Bestimmung des Europäers ohne Auftrag bleibt eine kraft- und sinnlose Flanerie durch die exotische Landschaft, die Abdankung des weißen Herrschers.

Das Fehlen eines Auftrags funktioniert wie ein photographischer Entwickler für das Bewußtsein Debuissons/ der weißen Intelligenz/ des »Europäers«: es ersehnt Herrschaft und Genuß oder wünscht sich herauszuhalten.

Im 5. Akt empfängt Debuisson die Nachricht, daß General Bonaparte in Paris das Direktorium aufgelöst hat.

»Die Regierung, die uns den Auftrag erteilt hat, hier auf Jamaika einen Sklavenaufstand zu organisieren, ist nicht mehr im Amt . . . Frankreich heißt Napoleon. Die Welt wird was sie war, eine Heimat für Herren und

Sklaven . . . Was glotzt ihr. Unsere Firma steht nicht mehr im Handelsregister. Sie ist bankrott. Die Ware, die wir zu verkaufen haben, zahlbar in der Landeswährung Tränen Schweiß Blut, wird auf dieser Welt nicht mehr gehandelt.« (SuF, 1258)

Debuisson entläßt seine Mitstreiter aus dem gemeinsamen Auftrag. Aber während für ihn Bonaparte der Name für die eigene Müdigkeit an der Revolution wird, die er nicht braucht, spricht sich Sasportas von einem Auftraggeber frei: »solange es Herren und Sklaven gibt, sind wir aus unserm Auftrag nicht entlassen.« Er sagt sich von der weißen Revolution los, um die eigene zu machen – eine Autonomie ist erreicht, die das Ausmaß ihrer Notwendigkeit noch gar nicht weiß. Debuisson beginnt zu lachen, als Sasportas prophezeit, der Befreier von Haiti werde in den Geschichtsbüchern stehen, nicht aber Napoleon Bonaparte – lacht, als sei die Größe des Generals für alle Geschichtszeit gültig. Debuisson:

»Die Revolution hat keine Heimat mehr, das ist nicht neu unter dieser Sonne, die eine neue Erde vielleicht nie bescheinen wird, die Sklaverei hat viele Gesichter, ihr letztes haben wir noch nicht gesehn . . .« (SuF, 1260)

Debuisson formuliert den radikalen Zweifel, die Unfähigkeit, zu glauben, und damit den Verrat an der gemeinsamen Sache, als er die Geschichte nicht mehr auf seiner Seite sieht. Als Sasportas ihm vorhält, daß er als Arzt einst im Dienst der Sache einen gefolterten Genossen getötet hat, der ihn um den Tod bat aus Angst, unter der nächsten Folter zum Verräter zu werden, distanziert sich Debuisson nun von dieser Tat: »Vielleicht habe ich nur meine Hände gewaschen, Sasportas, als ich sie in Blut getaucht habe für unsere Sache, die Poesie war immer schon die Sprache der Vergeblichkeit.« (SuF, 1260) Debuissons Melancholie korrespondiert der Erfahrung, die das Ich des Monologs formuliert hat – daß es keinen Auftrag gibt. Debuisson unterwirft sich dem Wunsch, auf der Seite, wo über die Ohnmacht gelacht wird, zu sitzen, Ja zum Leben wie es ist, zu sagen, die Verantwortungslosigkeit als Befreiung zu leben. So werden ihm seine ehemaligen Mitstreiter zum Gegenstand des Ekels:

»Dein Fell bleibt schwarz, Sasportas. Du Galloudec, bleibst ein Bauer. Über euch wird gelacht. Mein Platz ist wo über euch gelacht wird. Ich lache über euch. [. . .] Ich will mein Stück vom Kuchen der Welt. Ich werde mir mein Stück herausschneiden aus dem Hunger der Welt. Ihr, ihr habt kein Messer.« (SuF, 1261 f.)

Während für Debuisson (den Intellektuellen, den Weißen) die Revolution nur die Maske seines Ekels an der Welt, seiner Todessehnsucht und Trauer war, ist sie für Sasportas (den Sklaven der

3. Welt, den Farbigen) die Auferstehung. Er nimmt Abschied von dem Verräter, indem er mit seinem Messer in seine eigene Hand ein Kreuz schneidet, dessen blutiges Zeichen er Debuisson auf die Stirn preßt:

»Die Heimat der Sklaven ist der Aufstand. Ich gehe in den Kampf, bewaffnet mit den Demütigungen meines Lebens. Du hast mir eine neue Waffe in die Hand gegeben, und ich danke dir dafür.« (SuF, 1262)

Galloudec, der weiße Bauer solidarisiert sich mit dem Schwarzen, hält aufrecht, was Debuisson verloren hat: die Ehre des weißen Revolutionärs. Debuisson wird seinem Verrat überlassen. Wie einst der gefolterte Genosse, dem er half, bittet er nun um den Tod, um dem Verrat zu entgehen, aber die beiden wenden sich ab, versagen ihm den Dienst. Die Erzählung vom Triumph des Verrats über Debuisson schließt das Stück.

Müller hat Figuren und Motive seines Stückes der Erzählung von Anna Seghers entnommen, die ihm vielleicht schon 1958 bekannt war, als er das Gedicht »Motiv bei A. S.« schrieb, in das die Motive ebenfalls eingegangen sind. Während Seghers' Erzählung ihre Stärke in der psychologischen Motivierung der Figuren und der Gestaltung der Atmosphäre hat, kommt es Müller auf einen Extrakt der Geschichte an, die sich polemisch zu Psychologie und Atmosphäre verhält. Seghers geht es um eine existentialistische Moral des revolutionären Weitermachens selbst in Zeiten der Niederlage, des Zweifels, der Verzweiflung. Sasportas ist hier ein weißer spanischer Jude, der Held der Geschichte. Das Licht auf dem Galgen, an dem er zum Schluß den Tod findet, symbolisiert die zukünftige Auferstehung. Ganz anders betont dagegen Müller das Desinteresse der ›Nachwelt‹ an den Revolutionären. Helden gibt es bei Müller nicht, dafür rückt Debuisson, der weiße Erbe, ins Zentrum seiner Problemstellung: er wird zum Anführer und Verräter zugleich, zum ›Gegenspieler‹ Sasportas', dessen Heldentum bei Müller ›körperlich‹, ›materialistisch‹ motiviert wird. Aus dem Anwalt der Schwarzen wird bei Müller ein Farbiger, der um seine nackten Lebensinteressen kämpft.

Statt revolutionärer Hoffnung in einem ›Dennoch‹ gegen alle Niederlagen bietet Müllers Text den kathartischen Versuch, das gegenwärtige Bewußtsein von der nachhaltigen Stagnation einer nach ›weißem‹ Muster funktionierenden Revolution zu bearbeiten. Er zeigt zudem die Problematik eines Auftrags zum Haß, der nicht gelingen kann, gegenüber dem ›natürlichen‹ Haß der »Verdammten dieser Erde« (Frantz Fanon). In der Figur Debuissons wird wieder ein Subjekt der Ohnmacht vorgestellt – im Kontrast zu den Subjekten der Macht, die Müllers Stücke lange beherrschten (Ödipus Tyrann, Macbeth, Friedrich der Große). Aber auch die Problematik des Intellektuellen der »Hamletmaschine« wird verallgemeinert zu der des Menschen, der aus Vernunftgründen in die Politik gerät.

Szene und Prosamonolog, in »Hamletmaschine« dicht verwoben, treten wieder auseinander, werden gegenübergestellt: die Welt des Intellektuellen, die Innenwelt, und die Welt des Kampfes ums Leben verbinden sich nicht mehr in *einem* Bewußtseinsstrom. Müllers bislang letztes Stück bestätigt die politische Lektüre seines Gesamtwerks, die in den letzten Stücken schwierig oder unnötig zu werden schien. Es zeigt, daß eine Rezeption ohne Bezug auf das marxistische Denken den Lebensnerv seines Werks treffen würde.

PROSA UND LYRIK

Prosa und Lyrik begleiten Müllers dramatisches Werk, ohne dessen Selbständigkeit zu haben. In der Lyrik steht Müller deutlich in der Nachfolge Brechts (es gibt auch Anklänge an Majakowski) und bewegt sich in den Grenzen der DDR-Lyrik. Dabei sind innerhalb des schmalen lyrischen Werks signifikante Rangunterschiede festzustellen: bemerkenswert ist seine Lyrik dort, wo sie als *Gedankenlyrik* an der Grenze zur Theorie/Philosophie steht, die sie allegorisierend verknappt. Das ist z. B. der Fall in den Parallelgedichten zu »Philoktet«, »Philoktet 1950« (das in der Ausgabe von 1977, gegenüber der früheren Veröffentlichung scheinbar nur stilistisch korrigiert, eine schwärzere Sicht auf die Lage Philoktets akzentuiert) in »Ulyss« (frühe 50er Jahre), dem Gegenstück, und in »Ödipus-Kommentar« (1966), einer Deutung des Mythos durch Müller, die auch als Prolog zu »Ödipus Tyrann« verwendet wurde (s. S. 87 ff.).

Ein Problem wird beim sich aufdrängenden Vergleich mit der Lyrik Brechts erkennbar, gerade insofern sie sich mit den Problemen des Kommunismus und des Aufbaus in der DDR befaßt. Sind die schlicht gehaltenen epischen Gedichte in direkter Nachahmung Brechts gelungen (»Bericht vom Anfang« 1950, »L. E. oder das Loch im Strumpf« frühe 50er Jahre, »Lektion«, »Hundert Schritt«, »Film« 1962), in denen die einfachen Wahrheiten des Kommunismus in betont einfach konstruierter Syntax am Beispiel aus dem Alltag exemplifiziert und zur Lehre werden, und wird in den Gedichten mit antikem Sujet (»Leben des Horaz«, »Apologie Horaz«, »Geschichten vom Homer« aus den frühen 50er Jahren) die Rhetorik Brechts fortgesetzt, so versagen die im Stile des Agitprop und der Hymne verfaßten DDR-Gedichte da, wo sie Brechts Einfachheit zu differenzieren suchen. Zu denken ist an »Epigramme über Lyrik« 1953, »Die Roten« 1958 oder an die im Stil der Mao-Gedichte (die auch Brechts Lyrik in den 50er Jahren beeinflußten) verfaßten »Gedanken über die Schönheit der Landschaft bei einer Fahrt zur Großbaustelle ›Schwarze Pumpe‹ 1958« oder »Winterschlacht 1963« (in Korrespondenz zu Bechers Drama). All diese Gedichte sind von Müller in die Rotbuch-Ausgabe nicht aufgenommen worden. Der Gestus des Weisen, bei Brecht selber oft problematisch, kann nicht imitiert werden. Brechts Kunst, mit der Lücke im Gedankengang zu arbeiten und Zusammenhänge auf schlichte Fragestellungen zu reduzieren, kann nicht durch gedankliche Differenzierung ›aufgeladen‹ werden, ohne mit der Form zu kollidieren.

Einige Gedichte zur Situation des Schreibenden zwischen marxistischem Anspruch, eigenen Erfahrungen, Enttäuschungen, Zweifeln versuchen den Standort der schriftstellerischen Produktion zu definieren: »Zwei Briefe«, »Majakowski«, »Oder Büchner« (alle 1956), »Selbstbildnis zwei Uhr nachts vom 20. August 1959«, »Allein mit diesen Leibern« (1975/76). Bezeichnend für die Abnahme an geschichtsphilosophischem Optimismus gegenüber Brecht ist das Epitaph 1956:

> BRECHT
> Wirklich, er lebte in finsteren Zeiten.
> Die Zeiten sind heller geworden.
> Die Zeiten sind finstrer geworden.
> Wenn die Helle sagt, ich bin die Finsternis
> Hat sie die Wahrheit gesagt.
> Wenn die Finsternis sagt, ich bin
> Die Helle, lügt sie nicht.
> (P 1, S. 82)

Unmittelbar überzeugend wirkt Müllers Lyrik selten. Am ehesten noch in kurzen, kondensierten Texten, wo, wie im folgenden, ein Gitter unterschiedlicher Anspielungen entsteht (Berlin, Politik, »Lord Chandos-Brief«, Privates), das einen Augenblick von Tod und Stillstand, für das individuelle Bewußtsein ebenso wie für die stagnierende Geschichte erfahrbar macht:

> ALLEIN MIT DIESEN LEIBERN
> Staaten Utopien
> Gras wächst
> Auf den Gleisen
> Die Wörter verfaulen
> Auf dem Papier
> Die Augen der Frauen
> Werden kälter
> Abschied von morgen
> STATUS QUO
> (G, S. 28)

Häufig dagegen teilt Müllers Lyrik die Schwäche vieler moderner Texte, ein zu ›privates‹ Assoziationsfeld vorauszusetzen. Eine nur stilistisch beschworene Objektivität und Allgemeinheit aber bleibt stumm, nichtssagend. Solche Texte, in denen das Ich sich zu einer Bedeutsamkeit stilisiert, die es objektiv im Text nicht einlöst, sind etwa Gedichte aus den frühen 50er Jahren »E. L.«, »Motiv bei A. S.« (1958) oder »Gestern an einem sonnigen Nachmittag« (1975/76). Es sind häufig nur lyrische Stenogramme unausgeführter Gedanken.

Die Stärke dieser Lyrik liegt dort, wo sie mit der Theorie kommuniziert, sich ohne Kompromiß einem Gedanken widmet. Das wohl eindrucksvollste Gedicht Müllers (auch an exponierter, einen Band der Werkausgabe eröffnenden Stelle abgedruckt, während die anderen Gedichte meist in Gruppen als »Lektionen« veröffentlicht sind), ist neben dem »Ödipus-Kommentar« »Bilder« (1955), ein Lehrgedicht im Stil von Lukrez und Brecht, ein Essay über Situation und Sprache des marxistischen Schriftstellers, charakteristisch für Müllers Selbstverständnis:

Bilder bedeuten alles im Anfang. Sind haltbar. Geräumig.
Aber die Träume gerinnen, werden Gestalt und Enttäuschung.
Schon den Himmel hält kein Bild mehr. Die Wolke, vom Flug-
    zeug
Aus: ein Dampf der die Sicht nimmt. Der Kranich nur noch
    ein Vogel.
Der Kommunismus sogar, das Endbild, das immer erfrischte
Weil mit Blut gewaschen wieder und wieder, der Alltag
Zahlt ihn aus mit kleiner Münze, unglänzend, von Schweiß
    blind

Trümmer die großen Gedichte, wie Leiber, lange geliebt und
Nicht mehr gebraucht jetzt, am Weg der vielbrauchenden
    endlichen Gattung

Zwischen den Zeilen Gejammer

                          auf Knochen der Steinträger glücklich

Denn das Schöne bedeutet das mögliche Ende der Schrecken.
(P 2, S. 7)

Das Gedicht handelt von der Dialektik zwischen Anfang und Ende und bezieht sich so zunächst auf sich selbst: der erste Satz spricht vom Anfang, der letzte vom Ende. Der erste Satz besagt mehreres zugleich: er sagt, daß Bilder die Kraft bedeuten, die Realität (»alles«) als Anfang zu bedeuten, frisch, neu, voll Hoffnung. Also: »Bilder bedeuten: alles [ist] im Anfang.« Der letzte Satz expliziert, wie »das Schöne« ein Dasein im Stande des Anfangs bedeuten kann: als das mögliche Ende des Schreckens. Der erste Satz heißt aber auch, daß am Anfang nur die Bilder, nämlich bloße Vorstellungen, Bedeutung haben und zugleich noch auf alles (die

Chancen der Zukunft) *hin*deuten. Der zweite Satz mit der Wendung »Sind – [nur] im Anfang? – haltbar«, wird durch das Wort »Geräumig« erläutert: die *halt*baren Bilder können auch vieles *beinhalten*, sind fähig, etwas in sich zu tragen. So sind die Dimensionen Raum und Zeit eingeführt: mit dem »Anfang« die Zeit, mit »Geräumig« der Raum. Ein Gleichklang zieht die Verbindung von *geräumig* zu *Träume*, die Träume aber gerinnen zu »Gestalt und Enttäuschung«. Die Bilder (als *Vor*-Stellungen in Richtung Zukunft) unterliegen der Objektivierung, jede Gestaltung ist auch »Verdinglichung«, führt notwendig zur »Ent-täuschung«, die dem Erwachen aus den Traum-Bildern zur gestalteten Realität (auch des Kunstwerks) folgt.

Was nur Element des Bewußtseins war (und nach Kant hat man Bewußtsein an die *Zeit* zu binden), muß sich gestalten, realisieren, verdinglichen, und wird so *räumlich*. Bilder, die »schön« sind, müssen auf positive Fixierung von Erträumtem verzichten. Zwischen Anfang und Ende des Textes »Bilder« verwandeln sich die bedeutenden Bilder und werden das bedeutende »Schöne«. Schönheit ist möglich nur in einer gewissen Abstraktion vom fixierenden Bild. Das Schöne bedeutet, so Müller, eben *nicht* den Anfang wie die Bilder, aber auch nicht nur das Ende (des Alten), sondern exakt das *mögliche* Ende der Schrecken. Der Text formuliert einen Kunstbegriff, der mit dieser *Schwebe* genau getroffen ist, und zeigt zugleich die Problematik dieser Kunst: die ständige Gefahr, sich vom Bild verführen zu lassen. Zeile 3 besagt, daß der Himmel, als Bild fixiert, enttäuschen muß.

Die nächsten Sätze zitieren Brechts Gedicht »Die Liebenden« (Kranich und Wolke), das seinerseits wieder auf alte Bildtraditionen zurückgreift (Dante, Antike). Die Wolke ist, aus der Nähe betrachtet, nichts als Dampf, der Kranich nur ein Vogel, wenn beide als Bild, als unmittelbare Anschauung genommen werden. Dem Techniker sind sie gar eher eine Störung (Sichtbehinderung) oder unzulänglicher Vogel – kein Flugzeug nämlich. Wissenschaft, Technik, Erkenntnis, auch gesellschaftliche, lassen Bilder nicht mehr zu.

Notwendig ist ein Schreiben, eine Kunst, ein Denken, das sich einläßt auf die Schwebe einer Zeichenproduktion zwischen falscher Konkretion im Bild und dem bloß abstrakten Begriff. Zwischen dem, was ist, und dem »Ende der Schrecken« gibt es eine winzige Spanne, eine Lücke, einen fast inexistenten Zwischenraum: das Schöne als das *mögliche* Andere des Jetzt. Kein positiver Entwurf, kein Bild, vermag es zu artikulieren, sondern nur eine *Sprache*, die das »Poetische« in Negation und Abstraktion zersetzt und dadurch bewahrt. Das Schreiben unterscheidet sich von den Träumen, die aus Bildern bestehen, aber auch vom Mythischen, den Bildern, die im »Anfang« der Zivilisation alles bedeuten.

In den folgenden Zeilen beginnt die Übertragung der »Bilder« auf die Sphäre der Politik: Kommunismus, das Bild am und vom Ende, ist nicht als Traum-Bild zu begreifen. Utopie ist zu formulieren als Wort und Moment des Alltags – als kleine Münze, nicht als großes Gedicht. Sie ist nicht zufällig blind und glanzlos vom Schweiß der Arbeit und der blutigen Todeskämpfe. Immer wieder im Umlauf unter allen, muß die Sprache (Marx: das Geld des Geistes) die Utopie ohne Glanz zeigen. Die »großen« Gedichte sind Trümmer. Kunst muß die Vergänglichkeit des Wortzeichens gegen die falsche Beständigkeit des Bildes setzen – so, »wie Leiber, lange geliebt« sich verbrauchen müssen. Trümmer am Weg der Sterblichen sind die verlassenen Gebäude auf der Straße der Geschichte, auf der die Gattung auch den Sinn der Gedichte zertrümmert hat, wie der einzelne auf dem Weg seiner Entwicklung die Geliebte. Das wird in diesem Gedicht nicht beklagt – die Klage spricht in den *Lücken*, die zwischen den folgenden Zeilen sich ausdehnen: »*zwischen* den Zeilen Gejammer«. Die Lücken kommentieren sich selbst; im lyrischen Bild der Trümmer sind die gebrochenen Zeilen auf dem Papier buchstäblich die Trümmerteile. Zwischen ihnen erscheint Sysiphos als Bild des paradoxen Glücks der sinnlosen Anstrengung: der glückliche Steinträger (vgl. Camus' Version des Mythos). Glücklich, denn es gibt die *Pausen*, in denen das Bewußtsein in der ›Verachtung‹ die absurde, weil götterlose Realität annimmt. Camus: »Il faut imaginer Sisyphe heureux.« (Le Mythe de Sisyphe, Paris 1942, S. 166)

Die letzte Zeile stellt eine direkte Replik auf Rilkes 1. Duineser Elegie dar: »Denn das Schöne ist nichts / als des Schrecklichen Anfang, den wir noch gerade ertragen, / und wir bewundern es so, weil es gelassen verschmäht, / uns zu zerstören.« Die Anspielung ist zweideutig, denn einerseits ist Rilkes Schreiben mit seiner Einbringung des Abstrakten in die Lyrik, von der man traditionell anschauliche Bildhaftigkeit erwartete, Müller nicht unähnlich. Rilke führt diffizile Reflexion wieder in die poetische Sprache ein. Andererseits kehrt Müller die Formel Rilkes um, der blind für alle konkreten Gestalten des Schreckens blieb (vgl. die berüchtigte Wendung »Armut ist ein großer Glanz aus innen«).

Gegen die Kunstphilosophie des Schönen als Ahnen des unfaßbaren Gottes setzt Müller die Dialektik von Anfang und Ende, Schöpfungsgeschichte als Zersetzung der Bilder in Worte. Der Mythos, das bildhafte Denken, zerfällt zum Begriff, wie in Hegels

»Phänomenologie des Geistes« der sinnlichen Gewißheit durch Bewußtwerdung »Hören und Sehen« vergeht. »Bilder« ist ein Kritik an einer Literatur als Bild, als Vision, positive Utopie Präsenz und unmittelbarer Anschauung. Alles Bedeutungsvoll (der Himmel, die unendliche Veränderung, die Liebe, der Kommunismus) paßt nicht ins Bild. Bild ist nur das Endbild: der Tod lebendig dagegen sind die Worte, die das Auftauchen, Erscheinen und Verschwinden der Bilder evozieren . . .

Es gibt eine Reihe von Texten Müllers, die eine nicht leicht zu klassifizierende Form aufweisen: »Schotterbek«, »Die Bauern standen mit dem Rücken zum Steinbruch . . .«, »Das eiserne Kreuz« »Fleischer und Frau« (eine Ausnahme, insofern in dieser Variante der »Schlacht«-Szene gleichen Titels der Vorgang in zwei Monologen berichtet wird: vom Mann in Prosa, von der Frau in Versen) »Herakles 2 oder die Hydra«. Einige sind als *Prosagedichte* in de Tradition des vor allem in Frankreich entwickelten poème en prose zu bezeichnen, andere ähneln der strengen Form der Kleistschen Anekdote, wobei die konzentrierende Zuspitzung der Prosa und die dominierende Parataxe an der Prosa Brechts und Kafkas geschult sind. Die längeren Texte gehen über in die Form der manchmal biographisch getönten Kurzgeschichte. Zu den wie Prosagedichten komponierten Anekdoten gehören besonders »Schotterbek« (wahrscheinlich 1953, vgl. dazu auch die Szene »Die Brüder 2« in »Germania Tod in Berlin«) und ein Text aus der frühen 50er Jahren, der Situation und Problem von »Mauser« zusammenfaßt.

»Schotterbek« wie »Die Bauern standen mit dem Rücken . . .« sind Texte, die Müller in dem Rotbuch-Band »Germania Tod in Berlin« in ein ABC eingegliedert hat, das verschiedene Texte versammelt, die das Verhalten angesichts des Todes behandeln »Und zwischen ABC und Einmaleins«, »Das eiserne Kreuz«, »Hundert Schritt«, »Philoktet 1950«, »Die Reise«, »Der Vater«, »Allein mit diesen Leibern«, »E. L.«, »Gestern an einem sonnigen Nachmittag«, »Todesanzeige«. Das Thema ist nicht nur im Stücktitel annonciert, der dem Band den Namen gab, sondern auch im Titelbild und der Bildmontage (Peter Voigt) im Anhang, die neben dem Kopf einer (strangulierten?) Frau, dem Sturz eines Denkmals, dem Todestal in Kalifornien und einem alten Stiefel das Porträt Gary Gilmores und einen Zeitungsausschnitt über den wegen Mordes zum Tode verurteilten zeigt. (Gilmore erregte weltweites Aufsehen, als er sich gegen eine Begnadigung sträubte und – am

Ende mit Erfolg – auf der Vollstreckung des Urteils bestand, das niemand hatte vollziehen wollen.)

Das Spiel mit dem Tod als Mord/Selbstmord/Lust ist Gegenstand der Geschichte »Das eiserne Kreuz«, in der ein Familienvater an Hitlers Todestag 1945 sich im Zeichen dieses Kreuzes verpflichtet fühlt, Frau und Tochter zu ermorden.

Der Prosatext »Todesanzeige«/»Wüsten der Liebe« (Übernahme eines Rimbaud-Titels) (1975/76) beginnt mit der Beschreibung einer Leiche, der Leiche einer geliebten Frau, mit der der Erzähler dreizehn Jahre zusammen gelebt hat, und die sich das Leben nahm. Der Text schildert die Depersonalisation dessen, der von der Leiche, die er beim Betreten seiner Wohnung erblickt, so spricht, als hinge seine vorangegangene Abwesenheit mit dem Tod zusammen: »Sie war tot, als ich nach Hause kam.« Mit äußerster Unbeteiligtheit wird der Anblick seziert, knüpfen sich an ihn Gedanken an die Vergangenheit, an eigene Mord- und Todesphantasien, »Zeit des Mörders: ausgelöschte Gegenwart in der Klammer von Vergangenheit und Zukunft.« Der Tod zeigt den eigenen an, der Tod wird der Behörde angezeigt, war von der Frau dreizehn Jahre lang durch vergebliche Selbstmordversuche angezeigt worden.

»Ich hatte das Gefühl, daß ich Theater spielte. Ich sah mich, an den Türrahmen gelehnt, halb gelangweilt halb belustigt einem Mann zusehen, der gegen drei Uhr früh in seiner Küche auf dem Steinboden hockte, über eine vielleicht bewußtlose vielleicht tote Frau gebeugt, ihren Kopf mit den Händen hochhielt und mit ihr sprach wie mit einer Puppe für kein anderes Publikum als mich.« (G, S. 31)

Es ist das zweite Selbst eines gespaltenen Bewußtseins, das da steht und dem Mann (sich selbst) zusieht, wie er mit dem Tod hantiert, bis dieser als Regressionswunsch das erinnernde, phantasierende, schreibende Ich befällt.

Stärker noch kontaminieren andere Texte das Schreiben mit dem Sterben: »Projektion 1975«, »Herakles 2 oder die Hydra«, »Verabschiedung des Lehrstücks«. Das Thema Verbannung wird in diesem ABC des Sterbens noch einmal angeschlagen. Auf »Philoktet 1950« folgt ein Lehrstück aus den frühen 50er Jahren nach einem japanischen No-Spiel, »Die Reise« (nach Motekijo), das in Analogie zu »Philoktet« die Veränderungen eines ehemals Ruhmreichen in der Verbannung behandelt, die Frage aber noch offen hält, ob der Versuch, den Verbannten wieder zurückzuholen in seine persönlichen und gesellschaftlichen Bindungen, aufzugeben sei oder nicht.

Von zentraler Bedeutung für Müller selbst scheint der Prosatext »Herakles 2 oder die Hydra« zu sein, da er ihn mehrfach zu

Dramen als Material abgedruckt hat: zu »Mauser« und im Revolutionsdrama »Zement« als »Intermedium« (Sprechen des Textes und Pantomime) eingefügt. 1973 erscheint er als selbständiger Prosatext. Der Titel zitiert die zweite Arbeit des Herakles, den Kampf mit der lernäischen Hydra. In einer an Kafkas Prosa gemahnenden Syntax (der Inhalt, z. B. »das Tier«, erinnert an Kafkas »Bau« und weist am Schluß eine Anspielung auf die »Strafkolonie« auf) stellt dieser Text mit seiner dichten Metaphorik ein ganzes Arsenal möglicher Deutungen bereit. Im Kontext von »Zement« und »Mauser« steht Herakles für die russische Revolution, die gegen die »Hydra des Weltimperialismus« in die Schlacht zieht und dabei die Entdeckung macht, daß sie nicht mehr) vom Boden (des Volkes, der allgemeinen historischen Entwicklung) getragen wird. Der Wald/die Welt der Geschichte, den Herakles mit erhobenem Kopf zu »durchschreiten« meint, ist in Wirklichkeit die Hydra selber; der Kommunismus, umzingelt auf eigenem Terrain, ist in ihrem Griff, während er sie zu schlagen meint. Die Spur, der er folgt, um die Schlacht mit dem »Tier« aufzunehmen, ist sein eigenes Blut, »von dem der Wald, der das Tier war [...] seine Proben nahm.« Die Schlacht in und mit dem Tier ist die blutige eigene Geburt. Der Mutterschoß gibt ihn nicht her: der »mütterliche Würgegriff« durch die Fangarme der Hydra ist der Weltimperialismus mit seinen archaischen wie avancierten Herrschafts- und Mordmitteln (rotierende Messer und Beile, explodierende Minengürtel, Bombenteppiche, Leuchtreklamen, Bakterienkulturen),

»die von seinen eigenen Händen Füßen Zähnen nicht zu unterscheiden waren in dem vorläufig Schlacht benannten Zeitraum aus Blut Gallen Fleisch, so daß für Schläge gegen die Eigensubstanz, die ihm gelegentlich unterliefen, der Schmerz beziehungsweise die plötzliche Steigerung der pausenlosen Schmerzen in das nicht mehr Wahrnehmbare sein einziges Barometer war, in dauernder Vernichtung immer neu auf seine kleinsten Bauteile zurückgeführt, sich immer neu zusammensetzend aus seinen Trümmern in dauerndem Wiederaufbau . . .« (M, S., 84)

In einer Anmerkung zu »Zement« weist Müller auf die Notwendigkeit hin, daß bei einer szenischen Realisierung des Textes »Einheit (Gleichzeitigkeit) von Vorgang und Beschreibung« deutlich wird. *Die Beschreibung selbst ist als Vorgang Thema.* Sie stellt eine kaum ganz zu entziffernde Beschriftung dar. Die Schrift des Autors als Bauplan der Maschine, die die blutige Geschichte des Kommunismus auch ist, wird zur Hieroglyphe. Der Text über Herakles 2 und die Hydra wie auch »Mauser« können nach Müller (vgl. Betty N. Webers Beitrag zu »Mauser«) als *unlesbare Schrift* betrachtet werden, die von Archäologen entdeckt wird.

Im Wald der Sprache, die den Schreibenden verschlingt, wo nichts mehr als die Benennung real scheint, die Realität aber den Autor/Kämpfer längst schon bestimmt, geht alle Distanzierung des Selbst von den Schlachtvorgängen um ihn verloren. Nicht unähnlich dem existentialistisch gedeuteten Sysiphos gehen (Hand-) Schriften, Arbeiten und Tode eine unlösliche Verbindung ein, bilden das Ganze einer verworren-verwilderten mythischen Verschlingung: Nullpunkt der rationalistischen Einvernahme von Wirklichkeit.

Müllers Erzählungen »Bericht vom Großvater« (1950), »Der Vater« (1958 veröff.), »Liebesgeschichte« (1953), »Das eiserne Kreuz« (1956 veröff.), sind Geschichten des Scheiterns, geschrieben in einer nüchternen Prosa, in der das Wesentliche des äußeren Vorgangs festgehalten ist; das »Eigentliche«, das sich *in* den Menschen abspielt, ihre Handlungen begleitet, vielleicht auch motiviert, ist ausgespart. Zwischen dem Erzählten klaffen große Lükken, die Verbindungsstellen sind von naturalistischer Genauigkeit, als hinge von ihnen das Verständnis der Personen, ihres Lebens, ihres Verhaltens ab. Es wird »Bericht« erstattet von Menschen, die dem schreibenden Ich nahestehen, (fiktive?) Biographien aus der unmittelbaren Umgebung, wo die Nähe zum Geschehen die Authentizität des Berichts garantieren soll, das schreibende Ich sich im Spiegel seiner Familie deutet, erklärt und der Deutung durch den Leser aussetzt. (Aufschlußreich wäre ein Vergleich dieser Texte mit denen Alexander Kluges, die, von einem ähnlichen Ausgangspunkt her, zu ganz anderen Erzählweisen gelangen.)

Der sein Leben lang genügsame Großvater stirbt nach Kriegsende, 75jährig im neuen Arbeiterstaat »ungeduldig an den Folgen der Geduld«, denn gerade jetzt, da Deutschland hungert, will er, der immer nur Margarine aß, Butter essen. Am doppelten Gesicht der Niederlage, Kriegsende und Aufbau einer neuen Gesellschaftsordnung, kann er nur den zweiten Aspekt wahrnehmen. In ihn investiert er seine Hoffnung, Hoffnung »zur Unzeit«, die an der geschichtlichen Realität, in der es keine Butter gibt, scheitert. Der Großvater, *sein Leben lang* geduldig, wird in *diesem Augenblick* ungeduldig:

> »Ich war immer ein guter Arbeiter, sagte er damals oft, da muß es mir doch gut gehn jetzt, im Arbeiterstaat. Er verstand nicht, daß Geduld nötig war, um die Folgen der Geduld zu beseitigen. Zu viele hatten zu vieles zu lange geduldet.«
> (P 1, S. 9)

Vom dauernden Scheitern einer politischen Biographie, eines Lebens, das mit einer politischen Position verbunden war – im

Unterschied zum Großvater, dem Arbeiter ohne Klassenbewußt-
sein – erzählt die Geschichte »Der Vater«. Sie setzt mit der
Niederlage ein, einem kafkaesken Beginn: »1933 am 31. Januar
4 Uhr früh wurde mein Vater, Funktionär der Sozialdemokratischen Partei Deutschlands, aus dem Bett heraus verhaftet.« (G,
S. 20)

Ein Erwachsener erinnert sich an seine Kindheit, die durch die
Verhaftung des Vaters, seine Ausstoßung aus der Gesellschaft, tief
geprägt wurde. Sie erschwert den Umgang des Kindes mit den
Spielkameraden, bestimmt sein Verhältnis zur Gewalt. Es macht
die Erfahrung der Armut und hört die Lehre von der Anpassung als
Mittel des Überlebens. Jenseits des politischen Zorns erscheint
dem Kind der besiegte Vater als hilflos und der Blick auf den
schwachen Vater ist gespalten zwischen Identifizierung (des schwachen Kinds), Verachtung (des schutzbedürftigen Kinds für den
ohnmächtigen Vater) und Mitleid (des Erwachsenen). Der Vater
verbindet ein Bewußtsein, das nichts begreift, mit einem Körper,
der sich nicht wehren kann. Ende der 40er Jahre ist er in der SBZ
wieder Funktionär der neu gegründeten SPD. Und wieder nimmt
bei ihm das Richtige die Gestalt des Falschen an. Ausgerechnet
einer »Freifrau, Witwe eines Generals, der nach dem mißglückten
Attentat vom 20. Juli 1944« hingerichtet worden war«, verspricht
er Hilfe – gegen die Bodenreform. Die Fixierung auf die individuelle Tat führt den Vater gegen den gesellschaftlichen Fortschritt
objektiv an die Seite des preußischen Junkertums. Er setzt seine
neue Macht für die ein, die er aus historischen Gründen bekämpfen
müßte. Lakonisch fährt der Text fort: »1951 ging mein Vater, um
sich herauszuhalten aus dem Krieg der Klassen, über den Potsda-
mer Platz in Berlin in den amerikanischen Sektor.« (G, S. 25)

Das Feld, das der Vater räumt, besetzt der Sohn. Während die
Mutter ihren Mann bis zur Grenze begleitet, holt er sich eine Hure
in die verlassene elterliche Wohnung, das Ehebett. Der Respekt
aber, den ihm die Frau erweist, gilt, wie sich zeigt, nur der Position
des Vaters, die der Sohn momentan noch ausnutzen kann. In der
Beschreibung des Vaters als der eines lebendig Begrabenen in der
westdeutschen Provinz wird die Grenze zwischen ihm und dem
Sohn gezogen: »Er fand seinen Frieden, Jahre später, in einer
badischen Kleinstadt, Renten auszahlend an Arbeitermörder und
Witwen von Arbeitermördern.« Vater und Sohn erscheinen als
zwei Teile der deutschen Arbeiterbewegung, die im Osten wie im
Westen nur leben kann unter Bedingungen, die ihren Tod als
Arbeiterbewegung bedeuten. »Ich sah ihn zuletzt auf der Isolier-
station eines Krankenhauses in Charlottenburg«, beginnt der letzte

Abschnitt über den Vater. Der Sohn überschreitet die Grenze der geteilten Stadt Berlin, um den Todkranken dort ein letztes Mal zu sehen, wo er ihn immer wahrgenommen hatte: auf der »Isolierstation«, von ihm getrennt durch eine Glastür, die die Schwester sich zu öffnen weigert. Wieder, wie hinter dem Tor des KZs, an dem der kleine Junge ihn mit seiner Mutter 1933 besucht hatte, ist dem Vater der (Straf-/Schlaf-) Anzug zu groß – er erwies sich als zu klein.

Für das Verhältnis zwischen Vater und Sohn ist die Isolierstation der prägnanteste Ausdruck: die Wege und die Türen (Schwellen, Grenzen), die zwischen ihnen liegen, durch die sie sich sehen oder hören, kennzeichnen ein ständiges Verlassen und Verlassenwerden, vom Abschied des Verhafteten bis zur Flucht des Unzufriedenen und zur letzten Trennung, wo sich im Blick des Sohnes auf den Vater der Abschied mit der Nachkriegslandschaft verbindet:

»Als ich ging, sah ich ihn hinter der Glastür stehen und winken. Im Licht, das durch das große Fenster am Ende des Ganges fiel, sah er alt aus. Der Zug fuhr schnell, vorbei an Trümmern und Bauplätzen. Draußen war das eisgraue Licht des Oktobertages.« (G, S. 26)

Geschichte: Zerstörung und Aufbau geht in Natur über, die wiederum auf Geschichte deutet. Das »eisengraue Licht des Oktobertags« erinnert an zwei bedeutsame Oktober der kommunistischen Bewegung: 1917 und 1956. Dieses »Licht« ist die Alternative zur Isolierstation, in der der alte Vater zurückbleibt. In der Rotbuch-Ausgabe folgt dem Text unmittelbar ein Bild Rosa Luxemburgs, die »Mutter« nach dem Vater. Aber in Müllers Werk ist sie zugleich die Hure, die sich der Sohn ins Bett des Vaters nahm. (Das Vexierbild aus Mutter/Hure/Heiliger und Jungfrau als Inkarnationen der kommunistischen Partei ist beispielhaft in »Germania Tod in Berlin« präsent, vgl. S. 137 f.)

Behandeln Müllers Dramen oft den Aufbau und seine Perspektiven, so zeigen seine Geschichten eher den Abbau von Menschen und ihren Beziehungen zueinander. Auf sie fällt ein Blick von außen, ein Kamerablick. Der Erzähler hält sich heraus, fixiert den Prozeß des Abbaus, um die verborgenen Spuren dieses Scheiterns zu verfolgen. Das Ich wird zum Registrator, wo es sich noch als erzählende Instanz behauptet.

»Liebesgeschichte«, 1953 geschrieben, wurde erst 1977 im Rotbuch veröffentlicht. Sie handelt von der »Produktion« einer neuen Beziehung der Geschlechter und um das (vorläufige, nicht hoffnungslose) Scheitern dieses Versuchs. Auf das Problem der ›bürgerlichen‹ Verhältnisse weist das Motto: »Klara: Heirate mich!

Hebbel, Maria Magdalena.« An der Erzählweise fällt ein Prinzip des Filmischen auf, die Betonung von Elementen wie der Bahnfahrt und der Bahnhofsgeländer (vgl. S. Kracauers »Theorie des Films«) als einer Sphäre des Flüchtigen, in der die Geschichte inhaltlich und formal angesiedelt ist. Aufgebaut ist sie wie Szenen zu einem Film, der Antwort auf das bürgerliche Trauerspiel und seine kleinbürgerliche Moral-Ideologie zu geben sucht.

Die Geschichte berichtet in acht Abschnitten/Stationen von einer Beziehung zwischen dem Studenten Hans P. und einem anonym bleibenden Mädchen, einer Arbeiterin. Sie beginnt auf einem Bahnsteig, in der »überfüllten Stadtbahn« und endet, Monate später, auf einem ihrer Bahnhöfe. Transitorisch wie die Stadtbahn selber, passiert die Geschichte ein paar Stationen des Lebens/der Liebe und endet an einem Punkt, an dem sie (unter neuen Bedingungen vielleicht) auch fortgesetzt werden könnte. Die Stationen/Abschnitte skandieren einen Ablauf, dessen ›Innenseite‹ fast gar nicht Gegenstand der Darstellung wird. Scheinbar äußerliche Ereignisse bilden Haltestellen, die auf die Strecken dazwischen nur verweisen. In diesen Lücken, leergelassenen Zeitstellen, hat das Nachdenken des Lesers Raum. Müllers Geschichte ist in der DDR nicht veröffentlicht worden. Sie verfiel dem Verdikt des »Beschreibens«, das, in den Kategorien der Lukácsen Unterscheidung, im Gegensatz zum »Erzählen« den »marxistischen« Ansprüchen an realistische Kunst nicht genügt. Solches »Beschreiben« läßt sich in der Tat als Ausdruck der Weigerung lesen, als »Erzähler« eine Perspektive anzugeben. Es mangelt ihm an »typischen Erscheinungen«, an menschlicher Wärme, an den »blutvollen« Menschengestalten (Lukàcs), er registriert die schwierige Wirklichkeit, ohne einen Ausweg aus ihr zu zeigen. Hinzu mag in den 50er Jahren die Abneigung in der DDR gegen das Genre »Kurzgeschichte« überhaupt gekommen sein, hatte doch nach 1945 gerade die westdeutsche Literatur ihr Vorbild im lakonischen Stil Hemingwayscher short storys und in der Schmucklosigkeit von Kafkas Sprache gesehen, Schreibweisen, die als ehrliche Formulierung unsentimentaler Härte und Hoffnungslosigkeit galten.

Tatsächlich ist der Berichtstil der »Liebesgeschichte« in der ganz am äußeren Ablauf orientierten Schreibweise noch ›kälter‹, als die mit Illusionen umhüllte Wirklichkeit. Die gesellschaftlichen, mitmenschlichen und intimen Beziehungen werden erbarmungslos seziert. Dabei wird die Frau konsequent und ausschließlich von außen gesehen, der Mann stärker von ›innen‹. Die Erzählperspektive ermöglicht es, daß bis zu einem gewissen Grad sein äußeres Verhalten *gedeutet* wird, eine Deutung, in die vielleicht das Wissen des (Autor-)Mannes über sich selbst eingeht. Es bleibt bei einer ›ratlosen‹ Darstellung der Geschlechterbeziehung, deren Rätselhaftigkeit weder durch die Vertiefung einer erfundenen Psychologie, noch durch die Darstellung ihrer »gesellschaftlichen Signifikanz« eingeebnet und verharmlost wird. Das Verhältnis der Geschlechter zueinander bleibt am Ende ein erratischer Block. So, wie die Partner einander *auslegen* müssen, wo nur vieldeutige Zeichen oder deren Abwesenheit vorhanden sind, so steht der Leser vor dem lückenhaften Text.

Die Geschichte spielt in Berlin. Der Student Hans P. spricht ein Mädchen in der überfüllten Stadtbahn an, trifft sich am folgenden Abend mit ihr – allerdings, ohne Geld zum Ausgehn zu haben. Sie, die entlohnte Arbeiterin, lädt ihn zum teuren Wein ein. Sie sehen sich häufiger; einmal fahren sie eines Abends zu einem See außerhalb der Stadt, wo sie zusammen schwimmen und sich dann lieben. Einige Monate später weiß das Mädchen, daß es schwanger ist. Sie sagt es dem Studenten jedoch nicht, sondern fragt nur, wie er zu einem gemeinsamen Kind stünde. Hans P. verweist auf sein Studium, das sich mit einem Kind nicht verträgt und zieht sich in den nächsten Wochen zurück. Das Mädchen beschließt, ihn nicht wieder zu sehen und das Kind zu bekommen, ohne ihm davon zu erzählen. Als Hans P. sie überraschend wieder besucht, die Schwangerschaft sieht und »einen Arzt finden« will, schickt sie ihn endgültig weg. Doch die Prüfung, die Hans P. über das Thema »Gleichberechtigung der Frau« vorbereitet, sowie ein Traum vor der Prüfung von der Zerstückelung und Konservierung eines Frauenkörpers, ändern die Einstellung des Studenten plötzlich: er will sie heiraten. Am Tag darauf holt er nach bestandener Prüfung das Mädchen von der Fabrik ab und begleitet sie zum Bahnhof. Auf dem Weg bittet er sie, ihrer abweisenden Haltung zum Trotz, ihn zu heiraten. Sie soll ihm ›gehören‹. Das Mädchen gibt ihm zum Zeichen des Abschieds die Hand und steigt in ein Abteil für »Nichtraucher«:

> »Warum willst du mich nicht heiraten? fragte der Student. Das Mädchen antwortete nicht, gab ihm die Hand, als der Zug kam, und stieg ein. Er sah, als er ihr folgen wollte, das Schild, auf dem NICHTRAUCHER stand und ging zum nächsten Wagen. Ihm war, als hätte er eine Prüfung nicht bestanden und müßte, was er gelernt hatte, noch einmal lernen.« (P 2, S. 63)

»Liebesgeschichte« erzählt von der Destruktion männlichen Bewußtseins, der Männlichkeit, die in der Symbolik des Rauchens notiert ist. Diesem Symbol, das überdeutlich als Ersatz für Souveränität funktioniert (vgl. die Abschnitte 2, 4 und 8), wird an

einer Stelle zum Gegenstand einer grotesken Unterwerfungsszene,
die das Paar beobachtet (Müller hat die Szene im «Lohndrücker«
wieder aufgenommen): Zwei Betrunkene werden sich nicht einig:
einer bietet dem andern an, sich eine Zigarette zu holen, wenn
dieser von der anderen Straßenseite zu ihm herüberkommt. Dieser
will aber nur die Hälfte des Weges gehen, der andere soll ihm
entgegenkommen. Doch der besteht auf dem ganzen Weg und
bietet zum Schluß sogar zwei Zigaretten an. Den Ausgang kann das
Paar nicht mehr beobachten, weil die Straßenbahn kommt. Diese
Szene hat in der Geschichte des Paares gleich darauf eine Entsprechung:

»Im Oktober wußte sie, daß sie schwanger war. Sie wußte nicht, ob sie
sich freuen sollte. Am andern Tag fragte sie ihn, was er sagen würde, wenn
sie ein Kind bekäme. Sie saßen in ihrem Zimmer, einer geräumigen
Dachkammer, auf dem Bettrand und aßen Apfelsinen. Er zündete sich
eine Zigarette an und rauchte hastig. Aber *du* bekommst doch keins? Nein,
sagte sie. Er bot ihr eine Zigarette an.« (P 2, S. 61) (Hervorhbg. v. Verf.)

Während das Mädchen nach einer gemeinsamen Produktion,
einer gemeinsamen Verantwortung, einer gemeinsamen Zukunft
fragt, nimmt der Student nur den Aspekt der Verantwortung wahr,
die er von sich weist. (Die Entsprechung zu ihrer Frage wäre: Aber
wir bekommen doch keins?) Er flieht, weil er eine Realität ahnt,
mit der er nicht umgehen kann, definiert sich als Student, als
Lernender. Doch sein Pensum besteht er nur in der Theorie.
Unbeholfen ist er auf das Symbol angewiesen. Sein Verhalten wird
zum bloßen Signifikant des unsicheren und stereotypen Signifikats
»Mann«:

»Er versuchte alles so zu machen, wie er es in Büchern gelesen und in
Filmen gesehen hatte, küßte ihren Mund, dann den Hals, die Schultern,
griff nach ihrer Brust usw. . . . Er hatte Angst sie könnte ihn auslachen.«
(G 2, S. 60)

Dem steht die Souveränität des Mädchens von Anfang an gegenüber, das die *Anstrengung* der männlichen Werbung um die Frau
erkennt und belacht (Abschnitt 2), die bei ihrem ersten Treffen am
Nebentisch stattfindet, und die Anstrengung Hans Ps. (1,2,3)
häßlich spiegelt, während es selber wie selbstverständlich seine
Werbung annimmt. Sie kommt pünktlich zu ihrem ersten Treffen,
ohne sich etwas zu ›vergeben‹, während für Hans P. schon der
Zeitpunkt des Kommens zur Prestigefrage wird.

Die Beschreibungen der männlichen Psychologie Hans P.s
haben bei der Schilderung des Mädchens keine Entsprechung. Es
fungiert eher als eine »natürliche« Folie, vor der die »Künstlich-

keit« des Studenten deutlich wird. So hat sie zufällig Geld, um ihn zum Wein einzuladen, weil sie gerade Lohn bekommen hat; so begreift sie die Frage des Studenten, ob sie Fadejews »Junge Garde« kennt, nicht als Verlegenheitskonversation, sondern als Gesprächsthema; so gibt sie ihre gesellschaftlichen Termine und Verpflichtungen nicht auf, um sich mit ihm zu treffen, und fixiert sich nicht so auf ihn, daß sie ihre freundschaftlichen Kontakte zu Kollegen deswegen aufgäbe. Der Unterschied wird auch in den Wohnungen manifest: während das Mädchen in einer »geräumigen Dachkammer« seine Besuche empfangen kann (Bescheidenheit, aber Platz), wohnt er in einem Zimmer, »das er gemietet hatte, zwischen schweren eichenen Bürgermöbeln«: reiche Fassade, aber Beengung. Hier blättert er »lustlos im Kommunistischen Manifest« und liest über die notwendige Abschaffung des Eigentums. Es ist ein Dasein zur Miete in einer fremden Welt, die zu seiner Theorie, seinem Studium nicht paßt, wohl aber seine Situation vor der Prüfung und vor dem Leben, in das er noch nicht eintreten kann, beschreibt.

Ohne daß das Mädchen mit seinen Gefühlen und Verhaltensweisen dem ›Versagen‹ des Studenten positiv entgegengesetzt würde, wird dieses kritisiert. Die ›positive‹ Seite, das ›natürliche‹ Mädchen, bleibt selber eine letztlich unbestimmbare, leere Projektionsfläche. Weder wird deutlich, ob sie Hans P. liebt oder geliebt hat, noch ob sie ihn verachtet, durchschaut oder ihn nur besser in seiner (vielleicht vorläufigen) Unzulänglichkeit erkannt hat. Sie, die Frau, steht in ›natürlicher‹ Solidarität mit dem Lebenden, dem zukünftigen Kind, das sie gegen die Mißachtung der Umwelt (5) allein verantworten wird (vgl. Schlee in »Der Bau«, die Umsiedlerin in »Die Bauern«). Dieser Mut ist ihre »Qualität«, während der Mann mit zahlreichen Details, die um eine unbestimmte »Angst« kreisen, beschrieben wird. Aus ihr – nämlich der Angst vor dem Verlust eines (fiktiven) Besitzes – resultiert sogar sein Entschluß zur Heirat. Gerade, weil er sich ihr Gesicht (ihre Person) nicht vorstellen kann, sondern nur ihren Körper, das Objekt seiner Lust, beschließt er, sie in Besitz zu nehmen: »Ich will sie haben.« (Abschnitt 6) und später: »Sie soll keinem andern gehören . . .« (Abschnitt 8).

In der Weigerung des Mädchens, ihn zu heiraten und in seiner Bitte ergibt sich eine sonderbare Umkehrung des im Motto genannten Zitats aus dem bürgerlichen Trauerspiel »Maria Magdalena«: *dieses* Trauerspiel spielt die Frau nicht mit, muß es in der sozialistischen Gesellschaft nicht mehr. Hier geschieht die Destruktion des männlichen Bewußtseins, und Hans P. steigt nicht mit ihr in den »Nichtraucher«-Wagen. Er fährt am Ende im gleichen Zug wie sie, aber er fährt nicht mit ihr, ist noch auf den »Raucher« angewiesen. Die praktische Lektion über die Gleichberechtigung der Frau muß er noch lernen. Der Aufbau neuer Beziehungen zwischen den Geschlechtern, (auch zwischen Intelligenz und Arbeiterklasse, die in dem Paar repräsentiert sind, was durch das Zitat aus dem Kommunistischen Manifest noch unterstrichen wird), beginnt wiederum erst, nachdem der Abbau des Alten in aller Unerbittlichkeit vollzogen sein wird.

Müllers Geschichten haben keine Erzählkontinuum. Selbst wo das Thema, wie in »Liebesgeschichte«, eine Entwicklung behandelt, wird sie in Stationen wiedergegeben, die für sich gedeutet werden wollen. Jeder Abschnitt zeigt eine Konfiguration, die man versucht ist, als *emblematisch* zu charakterisieren: Pictura, der gleichsam eine Subscriptio fehlt, die der Leser nachtragen muß. Die Erzählung zerfällt in Denkbilder, die nicht wie diejenigen Benjamins oder Kracauers sich an die Dingwelt halten, sondern an Verhaltensweisen von Personen. Die Lektüre heftet sich mehr an die Einzelbedeutungen als an die Frage des Handlungsablaufs. Dementsprechend sind die vorgeführten Individuen weniger Handlungsträger als allegorische Figuren. Sie verkörpern ganze Bewußtseinssysteme (Großvater, Vater, der Mann mit dem Eisernen Kreuz, der Student Hans P.) oder, wie die Selbstmörderin aus »Todesanzeige« und das Mädchen der »Liebesgeschichte«, eine Dimension des Rätselhaften, das geduldige Kontemplation auf sich ziehen will.

Sammelausgaben

P 1   Geschichten aus der Produktion 1. Stücke Prosa, Gedichte, Proto-
       kolle, Rotbuch Verlag, Berlin (W) 1974
P 2   Geschichte aus der Produktion 2. Rotbuch Verlag, Berlin (W) 1974
U   Die Umsiedlerin oder das Leben auf dem Lande, Rotbuch Verlag,
       Berlin (W) 1975
TA   Theater-Arbeit, Rotbuch Verlag, Berlin (W) 1975
G   Germania Tod in Berlin, Rotbuch Verlag, Berlin (W) 1977
M   Mauser, Rotbuch Verlag, Berlin (W) 1978
St   Stücke, mit einem Nachwort von Rolf Rohmer, Henschel-Verlag,
       Berlin (O) 1975
STG   Die Schlacht, Traktor, Leben Gundlings Friedrich von Preußen
       Lessings Schlaf Traum Schrei, mit einem Nachwort von Joachim
       Fiebach, Henschel-Verlag, Berlin (O) 1977

Zeitschriften

TH   Theater Heute
TdZ   Theater der Zeit
NDL   Neue Deutsche Literatur
SuF   Sinn und Form
WB   Weimarer Beiträge
FR   Frankfurter Rundschau

Werkbibliographie (bislang ausführlichste):

in: »Hamletmaschine. Heiner Müllers Endspiel« hg. von Theo Girshausen,
Köln 1978, S. 172–175.

Bibliographie

Dramen

Das Laken (1951) in: SuF Sonderheft 1, 1966, S. 767–768 (unter dem Titel »Das Laken oder die unbefleckte Empfängnis« und mit einem erweiterten Schlußdialog die Schlußszene von »Die Schlacht«) UA 1974 in der Volksbühne Berlin (»Spektakel 2)

Die Reise (nach Motekiyo) (1951) in: G. S. 17–19. Nach Kagekijo, der Böse von Seami, in: Elisabeth Hauptmann, »Julia ohne Romeo«, Geschichten, Stücke, Aufsätze, Erinnerungen, hg. von R. Eggert und R. Hill, Berlin-Weimar 1977, S. 159 ff.

Der Lohndrücker (Mitarbeit: Inge Müller) (1956) in: NDL, H. 5 (1957) S. 116–141
Henschel Verlag Berlin 1958 (ohne Vorspann)
VEB Friedrich Hofmeister Verlag, Leipzig 1959
Kursbuch H. 7, S. 23–51, Ffm.
Sozialistische Dramatik/Autoren der Deutschen Demokratischen Republik, Henschel-Verlag Berlin 0) 1968, S. 173–205
Programmheft zu »Der Horatier«, Städtische Bühnen Berlin, Spielzeit 1972/73, Red. Ernst Wendt
P 1, S. 15–44 – (Vorspann vollständig abgedruckt)
St, S. 6–32
UA 1958 Städtische Theater Leipzig

Zehn Tage, die die Welt erschütterten (nach John Reed) – Szenen aus der Oktoberrevolution (1956) (Mitarbeit: Hagen Stahl) in:
1) Junge Kunst, H 1, 1957 (Nov)
2) VEB Friedrich Hofmeister Verlag, Leipzig 1958
UA: Volksbühne Berlin 1957

Die Korrektur. Ein Bericht vom Aufbau des Kombinats »Schwarze Pumpe« (Mitarbeit: Inge Müller)
1. Fassung (Funkfassung 1957) in: NDL H. 5 (1958) S. 22–32 und P 1, S. 47–59
2. Fassung (1958) in: Henschel Verlag, Berlin (O) 1959 und VEB-Friedrich Hofmeister-Verlag, Leipzig 1959
Programmheft zu »Der Horatier« Städt. Bühnen Berlin, Spielzeit 1972/73 P 1 (zus. mit der 1. Fassung)
UA: Maxim-Gorki-Theater Berlin 1958

Klettwitzer Bericht (1958) in: Junge Kunst, H. 8, 1958 und VEB Friedrich Hofmeister Verlag, Leipzig 1958

Glücksgott (1958?) Bearbeitungsversuch des Brechtschen Fragments »Die Reisen des Glücksgotts«, in: TA, S. 7–18

Philoktet (1958–64) in:
1) SuF, H. 5, 1965, S. 733–765
2) TH, H. 8, 1965, S. 63–68
3) edition suhrkamp 163, Ffm 1966 (zus. mit »Herakles 5«)
4) Spectaculum XII, Ffm. 1969
5) »Stücke nach der Antike«, Henschelverlag 1969, S. 103–132

6) St, S. 179–208
7) M, S. 7–42
  UA: Residenztheater München, 1968
Der Bau (1963/64) in: SuF, H. 1/2, 1965, S. 169–227
  P 1, S. 85–136
  St, S. 115–165
  UA: 1980 Volksbühne Berlin
Die Bauern (»Neufassung« 1964 der Komödie »Die Umsiedlerin oder das
  Leben auf dem Lande« 1956–1961)
  in: U, S. 19»111
  St, S. 33–114
  (eine Szene der der Erstfassung im »Sonntag« H. 14, 1961)
  UA der Erstfassung: Studentenbühne der Hochschule für Ökonomie,
  Berlin-Karlshorst 1961
  UA der Neufassung »Die Bauern«: Volksbühne Berlin 1975 (mit einem
  von Heiner Müller zusammengestellten Programmheft)
Herakles 5 (1964–66) in: edition suhrkamp 163, (zus., mit »Philoktet«)
  Ffm. 1966
  Deutsches Theater der Gegenwart (hg. von Karlheinz Braun) Ffm. 1967,
  Bd. I, S. 369–382.
  Nachrichten aus Deutschland – Lyrik, Prosa, Dramatik. Eine Anthologie
  der neueren DDR-Literatur, hg. von Hildegard Brenner, Reinbek 1967, S.
  203 ff.
  P 1, S. 148–156
  St, S. 167–177
  UA: Schillertheater Berlin (W) 1974
Ödipus Tyrann (nach Hölderlin) (1966) in:
1) »Neue Texte« Almanach für dt. Literatur, Herbst 1967, Aufbau-Verlag,
  Berlin-Weimar 1967
2) Aufbau-Verlag, Berlin-Weimar 1968
3) Benziger-Verlag, Zürich-Köln 1971 (Lizenz)
  UA: 1967 im Deutschen Theater, Berlin (O)
Der Horatier (1968) in: Programmheft zur UA in der Werkstatt des
  Schillertheaters, Berlin (W), Spielzeit 1972/73 H. 14, 1973
  2) in: Schivelbusch, Wolfgang, »Sozialistisches Drama nach Brecht«
  (1974) S. 255–264
  3) The Minnesota Review 1976, H. 6, ins Engl. übersetzt von Marc D.
  Silberman, Helen Fehervary u. Guntram Weber
  4) St, S. 209–219
  5) M, S. 45–54
Prometheus (1967–68) (nach Aischylos – nach einer Interlinearversion von
  P. Witzmann) in:
1) Spectaculum XI, Ffm. 1968, S. 245–271
2) P 2, S. 27–55
  UA: 1969 im Zürcher Schauspielhaus
Drachenoper (= Libretto zur Oper »Lanzelot« von Paul Dessau) Mitarbeit
  Ginka Tscholakowa, in:
1) TdZ H. 3, 1970, S. 73–80

2) TA, S. 19–46

UA: Deutsche Staatsoper Berlin 1969

Weiberkomödie (1969) (nach dem Hörspiel »Die Weiberbrigade« von Inge Müller) in:

1) TdZ, H.3, 1971, S. 62–77

2) TA, S. 67–116

3) St, S. 221–271

UA: Magdeburg 1970

Horizonte (1969) (nach G. Winterlich)

TA, S. 47–65 (1. Szene einer Bearbeitung von Gerhard Winterlichs »Horizonte« für die Volksbühnen Berlin [O])

UA: Volksbühne Berlin 1969

Mauser (1970) in:

1) New German Critique, H. 8, Spring 1976, S. 122–149, engl. Übersetzung von Helen Fehervary und Marc D. Silberman

2) Alternative, H. 110/111, 1976

3) M, S. 55–69

UA: 1975 Austin/Texas, USA

Macbeth (1971) (nach Shakespeare) in:

1) TdZ H. 4, 1972, S. 51–64

2) TH 1972, H. 6

3) Spielplatz 1, Jahrbuch für Theater 1971/72 Berlin (W), Wagenbach-Verlag

4) St, S. 273–321

U : Theater Brandenburg 1972

Germania Tod in Berlin (1956–71) in:

1) TH, Sonderheft 1977, S. 72–79

2) G, S. 35–78

UA: Münchner Kammerspiele, 1978

Zement (1972) (nach Gladkow) in:

1) TdZ, H. 6, 1974, S. 45–64

2) P 2, S. 65–132

3) TH, H. 10, 1975, S. 43–55

4) St, S. 323–388

5) Fjodor Gladkow/Heiner Müller »Zement«, Reclam-Leipzig 1975, S. 413–497 mit einem Anhang hg. von Fritz Mierau

UA: Berliner Ensemble 1973

Traktor (Fragment 1955–61, Kommentar und Montage 1974) in:

1) P 2, S. 9–25

2) TdZ H. 8, 1975, S. 61–64

3) Programmheft der Volksbühne, Spielzeit 1975/76

4) STG, S. 48–72

UA: zus. mit »Herakles 5« am Friedrich-Wolf-Theater Neustrelitz, Spielzeit 1974/75

Die Schlacht. Szenen aus Deutschland (1951–74) in:

1) U, S. 7–16

2) TH, Sonderheft 1975, S. 129–131

3) Programmheft der Volksbühne, Spielzeit 1975–76

4) STG, S. 7–47 (mit Bilddokumentation)
UA: Volksbühne Berlin (O) 1975

Medeaspiel (Szenarium) 1974, in: U, S. 17

Leben Gundlings Friedrich von Preußen Lessings Schlaf Traum Schrei. Ein Greuelmärchen (1975/76) in:
1) Spectaculum 26, Ffm. 1977, S. 149–167 (Materialien S. 290–295)
2) STG, S. 73–101
3) Programmheft der UA Schauspiel Frankfurt, Januar 1979 (mit vollständigen Zitattexten)
4) TH H. 3, 1979

Quadriga (Szenarium) in: »Die Hamletmaschine. Heiner Müllers Endspiel« hg. von Theo Girshausen, Köln 1978 S. 155–156

Die Hamletmaschine (1977) in:
1) Programmheft zu Ödipus Tyrann, München Kammerspiele 1977
2) TH H. 12, 1977
3) M, S. 89–97
4) »Die Hamletmaschine. Heiner Müllers Endspiel« hg. von Theo Girshausen, Köln 1978
5) Theaterbuch 1, hg. von Horst Laube und Brigitte Landes, München 1978, S. 247–258
UA: Paris 1979, Vororttheater »Gerard Philippe« in St. Denis (zus. mit »Mauser«)

Textmontage des *Fatzer*Fragments von Bertolt Brecht (f. Inszenierung am Deutschen Schauspielhaus Hamburg, 1978)

Philoktet 1979, Drama mit Ballett (Entwurf) in: Die Zeit vom 29. 12. 1978

Der Auftrag. Erinnerung an eine Revolution (1979)in:
1) SuF H. 6, 1979
2) TH, H. 3, 1980

Übersetzungen

N. Pogodin »Die Aristokraten« 1959 (nach) J. B. Moliere »Don Juan oder Der steinerne Gast« (1967) zus. mit Benno Besson, UA: Deutsches Theater Berlin (O) 1968

W. Shakespeare »Wie es such gefällt« (1967) UA: Residenztheater München 1968

(nach) J. B. Moliere »Arzt wider Willen« (1969) zus. mit Benno Besson. UA: Volksbüne Berlin (O) 1970

A. Tschechow »Die Möwe« (1971) zus. mit Ginka Tscholakowa, UA: Volksbühne Berlin (O) 1972.

Aimé Cesaire »Lumumba« (1971) und »Im Kongo«

W. Shakespeare »Die tragische Geschichte von Hamlet, Prinz von Dänemark« (1977) zus. mit Matthias Langhoff, UA: Volksbühne Berlin (O) 1977

L. E. oder das Loch im Strumpf (1948) in: P 1, S. 45

Bericht vom Anfang (1950) in: P 1, S. 11–13

Philoktet 1950 in: G, S. 16

    2) »Philoktet/Herakles 5« edition suhrkamp 163

    3) »In diesem besseren Land« – Gedichte aus der DDR seit 1945, Halle 1966, S. 278

Leben des Horaz (= Horaz 1) (frühe 50er Jahre) in: U, S. 115

    2) »In diesem besseren Land« a.a.O. S. 55

Apologie Horaz (= Horaz 2) (frühe 50er Jahre) in: U, S. 115

    2) »In diesem besseren Land« a.a.O. S. 56

Horaz Satiren II,1 (frühe 50er Jahre) in: U, S. 113–114

Ulyss (= Tod des Odysseus?) (frühe 50er Jahre) in« U, S. 116

Geschichten vom Homer (frühe 50er) in: U, S. 114–115

    2) Alternative H. 110/111, S. 192

Hundert Schritt (nach Defoe) (frühe 50er) in: G, S. 14

Fleischer und Frau (frühe 50er) (Lyrik/Prosa) in U, S. 112–113

Lach nit es sei dann ein Stadt untergangen (frühe 50er) in? G, S. 8

E. L. (frühe 50er) in: G, S. 29

Lektion (frühe 50er) in: U, S. 116

Und zwischen ABC und Einmaleins (frühe 50er) in: G, S. 9

Bilder (1955) in: P 2, S. 7

Brecht (1956) in: P 1, S. 82

Zwei Briefe (1956) in: P 1, S. 81–82

Majakowski (1956) in: P 1, S. 83

Motiv bei A.S. (1958) in: G, S. 80

Die Roten – in: Junge Kunst, H. 1, 1958, S. 5

Gedanken über die Schönheit der Landschaft bei einer Fahrt zur Großbaustelle »Schwarze Pumpe« (1958) in: Junge Kunst, 1958, H. 1, S. 62

Selbstbildnis zwei Uhr nachts am 20. August 1959, in: U, S. 116–117

Film (1962) in: P 1, S. 82–83

Winterschlacht 1963 – in Forum 6/1963, S. 7 (Studentenzeitung in Berlin-DDR)

Fragen für Lehrer – in: Forum 1963, H. 13, S. 15

Ödipuskommentar (1966) in: Kursbuch Nr. 7, 1966 (»Ödipus Tyrann. Ein Kommentar«) S. 52–53

    2) Programmheft zu Ödipus Tyrann, Deutsches Theater Berlin, UA 1967

    3) »Neue Texte« Almanach f. dt. Literatur, Aufbauverlag Herbst 1967

    4) Sophokles, Ödipus Tyrann, nach Hölderlin von Heiner Müller, Aufbau-Verlag 1969, S. 90–91

    5) Benzinger-Broschur (Lizenz 1971) S. 89–94 Zürich-Köln

    6) als Prolog der Bearbeitung »Ödipus Tyrann« M, S. 43–44

Stellasonett (1968) in: TA, S. 118–119

Gestern an einem sonnigen Nachmittag (1975/76) in: G, S. 30

Allein mit diesen Leibern (1977) in: G, S. 28

    2) Theaterbuch 1, hg. von Laube/Landes, München, Wien 1978, S. 242

Beim Wiedersehen von Alexander Fadejews Die Neunzehn . . . in:
Programmheft zur Insz. von A. Tschechows ›Kirschgarten‹ und S.
Babels ›Maria‹, Städt. Bühnen Berlin, Spielzeit 1978/79, vorgelegt von
W. Storch.

Prosa

Bericht vom Großvater (1950) in: P 1, S. 7–9
zuerst abgedruckt 1961 im Programmheft zur Aufführung der »Umsiedlerin oder das Leben auf dem Lande« an der Studentenbühne der
Hochschule für Ökonomie in Berlin-Karlshorst
Die Bauern standen mit dem Rücken zum Steinbruch . . . (frühe 50er
Jahre) in: G, S. 13
Das eiserne Kreuz (frühe 50er Jahre) in: NDL, H. 1/1956
2) G, S. 19–12
3) »Bettina pflückt wilde Narzissen«, 66 Geschichten von 44 Autoren,
Halle 1972, .S 144–146
4) »Erzähler aus der DDR« hg. von Konrad Francke und Wolfgang R.
Langenbucher, mit einem Vorwort von Thilo Koch, Tübingen–Basel
1973, S. 310–312
Fleischer und Frau (frühe 50er Jahre) (Lyrik und Prosa) in: U, S. 112–113
Liebesgeschichte (1953) in: P 2, S. 57–63
Der Vater (1958) in: Wespennest (Wien) Nr. 25, 1977
2) G, S. 20–26
Elektratext (1969) in: TA, S. 119–120 (wurde für eine Inszenierung von
Strauß/Hofmannsthals »Elektra« in der Staatsoper Berlin [Regie Ruth
Berghaus] auf den Eisernen Vorhang geschrieben, der In das Finale
hinuntergelassen wurde)
Herakles 2 oder die Hydra (1972) in: »Auskunft«. Neue Prosa aus der
DDR, Hg. von Stefan Heym, Autorenedition Bertelsmann, München-
Gütersloh–Wien 1974, S. 132–135 als eigenständige Prosa
2) als 9. Szene im Drama »Zement« (P 2, S. 100–103 und Reclamaus-
gabe, Leipzig 1975, S. 456–459)
3) M, S. 82–85 (als Material zu »Mauser«)
Prometheus/Die Rache des Achill
in der Szene »Befreiung des Prometheus« in »Zement« (1972) P 2,
S. 81–82 und S. 84–86
Reclamausgabe Leipzig 1975, S. 433–434 und 436–438
Todesanzeige (= Wüsten der Liebe) (1975) in:
1) Literaturmagazin 4 (1975)
2) G, S. 31–34

Äußerungen (Briefe, Reden, Gespräche, Interviews, Stellungnahmen)

Sieg des Realismus, in: NDL H. 10/1953, S. 161–163
Epigramme über Lyrik, in: H. 8/1956, S. 160
Aus dem Protokoll einer Diskussion über die »Korrektur« im Kombinat
»Schwarze Pumpe« in: NDL H. 5/1958 und P 1, S. 61–62

Zwischenbemerkung (Zur Diskussion um die »Korrektur«) in: NDL H. 1/ 1959 S. 120–121 und P 1, S. 61–62

Gespräch mit Heiner Müller (Über »Bau«. Teilnehmer: H. M., W. Girnus, W. Mittenzwei, R. Münz) in: SuF H. 1/1966 S. 30–47 und P 1, S. 137–146

Drei Punkte zu Philoktet, in: Programmheft der UA Residenztheater München, 1968
  2) TH, H. 8, 1968, S. 28
  3) Spectaculum XII, Ffm. 1969, S. 306/307
  4) M, S. 72/73

Miteinander statt oben und unten. Gespräch mit Heiner Müller und Irene Böhme über die Bearbeitung von »Horizonte« in: Sonntag, Nr. 41, 1969, S. 11

Sechs Punkte zur Oper, in: TdZ, H. 3, 1970, S. 18–19 und TA, S. 117–118

Ein Diskussionsbeitrag (= Autor und Produzent = Theater als Prozeß)
  1) TdZ H. 10, 1972, S. 9
  2) TA, S. 121–123
  3) STG, S. 105–107

Podiumsgespräch von DDR-Dramatikern über Brecht in der Akademie der Künste der DDR und des Berliner Ensembles (Brechtwoche der DDR 9.–15. Februar 1973) in: Brecht 73, Dokumentation, Berlin (O) 1973, S. 197–230

Interview mit Heiner Müller: Heute abend: »Zement« in:
  1) BZ am Abend vom 9. 10. 1973
  2) Neues Deutschland vom 10. 10. 1973
  3) Berliner Zeitung vom 12. 10. 1973

Ablehnung eines Stipendium-Angebots des Hamburger Senats, in: Eulenspiegel H. 4, 1974, S. 5

Gespräch mit Andreas W. Mytze u. a. in: Nürnberger Nachrichten vom 4. 9. 1974

Geduld in einer Zwischenphase. Gespräch mit dem DDR-Dramatiker Heiner Müller (mit Andreas W. Mytze – über die »Lohndrücker« und »Zement«-Inszenierung) in: Frankfurter Rundschau vom 12. 9. 1974

Ein Brief (an Martin Linzer) in: TdZ H. 8, 1975, S. 58–59
  2) TA, S. 124–126
  3) STG, S. 108–110

Froschkönig, in: Programmheft der Volksbühne Berlin (O) zu Erich Köhlers »Geist von Cranitz«, TA, S. 120–121

Über den Dramatiker Stefan Schütz, in: Information des Verlags der Autoren VIII/4, 1975, und TA, S. 123–124

Diskussion mit Rolf Rohmer und Horst Wandrey im Dramatiker-Studio des Fernsehens der DDR am 24. 11. 1975

Shakespeares Stücke sind komplexer als jede Aneignung – man braucht zu verschiedenen Zeiten verschiedene Übersetzungen – ein Gespräch (mit Christoph Müller, B. K. Tragelehn, Max Hamburger und Heiner Müller) in: TH, H. 7, S. 32–37, 1975

Der Dramatiker und die Geschichte seiner Zeit. Gespräch zwischen Horst Laube und Heiner Müller, in: TH, Sonderheft 1975, S. 119–122

Projektion 1975, in: U, S. 117

Gespräche mit Heiner Müller (Zusammenstellung) in: Europäische Ideen, hg. von Andreas W. Mytze, 1975, H. 3

Preface to »The Horation« in: The Minnesota Review H. 6, 1976, S. 42

Geschichte und Drama. Ein Gespräch mit Heiner Müller, in: R. Grimm/J. Hermand, in: Basis (Jahrbuch für deutsche Gegenwartsliteratur) Bd. 6, Ffm. 1976, S. 48–64

Stückproben. Mitteilungen des Suhrkamp Theaterverlags, Ffm. 1977

Fragespiel (Juni 1977 zus., mit Horst Laube und Brigitte Landes) in: Theaterbuch 1, hg. von Laube/Landes, München, Wien 1978, S. 260 ff.

Heiner Müller zu Antonin Artaud, in: Stücke der Zwanziger Jahre, hg. von Wolfgang Storch, Ffm. 1977, S. 132

Wie es bleibt ist es nicht (über Thomas Brasch »Kargo«) in: Der Spiegel Nr. 38, 12. 9. 1977

Verabschiedung des Lehrstücks (= Absage) in:
»Auf Anregung Bertolt Brechts: Lehrstücke mit Schülern, Arbeitern, Theaterleuten« hg. von Reiner Steinweg, Ffm. 1978, S. 232
2) M. S. 85

Ich wollte lieber Goliath sein (Hommage à Chaplin) in: Die Zeit vom 6. 1. 1978

Notate zu Fatzer. Einige Überlegungen zu meiner Brecht-Bearbeitung, in: Die Zeit vom 17. 3. 1978

Produktiver Umgang mit Brecht. Ein Gespräch mit Heiner Müller in: Das Schauspielhaus, Zeitschrift des Hamburger-Schauspiels, April/Mai 1978

Brecht und Terroristen. »Das da« – Interview mit dem DDR-Dramatiker Heiner Müller anläßlich der Uraufführung des Brecht-Fragments »Fatzer« im Hamburger Schauspielhaus,

Der Schrecken, die erste Erscheinung des Neuen. Zu einer Diskussion über Postmodernismus in New York, in:
1) TH, H. 3, 1979, S. 1
2) Beilage in »Geländewagen 1«, hg. von Wolfgang Storch (Heiner Müller und den beiden Berlins gewidmet) Berlin 1979
3) New German Review, winter 1979, Nr. 16 (Reflections on post modernism)

Was mich in der gegenwärtigen Lage angeht. Rede zur Verleihung des Dramatikerpreises der Stadt Mühlheim
1) FR 13. 9. 1979, S. 19
2) TH, H. 10, 1979, S. 14

Beispiel Paul Dessau, in: SuF 1979, H. 6 (Nachruf zusammen mit einem Gedicht aus Müllers »Glücksgott«-Bearbeitung)

Ich glaube nicht an die Wirklichkeit . . . in: »Schlau sein, dabei sein«, Merve-Verlag, Frühjahr 1980

Allgemeine Darstellungen

Bernhardt, Rüdiger, Antikerezeption im Werk Heiner Müllers in: WB H.3, 1976, S. 82–122

Brenner, Hildegard (Hg.) Nachrichten aus Deutschland. Lyrik, Prosa,

Dramatik. Eine Anthologie der neueren DDR-Literatur Reinbek 1967, Einleitung

Brettschneider, Werner, Zwischen literarischer Autonomie und Staatsdienst. Die Literatur der DDR, Berlin 1972, S. 164 ff.

Engler, Jürgen, Handschriften der Arbeiten und Tode, in: NDL H.7, 1976

Fehervary, Helen, Heiner Müllers Brigadestücke, in: Basis, Jahrbuch für deutsche Gegenwartsliteratur, hg. von R. Grimm und J. Hermand, Bd. 2, S. 103–140, Ffm. 1971

dies., Introduction zu »The Horatian« in: The Minnesota Review, 1976, H.6, S. 40–42

dies., Englightenment or Entanglement. History and Aesthetics in Bertolt Brecht and Heiner Müller, in: New German Critique 1976, H.8, S. 80–109

dies., The Poet and History Entwined, in: dies. »Hölderlin and the Left«, Heidelberg 1977

Fiebach, Joachim, Nachwort in STG, S. 112–138

Fischborn, Gottfried, Künstlerische Subjektivität und Aneignung der Wirklichkeit im Drama. Studien zur dramatischen Gattung in der entwickelten sozialistischen Gesellschaft der DDR im Zusammenhang mit der produktiven Tätigkeit dramatischer Autoren. (Dissertation zur Promotion B, Leipzig 1977)

Franke, Konrad, Die Literatur der Deutschen Demokratischen Republik (Kindler-Lexikon) 1971, S. 573–582

Geschichte der deutschen Literatur Bd. 11 (Literatur der DDR) Von einem Autorenkollektiv unter der Leitung von Horst Haase und Hans-Jürgen Geerdts, Erich Kühne und Walter Pallus, Berlin (O) 1977, S. 406–412 und 661–665

Girshausen, Theo, Die Produktivität des jugen Brecht. Vorarbeiten zur Bestimmung des Verhältnisses der frühen Ästhetik Brechts zu den Geschichtsstücken Heiner Müllers, in: ders. (Hg.) »Die Hamletmaschine, Heiner Müllers Endspiel« Köln 1978, S. 139–154

ders. Heiner Müller und das Didaktische Theater in der DDR. Theaterkonzept und Stücke der 50er Jahre. Dissertation Köln 1980

Greiner, Bernhard, Von der Allgeorie zur Idylle. Die Literatur der Arbeitswelt in der DDR, Heidelberg 1974 (S. 55 ff. zur Person Garbes, S. 85–95 zum »Lohndrücker«, S. 164–174 zum »Bau«)

Günther, Michael, Stücke von Heiner Müller (Chronologie) in: Alternative, H. 112, 1977, S. 54 f.

Haase, Horst, Bitterfeld, Traditionen und die Ballade, in: Forum, H.8, 1964, S. 23 f.

Hacks, Peter (über Heiner Müller), Brief an einen Geschäftsfreund, in: Liebes- und andere Erklärungen. Schriftsteller über Schriftsteller, hg. von Anni Voigtländer, Aufbau-Verlag, Berlin-Weimar 1972

Hafranke, Karl Heinz, Individualgeschichte und Gesellschaftsprozeß in unserer neueren Dramatik, in: WB 4/1976, S. 12–35

Henrichs, Benjamin, Etwas Unvernunft bitte! Erregung über »Prinz von Homburg«, Müdigkeit nach dem »Fatzerfragment« in: Die Zeit, 17. 3. 1978

Hensel, Georg, Spielplan. Schauspielführer von der Antike bis zur Gegenwart, Ullstein/Propyläen 1975, (über Müller: S. 1069 ff. »Schwierigkeiten in und mit der DDR: Müller, Braun, Plenzdorf«)

Iversen, Fritz / Servos, Norbert, Sprengsätze, Geschichte und Diskontinuität in den Stücken Heiner Müllers und der Theorie Walter Benjamins, in: »Die Hamletmaschine, Heiner Müllers Endspiel« (Hg. von Theo Girshausen) Köln 1978, S. 128–138

Jäger, Manfred, Heiner Müller und die schönen Sprüche, in: Deutsches Allgemeines Sonntagsblatt vom 19. 12. 1976

ders., Brocken und Splitter aus dem Steinbruch des Jahrhunderts (Zur Müller-Werkausgabe im Rotbuch-Verlag – work in progress) in: Dt. Allgem. Sonntagsblatt vom 16. 10. 1977

Kaiser, Gerhard R., Parteiliche Wahrheit – Wahrheit der Partei? zu Inhalt, Form und Funktion der DDR-Dramatik, in: Einführung in Theorie, Geschichte und Funktion der DDR-Literatur, Stuttgart 1975

Kähler, Hermann, Weltentwurf oder Milieu. Die Stücke Heiner Müllers, in: SuF H.2 1976, S. 437–446

Karsunke, Yaak, Zwischen Eiszeit und Kommune, (zur Rotbuch-Ausgabe I–III) in: Konkret, Juni 1975

Kelling, Gerhard, Die Schwierigkeiten des Anfangs. Der Dramatiker Heiner Müller, in: Deutsche Volkszeitung, Nr. 38, vom 19. 9. 1974, S. 11

ders. Der Held und das Kollektiv. Zum zweiten Band von Heiner Müllers »Geschichten aus der Produktion«, in: Dt. Volkszeitung vom 28. 1. 1974

Kersten, Heinz, Theater und Theaterpolitik in der DDR, in: Theater unserer Zeit, hg. von Reinhold Grimm, Willi Jäggi und Hans Oesch, Bd. VI (= Theater hinter dem »Eisernen Vorhang«), S. 13–57, Basel 1964

Klatt, Gudrun, Arbeiterklasse und Theater, Berlin (O) 1975

Laube, Horst, Die Geschichte reitet auf toten Gäulen, in: Der Spiegel, vom 7. 7. 1980

Lehmann, Hans-Thies/Lethen, Helmut, Ein Vorschlag zur Güte. Zur doppelten Polarität des Lehrstücks. in: Reiner Steinweg (Hg.) Auf Anregung Bertolt Brechts: Lehrstücke mit Schülern, Arbeitern, Theaterleuten, Ffm. 1978, S. 302–318

Raddatz, Fritz J., Traditionen und Tendenzen. Materialien zur Literatur der DDR, Ffm. 1972 (zu Müller: S. 455–462)

Richter, Hans, Verse, Dichter, Wirklichkeiten. Aufsätze zur Lyrik Berlin––Weimar 1970 (S. 103 Erwähnung Müllers als einer der neueren sozialistischen Balladendichter)

Rischbieter, Henning, Der sozialistische Klassizismus, in: TH, H.10, 1969, S. 30

Rohmer, Rolf, Weite und Vielfalt sozialistischer Dramatik, in: Einheit H.2, 1974, S. 212

ders., Nachwort in St, S. 390–399

ders., Heiner Müller. Autorenpositionen, in: TdZ, H.8, 1975, S. 55

Rühle, Günther, Die Lust und die Arbeit des Herakles, in: FAZ vom 9. 3. 1970

Rüß, Gisela (Hg.) Dokumente zur Kunst – Literatur – und Kulturpolitik der SED 1971–1974, Stuttgart 1976

Sander, Hans-Dietrich, Geschichte der Schönen Literatur in der DDR, Ein Grundriß, Freiburg 1972 (S. 164–165)

Schivelbusch, Wolfgang, Sozialistisches Drama nach Brecht – Drei Modelle: Peter Hacks, Heiner Müller, Hartmut Lange, Neuwied 1974

ders., Die schonungslose Redlichkeit des Dramatikers und Erzählers Heiner Müller, in: FAZ vom 12. 11. 1974

ders., Optimistic Tragedies. The Plays of Heiner Müller, in: New German Critique, H.2, 1974, S. 104–113

Schmitt, Hans-Jürgen (Hg.) Einführung in die DDR-Literatur, Stuttgart 1975

Schneider, Michael, Heiner Müllers »Endspiele« in: Literatur konkret, Herbst 1979

Schneider, Peter, Kein Anlaß zu Schadenfreude. Über Heiner Müller »Geschichten aus der Produktion« in: Der Spiegel, Nr. 36, 1974, und in *ders.:* Atempause. Versuch, meine Gedanken über Literatur und Kunst zu ordnen, Reinbek 1977

Schubbe, Elimar (Hg.) Dokumente zur Kunst – Literatur – und Kulturpolitik der SED 1946–1971, Stuttgart 1972

Schulz, Genia, Something is Rotten in this Age of Hope. Heiner Müllers Blick auf die (deutsche) Geschichte in: Merkur H.5, 1979, S. 468–480

Schweikert, Uwe, Die entfesselte Kassandra. Ein Versuch über Heiner Müller, in: Frankfurter Rundschau, 30. August 1980, Beilage S. III

Tasche, Elke, Lehrstück in unserer Gesellschaft, in: TdZ H.8, 1976, S. 9–11

Theater in der Zeitenwende (2 Bde.) Zur Geschichte des Dramas und des Schauspieltheaters in der Deutschen Demokratischen Republik 1945–1968, Henschelverlag, Berlin (O) 1972 (erwähnt werden: »Der Lohndrücker«, »Der Bau«, »Ödipus Tyrann«)

Trilse, Christoph, Antike und Theater heute. Akademie-Verlag (S. 93–121 über Heiner Müllers Antike-Fabeln in: Antike Tragödie und tragische Stoffe auf dem sozialistischen Nationaltheater: S. 70–144)

Völker, Klaus, Heiner Müller oder: Der Mensch ist so schlecht wie die Welt, in der er lebt. in: TH H.13/1972, S. 78–79

ders., Die schnellen Wirkungen sind nicht die neuen (der 1. Bd. der Heiner Müller-Ausgabe im Rotbuch-Verlag) in: FR vom 20. 7. 1974 und Tagesanzeiger vom 27. 9. 1974

ders., Kommunismus: kein Traum, sondern Arbeit (der 2. Bd. der »Geschichten aus der Produktion« von Heiner Müller) in: Tagesanzeiger vom 21. 3. 1975

ders., Jeder für sich Deutschland gegen alle. Drei weitere Bände des DDR-Dramatikers Heiner Müller (ausgenommen »Mauser«, bes. besprochen: »Germania Tod in Berlin«) in: FAZ vom 16. 12. 1977, S. 26

Vormweg, Heinrich, Das vorausgesetzte Ideal. Heiner Müller erzählt Geschichten aus der Produktion, in: Süddt. Zeitg. vom 19./20. 10. 1974

ders., Lehrstück für die Unbelehrbaren. Versuch über Heiner Müller in: Süddt. Zeitg. vom 27./28. 1. 1979, S. 16

Wagner, S. Künstler und Publikum auf dem Weg zu einem sozialistischen Nationaltheater, in: TdZ Beilage zu H.8, 1959

Wendt, Ernst, Die Kraft des Spröden (über die Stücke von Heiner Müller) (über: »Lohndrücker«, »Korrektur« und »Bau«) in: TH, H.8, 1965, S. 61–62

ders., Über Heiner Müllers Lehrstücke und Endspiele, in: Programmheft zu »Der Horatier«, Städtische Bühnen Berlin, Spielzeit 1972/73, H. 14

ders., Moderne Dramaturgie, Ffm. 1974, S. 39–64 (Kapitel: Das letzte Band und das Brot der Revolution – Über die Dramatiker Samuel Beckett und Heiner Müller – der Teil über Müller ist weitgehend identisch mit den Aufsätzen »Die Kraft des Spröden« und »Über Heiner Müllers Lehrstücke und Endspiele«.)

ders., Zwischen Eiszeit und Kommune. Der Geschichtsschreiber Heiner Müller – Muster einer Werkausgabe, in: Die Zeit, vom 26. 9. 1975

ders., Ewiger deutscher Bürgerkrieg. Über Heiner Müllers Texte 1–6, in: Der Spiegel, Nr. 16, 1978

Wiegenstein, Roland H., Länger als Glück ist Zeit, und länger als Unglück. Entfremdung und Widerspruch im Werk Heiner Müllers, in: Merkur, H.2, Februar 1976

Zaum, Ulrich, Zwischen Dichtung, Bekenntnis und bürgerlicher Avantgarde. Bemerkungen zu Etappen der Rezeption Heiner Müllers in der BRD, in: »Die Hamletmaschine. Heiner Müllers Endspiel«, Hg. von Theo Girshausen, Köln 1978, S. 79–85

Zipes, Jack, Bertolt Brecht oder Friedrich Wolf? Zur Tradition des Dramas in der DDR, in: Literatur und Literaturtheorie in der DDR, S. 191–240 (zu Müller insbes. S. 227–233) Ffm. 1976

Zu den einzelnen Stücken (Auswahlbibliographie)

Zu »Der Lohndrücker« und »Die Korrektur«

Abusch, Alexander, Zu einigen aktuellen Fragen des sozialistischen Theaters in unserer Republik, in: Einheit H.9, 1957, S. 1075–1085

Adling, W. und *Geldner, R.,* Zur Bedeutung des Konflikts für unsere sozialistische Gegenwartsdramatik, in: Einheit H.7, 1965

Brenner, Hildegard, Schule des Helden. Anmerkungen zu Brechts Büsching-Entwurf, in: Alternative, H. 91, 1973, S. 213–221

Creutz, Lothar, Anfänge sozialistischer Dramatik (Ein Gespräch) in: TdZ, Beilage zu Heft 11, 1957

Ebert, Gerhart, Neue Stücke – neue Probleme. Uraufführung des Schauspiels »Der Lohndrücker« in Leipzig (Studio-Inszenierung) in: Sonntag, 6. 4. 1958, S. 7

ders., Eine eigenwillige Begabung (Thema der Woche: Dramatisches Neuland – »Der Lohndrücker«, »Die Korrektur« (2. Fassg.) im Maxim-Gorki-Theater Berlin unter der Regie von Hans-Dieter Mäde) in: Sonntag 7. 9. 1958, S. 3

Fiebach, Joachim, Balke in Badgad. Zur Theatersituation im Irak in: TdZ H.8, 1975, S. 32 ff.

Hacks, Peter, Das Theater der Gegenwart (eine Rundfrage) in: NDL, H.4, 1957, S. 127 ff.

ders., Das realistische Theaterstück, in: NDL, H.10, 1957, S. 90–104

Kähler, Hermann, Gegenwart auf der Bühne. Die sozialistische Wirklichkeit in den Bühnenstücken der DDR von 1956 bis 1963/64 Berlin (O) 1966

Klatt, Gudrun, Erfahrungen des »didaktischen Theaters« der fünfziger Jahre in der DDR, in: WB H.7, 1977

Köhler, Willy, Mit Erfolg korrigiert und inszeniert (»Die Korrektur«) in: ND vom 6. 9. 1958

Kranz, Dieter, Zwei produktive Versuche (»Der Lohndrücker« und »Die Korrektur«) in: TdZ, H. 10, 1958, S. 43–47

Mäde, Hans-Dieter, Die Neufassung (der »Korrektur«) in: P 1, S. 62–66

Rischbieter, Henning, Geschichtlichkeit auf dem Theater (u. a. die »Lohndrücker«-Inszenierung der Schaubühne in Berlin-W) in: TH Sonderheft 1975, S. 72 ff.

Rülicke, Käthe, Hans Garbe erzählt (1952) in: DDR-Reportagen, hg. von Helmut Hoffmann, Leipzig 1969, S. 33–41 (Auszug) (vollständig abgedruckt im Programmheft der Schaubühne zur Inszenierung des »Lohndrücker«, 1974)

Tragelehn, B. K., Arbeiter als Theaterkritiker (»Korrektur«) Über die Diskussion mit Arbeitern von »Schwarze Pumpe« über die »Korrektur«) in: Sonntag vom 26. 10. 1958

Völker, Klaus, Drama und Dramaturgie in der DDR. Heiner Müller in: Theater hinter dem eisernen Vorhang (= Theater unserer Zeit, hg. von Reinhold Grimm, W. Jäggi und H. Oesch, Basel–Hamburg–Wien 1964, Bd. VI, S. 70 ff.

Schauspielführer in 3 Bänden (Bd. 2: über H. und J. Müller, »Der Lohndrücker« und »Die Korrektur«, S. 681 ff.) hg. von Berger/Böttcher/Hoffmann/Naumann, Henschel, Berlin 1963

Zu: »Zehn Tage, die die Welt erschütterten«

Tragelehn, B. K., Spielweise contra Schreibweise, in: TdZ H.3, 1958 S. 52–54

Neef, Wilhelm, Unweise Schreibweise. Bemerkungen zu B. K. Tragelehns: Spielweise contra Schreibweise, in: TdZ H.6, 1958, S. 27–29

Zu »Der Bau« und »Die Bauern«

Allemann, Urs, »Der Säufer als Utopist«, Heiner Müllers »Die Bauern« uraufgeführt – Berlin DDR – in: TH, H.8, 1976

Baumbach, Gerda, Theatralische Qualität poetischer Texte (»Der Bau« von Heiner Müller) in: TdZ H.3, 1978

Hacks, Peter, Über den Vers in Müllers Umsiedlerin-Fragment, in: TdZ, H.5, 1961 und in »Das Poetische – Ansätze zu einer postrevolutionären Dramaturgie« Ffm. 1972, S. 47–53

Milful, John, Gegenwart und Geschichte: Heiner Müllers Weg von »Der Bau« zu »Zement«, in: Aumla, Special DDR Number Nr. 48, Nov. 1977

Rohmer, Rolf, Struktur und Idee. Zum vorgelegten Text von Heiner Müllers »Der Bau «, in: TdZ H.6, 1966, S. 10–12

ders., Die Sprache im sozialistischen Drama der Gegenwart, in: Theater hier und heute. Aus der Forschungsarbeit der Theaterhochschule Leipzig, hg. von R. Rohmer und Joachim May, S. 161–195, Berlin (O) 1968

Ulbricht, Walter, Zu einigen Fragen der Literatur und Kunst. Aus der Rede auf dem 11. Plenum, in NDL H.2, 1966

Zu »Philoktet«

Hacks, Peter, »Unruhe angesichts eines Kunstwerks« ›Philoktet‹ von Heiner Müller. in: TH H.10, S. 27 und in: »Das Poetische« a.a.O. S. 116–117

Hermand, Jost, Die Literatur wird durchforscht werden, in: Basis 8 (1978) S. 33–59

Ihwe, Jens, Heiner Müllers ›Philoktet‹ in: Bogawus, Münster, H. 7–8, 1966

Kaiser, Joachim, Tödlicher Dreikampf – frei nach Sophokles, in: Süddt. Zeitung vom 15. 7. 1968

Karasek, Helmuth, Antik verschlüsselt – modern zu entschlüsseln, in: Die Zeit vom 19. 7. 1968, S. 16

Kindlers Literatur Lexikon (dtv. München) 1974, Bd. 17, S. 7459, über »Philoktet«

Krämer-Badoni, Rudolf, Hemmungsloser Haß in: Die Welt vom 6. 1. 1969

Mittenzwei, Werner, Eine alte Fabel, neu erzählt, in: SuF H. 6, 1965, S. 948–956

Profitlich, Ulrich, Über den Umgang mit Heiner Müllers ›Philoktet‹, in: Basis, Jahrbuch f. d. dt. Gegenwartsliteratur, Bd. 10, Ffm. 1980, S. 142–157 (hier weitere Angaben zur aktuellen Rezeption)

Rischbieter, Henning, Ein finsteres Stück, in: TH, H.8, 1968

ders., Nachwort in: »Deutsches Theater der Gegenwart« Bd. 1 hg. von Karlheinz Braun, Ffm 1967 (im gleichen Band Müllers »Herakles 5« S. 369–382)

Rühle, Günther, Die vernichtete Tragödie, in: Spectaculum XII, Ffm 1969, S. 307–308

Sander, Hans-Dietrich, Der gemeuchelte Philoktet, Heiner Müllers verkapptes Plädoyer für die Ausmerzung der Widerspenstigen, Die Welt vom 28. 8. 1965

Schottländer, Rudolf, Nachwort zu »Stücke nach der Antike« (ausgewählt und eingeleitet von Christoph Trilse) Henschel Verlag, Berlin (O) 1969, S. 367–386 (zu Müller: S. 372–375)

Trilse, Christoph, Philoktet, in: Sonntag vom 30. 6. 1974

Weber, Heinz-Dieter, Die Wiederkehr des Tragischen in der Literatur der DDR, in: Der Deutschunterricht 30 (1978), H. 2 S. 79–99

Zu »Ödipus Tyrann«

Gespräch über »Ödipus Tyrann« (mit Benno Besson anläßlich der Volksbühnen-Inszenierung 1967 im Pankower Klubhaus »Erich Weinert«) in:

Müller/Sophokles, Ödipus Tyrann. Nach Hölderlin, Berlin und Weimar
Aufbau-Verlag 1969, S. 95–176 (Benziger-Ausgabe, S. 105–184)

Zu »Der Horatier«

Beckelmann, Jürgen, »Zwischen Lorbeer und Beil« in: Stuttgarter Zeitung
vom 6. 3. 1973
Luft, Friedrich, Acht Seiten fester Verse nur, in: Die Welt vom 5. 3. 1973
Niehoff, Karena, Ist es tödlich den Menschen, das Unkenntliche?, in
Süddt. Zeitg. vom 6. 3. 1973
Wiegenstein, Roland, Nach dem Sieg der Partei ihre Fehler im Gedächtnis
behalten, in: FR vom 7. 3. 1973
»Ob sie es gebrauchen können oder nicht? Protokoll des Zweifels« Film-
Bericht von Martin Wiebel, Peter Kaiser, Dieter Sender im WDR
Oktober 1972 (Erarbeitung von Heiner Müllers Stück »Der Horatier«
durch die Mitglieder der Billstedter Schüler und Lehrlingstheater unter
der Leitung von Jörn Tiedemann. in: M, S. 73–81)

Zu »Prometheus«

Melchinger, Siegfried, Was heißt hier aggressiv? Kritische Anmerkungen
zum Zürcher »Prometheus« in: TH 1969, H.10, S. 34 f.
Nagel, Ivan, Der selbstbewußte Rebell Prometheus, in: Süddt. Zeitg. vom
21. 9. 1969
Prometheus, Lustprinzip und Beat-Musik. Arbeitsnotizen zu Heiner Müllers »Prometheus«-Bearbeitung in: TH H.10, 1969, S. 32

Zu »Weiberkomödie«

Zipes, Jack, Die Funktion der Frau in den Komödien der DDR. Noch
einmal: Brecht und die Folgen, in: »Deutsche Komödien im 20. Jh.« hg
von W. Paulsen, S. 187–205, Heidelberg 1975

Zu »Mauser«

Bathrick, David / Andreas Huyssen, Producing Revolution. Heiner Mül-
lers »Mauser« as a Learning Play, in: New German Critique H.8, 1976
S. 110–121
Bormann, Alexander v., Nämlich der Mensch ist unbekannt. Ein dramatischer Disput über Humanismus und Revolution (»Masse Mensch«, »Die
Maßnahme« »Mauser«) in: ders (Hg.) Wissen aus Erfahrungen. Werkbe-
griff und Interpretation heute, Tübingen 1976, S. 851–880
Brenner, Hildegard, Heiner Müllers »Mauser«-Entwurf:Fortschreibung
der Brechtschen Lehrstücke? in: Alternative 110/111, 1976, S. 210–221
Lehmann, Hans-Thies/Lethen, Helmut, Ein Vorschlag zur Güte (zu
doppelten Polarität des Lehrstücks) in: R. Steinweg (Hg.) »Auf Anregung Bertolt Brechts: Lehrstücke mit Schülern, Arbeitern, Theaterleuten, Ffm. 1978, S. 302–318
Rosshoff, Hartmut, Heiner Müllers Lehrstück »Mauser«, in: Alternative
H.110/111, 1976, S. 193–209

Weber, Betty Nance, »Mauser« in Austin, Texas, in: New German Critique
  H.8, Spring 1976, S. 150–156, übers. in: Spectaculum 27, Ffm. 1977, S.
  291–296

Zu »Zement«

Alltäglichkeit, große Form, Kampf und Glück. Kritiker-Gespräch in der
  Redaktion TdZ über »Zement« (mit Rolf-Dieter Eichler, Christoph
  Funke, Ernst Schumacher, Irene Böhme) TdZ H.3, 1974
Benjamin, Walter, Fjodor Gladkow ›Zement‹ Roman, in: ders. Ges. Schr.
  Bd. III, Ffm. 1972
Böhme, Irene, Rezension zur UA von »Zement« in: TdZ H.12/1973
Cwojdrak, Günther, Rezension zur UA von »Zement« in: Die Weltbühne
  vom 6. 11. 1973
Eichler, Rolf-Dieter, Rezension zur UA von »Zement« in: Nationalzeitung
  vom 16. 10. 1973
Fischer, Gerhard, Frau, Ehe und Familie in der sozialistischen Gesellschaft:
  Anmerkungen zu Heiner Müllers »Zement«, in: Aumla Nr. 48, Nov.
  1977
Funke, Christoph, Rezension zur UA von »Zement« in: Der Morgen
  14. 10. 1973
Gersch, Wolfgang, Reich an Problemen und guten Gedanken, in: Tribüne
  vom 17. 10. 1973
Hafranke, Karl-Heinz, Individualgeschichte und Gesellschaftsprozeß in
  Stücken von Rainer Kerndl und Heiner Müller, in: »Erkundung der
  Gegenwart, Künste in unserer Zeit« Berlin (O) 1976, S. 155–209, hg.
  vom Institut für Gesellschaftswissenschaften beim ZK der SED. Lehr-
  stuhl für marxistisch-leninistische Kultur und Kunstwissenschaften –
  Autorenkollektiv unter Leitung von Elisabeth Simons und Helmut
  Netzker
Henrichs, Benjamin, Seid umschlungen Bolschewisten, in: TH H. 10, 1975
Irmer, Hans-Jochen, Dramaturgische Beobachtungen während der Arbeit
  an neuen Stücken (29. 9. 1973) (Hacks' »Omphale« und Heiner Müllers
  »Zement«) in: Gladkow/Müller »Zement« Reclam Leipzig 1975, S. 504
ders., Die Uraufführung am Berliner Ensemble. »Zement«-Entstehungsge-
  schichte, das Verhältnis des Theaters zu seinem Dichter, in: Gladkow/
  Müller »Zement« a.a.O. S. 507–513
Kaufmann, Eva und *Hans,* Erwartung und Angebot: Studien zum gegen-
  wärtigen Verhältnis von Literatur und Gesellschaft in der DDR, Kapitel:
  Sozialismus, Arbeit, Persönlichkeit, Berlin (O) Akademie-Verlag 1976
Kerndl, Rainer, Ein Stück vom schweren Anfang, in: ND vom 14. 10. 1973
Mierau, Fritz, »Zement«-fünfzig Jahre danach, in: Gladkow/Müller
  »Zement« a.a.O. S. 515–522
Navratil, Carl, M., Vielfalt der Mittel, Einheit der Wirkung (Aufführungs-
  beschreibung von Heiner Müllers »Zement«-Budapest) in: TH, H. 8,
  1976
Rischbieter, Henning, Rezension zur UA von »Zement« in: TH, H. 1,
  1974

ders., Geschichte als Gruselkabinett und als grimmige Ballade – »Jenseits von Gut und Böse« von Hartmut Lange und »Zement« von Heiner Müller – in: TH 1975, H.10, S. 12–15

Rohmer, Rolf, Weite und Vielfalt sozialistischer Dramatik, in: Einheit H.2, 1974, S. 207–213

Schumacher, Ernst, »Zement« oder die Geburt neuer Menschen, in: Berliner Zeitung vom 15. 10. 1973

Seghers, Anna, Revolutionärer Alltag (1927) in: Gladkow/Müller »Zement« a.a.O. S. 501–502

Stephan, Erika, Den Menschen kann man ändern, in: Sonntag vom 18. 11. 1973

Zu »Macbeth«

Broich, Ulrich, Present-day Versions of »Macbeth« in England, France and Germany, in: German life and letters H.28, 1974/75

Canaris, Volker, Lesarten eines Dramas – Zu den »Macbeth«-Versionen von Polanski, Ionesco und Heiner Müller, in: Die Zeit vom 28. 4. 1972

Dieckmann, Friedrich, Heiner Müller und die Legitimität, in: TdZ, H.9, 1972

ders., Lesart zu »Macbeth« in SuF H.3, 1973, S. 676–680 (Juli 1972) und 680–687

Fuhrmann, Helmut, Where Violent Sorrow Seems a Modern Ecstasy. Über Heiner Müllers »Macbeth« nach Shakespeare, in: Arcadia H.1, 1978, S. 55–71

Hacks, Peter, Auf »Macbeth« von Müller, in: ders. Lieder Briefe, Gedichte, Berlin (O) 1974, S. 97

ders., Über das Revidieren von Klassikern, In: TH, Sonderheft 1975, S. 124–128

Harich, Wolfgang, Der entlaufene Dingo, das vergessene Floß – aus Anlaß der »Macbeth«-Bearbeitung von Heiner Müller in: SuF, H.1, 1973, und in: Literaturmagazin 1, hg. von Christian Buch, Reinbek 1973, S. 88–122

Heise, Wolfgang, Notwendige Fragestellung, in: TdZ, H.9, 1972

Henrichs, Benjamin, Die Toten ins Töpfchen. Hollmann inszeniert Heiner Müllers Macbeth in Basel, in: Süddt. Zeitg. vom 26. 4. 1972

ders., Die zum Lächeln nicht Zwingbaren – zu »Macbeth«: eine verspätete Polemik, eine verunglückte Inszenierung, ein Interview, in: Die Zeit, 24. 5. 1974

Holtz, Jürgen, Der Dingo und die Flasche (Polemik gegen Harich) in: SuF H.4, 1973, S. 828–847

Holtzhauer, Helmut, Ohne Glacéhandschuhe, in: SuF, H.3, 1973, S. 687–688

Iden, Peter, Uns verändernd – über Ionescos, Müllers, Bonds Stücke nach Shakespeare, in: TH, Sonderheft 1972, S. 30 ff.

Lange, Hartmut, Wolfgang Harichs Angst vor einem Kunstzerfall in der DDR, in: FAZ vom 6. 7. 1973

Linzer, Martin, Historische Exaktheit und Grausamkeit, in: TdZ, H.7, 1972, S. 22–23

Melchinger, Siegfried, Veränderer – Ionesco, Bond, Müller und Shakespeare – kein Vergleich, in: TH, Sonderheft 1972, S. 30–39

Rischbieter, Henning, Hans Hollmann probiert Heiner Müllers »Macbeth« – Wege zu Shakespeare? in: TH, H.6, 1972, S. 33–35

Schlösser, Anselm, Die Welt hat keinen Ausgang als zum Schinder. Ein Diskussionsbeitrag zu Heiner Müllers »Macbeth« in: TdZ, H.8, 1972

Zu »Germania Tod in Berlin«

Becker, Peter v., Schlachthauspostille und Tanz der deutschen Vampire, in: Süddt. Zeitg. vom 22./23. 4. 1978

Bormann, Alexander v., Der Terror, von dem ich schreibe, in: FR vom 15. 4. 1978

Friesel, Uwe, Vogelscheuche von Helden. Heiner Müllers Beschäftigung mit der Nibelungentreue, in: Dt. Volkszeitung vom 13. 10. 1977

Hensel, Georg, Schlacht-Szenen aus der DDR, in: FAZ vom 22. 4. 1978

den, Peter, Schrecken aus Deutschland, Ernst Wendt inszeniert an den Kammerspiele Heiner Müllers »Germania Tod in Berlin« in München uraufgeführt, in: Die Zeit vom 28. 4. 1978

Schmidt, Dietmar N., Trauer zu spät oder Hoffnung in der Agonie, in: FR vom 24. 4. 1978

Zu »Die Schlacht« und »Traktor«

Fiebach, Joachim, Nachwort in STG, S. 112–138

Fischborn, Gottfried, Intention und Material, in: WB H.3, 1978, S. 58–92

Hermand, Jost, Deutsche fressen Deutsche, Heiner Müllers »Die Schlacht« an der Ostberliner Volksbühne, in: Brecht-Jahrbuch 1978, hg. von J. Fuegi, R. Grimm und J. Hermand, Ffm. 1978, S. 129–143

Linzer, Martin, Alte und neue Helden, »Herakles 5« und »Traktor« von Heiner Müller in Neustrelitz, in: TdZ H. 8, 1975, S. 59–60

Kerndl, Rainer, Wer aber hat die Geschichte bewegt? Heiner Müllers »Die Schlacht« in der Volksbühne, in: ND vom 5. 11., S. 4

Rischbieter, Henning, Tötungs-Reigen, »Die Schlacht« von Heiner Müller in Berlin und Hamburg, in: TH, 1975, H.12, S. 6–14

torch, Wolfgang, Tödliche Momente der Entscheidung. Bemerkungen zu Heiner Müllers »Schlacht«, in: TH, Sonderheft 1975

Zu »Leben Gundlings Friedrich der Große, Lessings Schlaf Traum Schrei«

Hensel, Georg, Müllers Preußen Haß Schmerz Tod, in:FAZ vom 29. 1. 1979, S. 19

den, Peter, Spekulationen über Preußen, in: FR vom 29. 1. 1979, S. 20

Jössing, Manfred, (Rezension zum STG) in: TdZ, H.3, 1978, S. 52

Rischbieter, Henning, Unter der schwarzen Sonne der Folter. Stücke von Heiner Müller in Frankfurt und Paris, in: TH, H. 3, 1979, S. 35–41

Wendland, Jens, Ins schlechteste Licht gerückt, in: Süddt. Zeitg. vom 29. 1. 1979

Zu »Die Hamletmaschine«

Girshausen, Theo (Hg.) Die Hamletmaschine. Heiner Müllers Endspie
Köln 1978

ders., Über den Umgang mit Nietzsche in der Hamletmaschine, a.a.O., S
98–103

ders., Subjekt und Geschichte. Aspekte der Neudefinition von Geschich
als ästhetischem Gegenstand in den Stücken Heiner Müllers, a.a.O., S
104–127

Koch, Hans, Kunst und realer Sozialismus. Zu einigen Fragen der Entwick
lung unserer Literatur, in: ND vom 15./16. 4. 1978, S. 4

Laube, Horst, Zerreißung der Fotographie des Autors, in: ders. un
Brigitte Landes (Hg.) Theaterbuch 1, München 1978, S. 243–245

Schmiester, Burkhard, »Ein Fragment gegen Strohköpfe« oder was di
»Hamletmaschine« bewirken kann, in: »Die Hamletmaschine . . .« hg
von Theo Girshausen, a.a.O. S. 156–163

Schulz, Genia und *Hans-Thies Lehmann*, »Es ist ein eigentümlicher Appa
rat . . .« Versuch über Heiner Müllers »Hamletmaschine« in: TH, H. 1(
1979, S. 11–14

Weber, Richard, »Ich war, ich bin, ich werde sein«. Versuch, die politisch
Dimension der Hamletmaschine zu orten, in: »Die Hamletmaschine« hg
von Theo Girshausen, Köln 1978, S. 86–97

Zu »Der Auftrag«

Bertram, Christian, Im Auftrag ohne Auftrag, in: TH, H.3, 1980, S. 43/4

Allgemeine Literatur

Althusser, Louis, Bertolazzi und Brecht. Bemerkungen über materialist
sches Theater, in: Alternative H.97, 1974, S. 130–143

ders., »Stalinismus« oder das beredte Schweigen, in: Alternative, H. 11(
111, S. 222–227

Artaud, Antonin, Das Theater und sein Double, Ffm. 1969

Barthes, Roland, Die Lust am Text, Ffm. 1974

Benjamin, Walter, Ursprung des deutschen Trauerspiels, Ffm. 1972

Brecht, Bertolt, Gesammelte Werke (werkausgabe edition suhrkamp) Ffm
1967

Deleuze, Gilles/Guattari Félix, Rhizom, Berlin 1977

Derrida, Jacques, Die Schrift und die Differenz, Ffm. 1976

Foucault, Michel, Die Ordnung des Diskurses, Ullstein 1977

ders., Wahnsinn und Gesellschaft, Ffm. 1977

Horkheimer, Max/Adorno, Theodor W., Dialektik der Aufklärung, Philo
sophische Fragmente, Ffm. 1969

Koestler, Arthur, Sonnenfinsternis, Roman, Ullstein 1979

Kristeva, Julia, Die Revolution der poetischen Sprache, Ffm. 1978

Lehmann, Hans-Thies (Hg.) Beiträge zu einer materialistischen Theorie de
Literatur, Einleitung, Ullstein 1977

Merleau-Ponty, Maurice, Humanismus und Terror, Ffm. 1968

Nietzsche, Friedrich, Werke in 3. Bänden, hg. von K. Schlechta, München 1966

Staritz, Dietrich, Sozialismus in einem halben Land. Zur Programmatik und Politik der KPD/SED in der Phase der antifaschistisch-demokratischen Umwälzung in der DDR, Berlin 1976

Szondi, Peter, Versuch über das Tragische, in: ders. Schriften 1, Ffm. 1978